U0840214

生物结构化教学

基本技能

●黄 玮 编著

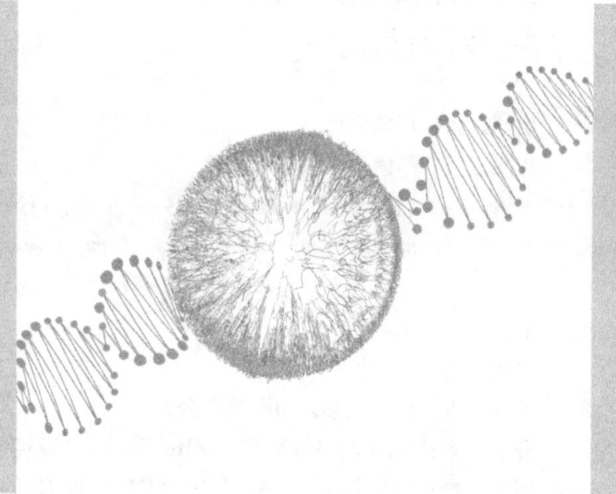

·广州·

图书在版编目（CIP）数据

生物结构化教学基本技能 / 黄玮编著. —广州：华南理工大学出版社，2021.12
ISBN 978 - 7 - 5623 - 6515 - 0

Ⅰ. ①生… Ⅱ. ①黄… Ⅲ. ①生物课 - 教学研究 - 高中
Ⅳ. ①G633.912

中国版本图书馆 CIP 数据核字（2020）第 242729 号

SHENGWU JIEGOUHUA JIAOXUE JIBEN JINENG
生物结构化教学基本技能
黄　玮　编著

出 版 人：卢家明
出版发行：华南理工大学出版社
（广州五山华南理工大学 17 号楼，邮编 510640）
http://hg.cb.scut.edu.cn　E-mail：scutc13@scut.edu.cn
营销部电话：020 - 87113487　87111048（传真）
责任编辑：王昱靖
责任校对：李　桢
印 刷 者：广东虎彩云印刷有限公司
开　　本：787mm × 1092mm　1/16　**印张**：13　**字数**：252 千
版　　次：2021 年 12 月第 1 版　2021 年 12 月第 1 次印刷
定　　价：42.00 元

编 委 会

作者简介

黄玮　中学正高级教师，出版专著2本，发表论文百篇。主持课题多项，获得广东省教学成果一等奖。

徐穗茸　中学高级教师，广州市中小学优秀班主任、广州市生物学科优秀青年教师、天河区高中毕业班先进工作者、天河区青少年科技教育先进工作者。现为广州市中小学骨干教师，天河区基础教育名教师。发表论文十多篇，主持课题多项。

张小波　中学一级教师，多年的高中生物教学和班主任工作经验，多次在市区主讲公开示范课；荣获市级毕业班工作先进个人和德育先进个人、优秀指导老师称号；多次指导学生获得省级生物联赛一二三等奖。

黄玉秋　中学一级教师，在《生物学教学》《昆虫学报》等核心期刊发表论文多篇。参与教育部中央电化教育馆“微课”课程资源建设项目并参与录制了2节微课。微课获全国二等奖，“2014年广州、佛山、肇庆三市中小学（中职）微课征集评选活动”二等奖、区一等奖。多次指导学生参加生物联赛、市科技创新大赛，获区优秀科技辅导员奖。

前 言

普通高中生物学课程以“核心素养为宗旨”“教学过程重实践”“教学研究促发展”为理念，明确生物学学科核心素养是生物学课程教与学过程中发展起来的培养学生未来素养的目标。在解决教学实际问题的过程中，教师通过教学改革实践获得教学技能的提升，同时也促进学生在科学思维、科学探究、生命观念与社会责任等方面的提高。

自《普通高中生物学课程标准（2017 年版）》（以下简称《课程标准》）颁布以来，“如何在课堂教学中落实核心素养?”“如何进一步有效地建构学生的知识体系?”“如何设计教学，引导学生在学习生物学知识过程中建立科学的生命观念和社会责任?”“基于学生生物学学科核心素养发展的课堂教学方式是怎样的?”等一系列问题困扰着广大一线教师。在课堂教学中，如何准确地分析《课程标准》和学习内容，如何了解学生的学习需求，如何选择合适而又有针对性的教学方式和方法以激发学生的学习兴趣，使之持续有效，并落实核心素养的培养，是广大生物学学科教师迫切需要解决的问题。

因此，编写组潜心研究教学技能并率先开展研究工作，经过全编写组教师的共同努力，《生物结构化教学基本技能》一书诞生了。本书作者均是参与高中生物学课程教学的一线教师，包括正高级教师、高级教师、骨干教师，他们均在教学岗位上辛勤耕耘数十年，具有先进的教育理念、扎实的教学功底和严谨的治学态度，以对结构化教学的深入理解，为大家贡献有关生物结构化教学基本技能的详细解读。

本书各章节分工如下：

黄玮　正高级教师，负责撰写绪论、生物教学设计技能、生物教学导入技能，共 5.7 万字；

徐穗茸　高级教师，负责撰写前言及生物教学演示技能、生物教学变化技能、生物教学研究技能，共 6.0 万字；

张小波　骨干教师，负责撰写生物教学板书技能、生物教学讲解技能、生物教学提问技能，共 6.3 万字；

黄玉秋　骨干教师，负责撰写生物教学试误技能、生物教学结课技能、生物学课堂组织教学技能，共6.0万字。

经过黄玮老师、徐穗茸老师、张小波老师和黄玉秋老师的倾心付出，并得到许多一线教师的鼎力支持，这本凝结了优秀中学生物学教师的教学经验和智慧的书得以面世。

结构化教学是指在充分了解学生的知识基础和能力经验的基础上，以完善和发展学生原有认知结构为目的，通过对知识结构和体系的教学，帮助学生对知识信息加工，深入理解知识，建立良好的认知结构，从而提高教学有效性的教学策略。

结构化教学策略，即通过教材知识结构和体系的构建，以及对知识的信息加工，帮助学生深入理解知识，建立良好的认知结构，从而促进学生进一步同化新知识，提高教学的有效性的策略。如引导学生对学习材料进行系统、有序的分类，使所学的知识在学生头脑中组织起来形成组块，进而形成良好的结构；如引导学生在课堂有限的时间内完成由知识结构到认知结构的转化，以达到学生能够构建和完善知识体系并能迁移运用的目的。这样，通过结构化教学，让学生了解学科逻辑思维，理解生物学大概念，发展生命观念，形成科学的思维习惯，提升学生的生物学学科核心素养。

参与本书编写的教师充分吸收教育过程、教学改革过程的优秀成果，总结教育实践的经验，提炼具有实践意义的教学技能案例，为教育科研活动的开展开辟新的领域。通过这些有创新、有独到理解的案例，及对结构化教学技能的具体解读，教师可以根据教学情境的需要和教育对象的特点确定合理的教学目标，选择适当的教学方法、教学策略，采用有效的教学手段，创设良好的教学环境，实施可行的评价方案。

这为广大一线教师提供了有价值的课堂教学资源，促进课堂教学活动的高效、顺利开展；并帮助一线教师迅速掌握《课程标准》下新的教学原理与方法. 使其在教学改革浪潮中教学技能得到飞跃提高。本书对当前高中生物学课程教学具有重要的参考价值，也体现了本书编写组教师对教育的理解和对生物学科教育规律的不懈追求。

马克思曾比喻人类的创造思维为“比自然界万紫千红的花朵更丰富多彩的思维之花”。愿本书这朵“思维之花”能开遍每一个生物学教师的课堂。

编写组

2021年春

目　录

第一章 绪 论

一、当前的高中生物课堂教学实践存在的问题

当前的高中生物课堂教学实践存在着一些问题：学习方法普遍贫乏且缺乏系统性、科学性。传统的教育历来认为“力”和“励”出成果，推崇“头悬梁，锥刺股”的刻苦精神。有些教师不太注重学法指导，但又期望学生得高分，于是便有了题海战术，有了加班加点。有的学生学习生物学知识就靠死记硬背和机械理解。这样的教学忽略了学生头脑中认知结构的形成，是影响学生学业的主要因素之一。主要表现在以下 3 个方面。

1. 认知结构不完备

认知结构同化论认为，学生进行新的有意义的学习时，必须有适于新知识学习的原有的认知结构。同化的实质是新旧知识的相互作用，它既是新知识习得的心理机制，也是新知识被保持的心理机制。在传统的教学过程中，我们强调教材的知识结构和逻辑结构，而忽视了学生头脑中的认知结构；强调陈述性知识和程序性知识，而忽略了如何学习和思维的知识——策略性知识。这样的教学导致了学生认知结构不完备，在知识类型尤其是策略性知识方面存在缺陷，造成了教学效率低下。

2. 知识表征不恰当

认知心理学家将信息在头脑中呈现的方式统称为表征。知识表征的整齐有序有利于学生对知识的检索、提取和运用。如果学生的知识表征不恰当，就会导致学生在提取和运用知识时发生障碍。就犹如书架上乱七八糟堆放着的书，难以找到所要看的。死记硬背和机械理解是导致学生表征不恰当的重要因素。这样获得的知识往往只有在一个与知识获得时条件相似的背景中才能提取出来，不利于学生对知识的运用。

3. 知识组织有缺陷

学生在头脑中存有知识并不代表这些知识能得到有效应用，学习困难的学生有时能记住或回忆某些具体的生物学知识和适用条件，却不能正确地应用于有关的解题之中，这说明他们的生物学知识是零散的，生物学知识之间没有建立起本质的联

系或是某种联系建立得不够完善。这种低组织程度的认知结构限制了学生提取或检索与问题相关的知识，导致不能激活有关的生物学知识或不能有效使用已激活的生物学知识。

二、解决问题的思路

我们认为，通过对知识结构和体系的学习，以及对知识的信息加工，有助于学生深入理解知识，建立良好的认知结构，良好的认知结构有利于学生进一步同化新知识，提高教学的有效性。这就是结构化策略。具体可从以下几方面入手：

1．帮助学生将认知结构完备化

学生头脑中已有的知识经验对新的学习能起同化作用。如果学生头脑中的认知结构缺乏可利用性，可辨别性差，稳定性低，学生在学习新知识时不能够迅速找到知识的附着点，新知识的学习内容往往因不能清楚分辨而被原有知识干扰或取代。因此，我们在教学中就应该要求学生扎扎实实地掌握所学的知识，“一次把水烧开”，消除学生头脑中的迷思概念，以丰富学生的知识储备；根据学生的基础和特点组织教学，指导学生运用已有的知识去同化新知识，并针对新教学内容为学生补充相应的基础知识和背景知识。

2．帮助学生将认知结构条件化

学生从学科中学到的知识有时会不知道在什么情况下使用，从而变成僵化的知识。僵化的知识不但不会产生知识的正迁移，反而可能会出现负迁移。为了避免知识“僵化”，必须促使学生将认知结构条件化。所谓认知结构的条件化是指把所学的基本知识与其使用条件结合起来储存在大脑中，即把头脑中的知识由陈述性知识转化成产生式的知识（激活状态的知识），这样构建的知识是高效学习的基础。所以，要引导学生抓住事物的本质，将所学知识与该知识应用的条件结合起来。通过比较和变式进行学习是促使认知结构条件化的重要途径。

3．帮助学生将知识结构化

结构化是根据知识经验之间的内在关系对学习材料进行系统、有序的分类，使所学的知识在头脑中组织起来形成组块，进而形成良好的结构。知识结构化有利于知识记忆和信息提取。生物学科知识有其特定的内在联系，如形态、结构和功能相统一，密切联系生产、生活和自然实际等。教学时应帮助学生建立这样互相联系的认知图像，引导学生归纳总结使知识结构化，形成组块的知识。这样可以减轻记忆负担，扩大知识容量。从整体出发，由点连成线，由线结成面，由面形成体，引导学生在较短的时间内完成由知识结构到认知结构的转化，以达到学生构建和完善认知结构的目的。

三、开展结构化教学

（一）高中生物结构化教学核心概念

1. 结构化教学的定义

结构化教学是在充分了解学生的知识基础和能力经验的基础上，以完善和发展学生原有认知结构为目的，通过对知识结构和体系的教学，帮助学生对知识信息加工，深入理解知识，建立良好的认知结构。结构化教学的目标是帮助学生学习大概念，形成生命观念，发展科学思维，提升学生的核心素养。

2. 生物结构化教学的内涵

（1）了解学生原有的基础。学生头脑中已有的知识经验对新的学习能起同化作用。结构化教学应根据学生的知识基础和能力经验组织教学，指导学生运用已有的知识去同化新知识，并针对新教学内容为学生补充相应的基础知识和背景知识。

（2）对知识信息加工。教学时应对新知识通过多种表征进行阐释，完成意义建构，唤起学生认知结构中的多种知识背景，指导学生对新信息进行多种加工，从而获得对知识本质的理解。知识信息加工后更有利于学生构建起新旧知识之间实质性的关联。

（3）建立认知结构。教师应站在系统的高度传输知识，通过对知识结构和体系的教学，帮助学生站在系统的高度去接受和把握知识，掌握知识之间的联系与规律。这样可帮助学生形成良好的认知结构。学生在解决问题时，从长时记忆中激活和提取知识，有计划和有策略地进行思维，从而解决问题。

（4）提升学科核心素养。通过建构合理的知识框架，让学生了解学科逻辑，形成生物学大概念，发展生命观念，形成科学的思维习惯，提升学生的生物学学科核心素养。

（二）生物学知识的学习过程

美国教育心理学家梅耶（R. E. Mayer）提出了一个简化的认知学习过程模型（图1-1）：

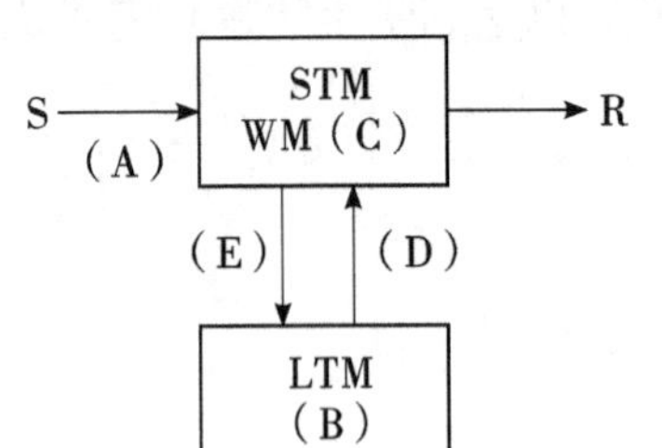

S：外界的刺激　　(A)：注意
R：行为反应　　(B)：学生认知结构中的原有知识
STM：短时记忆　　(C)：新知识的内部联系
WM：工作记忆　　(D)：新、旧知识的联系
LTM：长时记忆　　(E)：新习得的知识进入长时记忆保存

图 1－1　认知学习过程模型

根据这个模型，我们把生物知识的学习过程分为三个阶段：习得、巩固和运用。第一阶段，习得与领会。新信息进入短时记忆，与长时记忆中被激活的相关知识建立联系，从而出现新的意义建构；第二阶段，新建构的意义贮存于长时记忆中，以命题网络或图式表征，通过适当复习，知识得到巩固，同时原有命题网络或图式得到改组或重建；第三阶段，提取和运用。依据有意义的线索提取知识用来解决“是什么”的问题（表 1－1）：

表 1－1　生物学知识学习的一般过程

学习阶段	学习过程及条件
知识习得	注意与预期
	激活原有知识
	选择性知觉
	新信息进入命题网络
知识巩固	通过复述和精加工等，命题网络重建与改组
知识运用	知识被提取，回答“是什么”的问题

（三）高中生物结构化教学模式

根据生物学知识的学习过程的阶段，我们把高中生物结构化教学划分为六个基本环节：如图 1－2 所示：

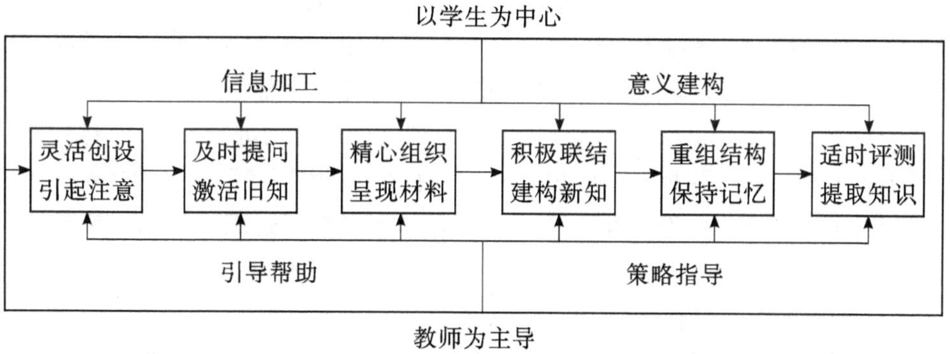

以学生为中心

信息加工　　意义建构

灵活创设 引起注意 → 及时提问 激活旧知 → 精心组织 呈现材料 → 积极联结 建构新知 → 重组结构 保持记忆 → 适时评测 提取知识

引导帮助　　策略指导

教师为主导

图1－2　高中生物结构化教学的组成环节

1．灵活创设，引起注意

学习过程不是从感觉经验开始，而是从对感觉经验的选择性注意开始的。如果我们能吸引学生良好的选择性注意，学生的学习效果将得到有效提高。

2．及时提问，激活旧知

从同化论和激活论来看，新知识要获得意义，学生认知结构中不仅应具备适当的原有知识，而且这些知识必须处于激活状态。但有时在学习新知识时，学生的认知结构中尽管存在某些可以用来同化新知识的原有知识，但学生不会合理利用。同时，还要帮助学生消除与科学概念抵触的错误概念。对这种情况，常用的方法是及时提问，或者复习旧知识引入新课。

3．精心组织，呈现材料

从心理学角度看，人们对言语知识的认知兴趣和记忆强度远远不如对视觉形式或图画形式的认知兴趣和记忆强度。在教学中，要加强知识图表化、知识图像化的表象性转化，使学生更好地接收并处理信息，形成生物学概念。

4．积极联结，建构新知

通过复述策略可以保持知识，但对知识的掌握不仅是保持知识，而是要经过认知结构的改组和重建，达到简化与减轻记忆负担的目的。在这方面，教师可以指导学生掌握并运用多种复习与记忆的方法、精加工和组织材料的方法，对已有知识进行进一步的加工改造，促进认知结构的改组与重建，建构合理的知识框架。具体的做法如下：

（1）精加工。在知识学习过程中，对所学内容进行增加或补充称为“精加工”。精加工能给知识回忆提供众多的提取路径，导致回忆时的信息提取通路增多，对记忆产生深远的影响。精加工是一种深层次加工策略。它将新学习的生物学知识与已有知识进行联系，以增进学生对新知识的理解和记忆。精加工在生物学学习过程中发挥着重要的作用，是高效率地获得生物学知识的基本条件之一。

（2）组织材料。组织材料就是按照材料的特征或类别进行整理、归类或编码。运用组织策略，可以帮助学生把头脑中的生物学知识由繁变简、由无序变有序。经过组织的生物学知识贮存在学生头脑中，犹如图书馆经过编码的书，易于检索和提取。

5. 重组结构，保持记忆

根据同化论和激活论，在知识的保持期间，认知结构要经过重新的组织，以达到简化与减轻记忆负担的目的。此阶段教师的主要任务是通过比较有联系但又有区别的知识，促进学生认知结构的改组和重建，帮助学生形成大概念，深入理解和迁移知识，形成生命观念。列表比较就是一种常用的促进知识结构重建的方法。

6. 适时评测，提取知识

生物学知识学习的最终结果是提取知识来解决日常生活中的问题或在新的学习中使用。在这个阶段，教师应测量和评价学生的认知结构及其特征，包括：①知识网络是否已形成？②认知结构中有无适当的、可利用的、起固定作用的观念？③新旧知识的可辨别程度如何？④原有认知结构中起固定作用的观念的稳定性和清晰性如何？同时，我们必须注意的是，教师的检测对学生的学习应起到导向作用，注意培养学生的科学思维方法，帮助学生在应用中认识事物、解决实际问题。

四、开展结构化教学需要教师具有一定的教学技能

从以上的描述中，我们可以看出，在开展生物结构化教学的过程中，教师应围绕教学目标，不断调整教学行为，使教学计划能够进行下去并取得良好的效果，这就要求教师必须具备多种技能，包括如何导入、如何提问、如何演示、如何板书、如何总结……

（一）教学技能的含义

教学技能是指教师以有效的方式运用专业知识、教学理论和教学经验进行教学活动的能力，它是教师完成教学任务、实现教学目标和改进课堂教学必须具备的基本功。

表面上看，教学技能是教师在教学活动中有效促进学生学习的活动方式。从深

层剖析，它是教师职业个性品格和专业外化的表征，是教学能力的重要标志。我们期待高中生物教师通过开展结构化教学，形成自己的教学风格，达到艺术化教学的水平，遵循教学技能发展的规律，在熟练教学技能的基础上，不断探索，不断创新。

（二）教学技能的分类

根据现代教育教学理念，结合结构化教学的实践情况及其对教师课前准备、课堂教学等方面的要求，将生物结构化教学技能分为七个大类：

（1）教学语言技能（导入技能、讲解技能、提问技能、结束技能等）；

（2）教学动作技能（演示技能、板书技能、试误技能等）；

（3）提高课堂教学艺术技能（组织技能、变化技能、观察沟通技能、学习指导技能等）；

（4）实验教学技能；

（5）出卷、阅卷、评卷技能；

（6）教学设计技能；

（7）教育科研技能。

参考文献：

[1] 胡继飞，等. 生物学教育心理学 [M]. 广州：广东高等教育出版社，2002.

[2] 林祖荣. 认知结构理论对生物教学的启示 [J]. 中学生物教学，1998 (3).

[3] 许久红. 浅析生物教材中两类知识间的转化 [J]. 中学生物学，2009，25 (2).

[4] 蔡忠臣，等. 浅谈化学陈述性知识的教学策略 [J]. 新课程，2014 (3)：38－40.

[5] 丁家永. 现代教育心理学 [M]. 广州：广东高等教育出版社，2004.

[6] 杨玉东. 陈述性知识与程序性知识的教学策略 [J]. 天津师范大学学报，2010，11 (3).

[7] 皮连生. 教育心理学 [M]. 上海：上海教育出版社，2004.

[8] 张建伟，陈琦. 从认知主义到建构主义 [J]. 北京师范大学学报（社会科学版），1996，41 (4).

[9] 彭智蓉. 陈述性知识的精致和组织与词汇信息加工论 [J]. 语文学刊（外文版），2006 (2).

[10] 黄玮. 复述策略在生物学教学中的运用 [J]. 中学生物学，2011，27 (1).

[11] 黄玮. 组织策略在生物学教学中的运用 [J]. 生物学教学，2011，36 (1).

[12] 孙粉香. 促进陈述性知识学与教的策略研究 [J]. 山西教育，2003 (4).

[13] 李家清，等. 新理念地理教学技能训练 [M]. 北京：北京大学出版社，2010.

第二章　生物教学设计技能

第一节　生物教学设计概述、意义和理论基础

教学活动是一种有目的、有计划的特殊认知活动，为达到教学活动的预期目的，减少教学中的盲目性和随意性，就必须对教学过程进行科学的设计。教学设计的过程实际上就是为教学活动制定蓝图的过程。

一、教学设计概述

从教学和设计的角度看，教学设计就是为了使学生实现有效的学习而预先对教学过程进行的决策活动。教学设计又叫教学系统设计，是运用系统方法分析教学问题，建立解决方案，并对解决方案进行试验、评价和修改的过程。这个定义包含以下含义：

（1）教学设计的目的是优化教学过程，提高教学效果。“为学习设计教学”是美国心理学家加涅提出来的。这也是有效教学设计的本质所在。教学设计者们一直把提高学生学习效果作为教学设计的目标之一。

（2）教学设计是一个整体的系统。教学设计把教学过程各要素看成一个系统，这个系统包含教学中的各个要素，诸如教师、学生、教学内容、教学条件、教学目标、教学策略、教学媒体、教学组织形式和教学过程等。教学设计就是通过一定的组织规划将这些要素有机地整合起来，以达到教学效果最优化。

（3）教学设计本身是一个技术过程。这个过程包括分析、计划、实施、评价、修改 5 个环节。在这个技术过程中，这 5 部分是紧密结合在一起的，是一个线型的结构。从分析到修改，这 5 个环节是层层递进的关系，有效的教学设计是这五部分合理运用和整合的结果。

（4）教学设计具有很强的实践性。教学设计通过一整套具体的计划和操作程序来协调、配置各种教学资源，使各要素有机结合并完成教学系统的功能，教学设计

的具体产物是具有可操作性、经过验证的实施方案。它具体的实践性还表现为在对教学系统的各因素进行分析与设计时，都明确提出理论依据和方法，供教学设计者和教师选用。

通过以上分析可以看出，教学设计是实现教学目标的计划性和决策性活动，具有很强的导向和指导作用。教学设计具有理论性、科学性、系统性和可操作性的特点，是一种计划过程和操作过程，它不是力求发现和研究教学规律，而是运用已知的教学规律去创造性地解决教学中的问题，具有很强的实用价值和很深远的应用意义。

二、教学设计的意义

1. 保证教学活动进行

通过教学设计，教师一方面可以对教学活动的基本过程有个整体的把握，可以根据教学情境的需要和教育对象的特点确定合理的教学目标，选择适当的教学方法、教学策略，采用有效的教学手段，创设良好的教学环境，实施可行的评价方案，从而保证教学活动的顺利进行。

2. 取得良好的教学效果

通过教学设计，教师还可以有效地掌握学生学习的初始状态，从而及时调整教学策略、方法，采取必要的教学措施，为下一阶段的教学奠定良好的基础。可以说，好的教学设计能为教学活动提供科学的行动纲领，使教师在教学工作中事半功倍，取得良好的教学效果。而一旦忽略教学设计，则不仅难以取得好的教学效果，而且容易使教学走弯路，影响教学任务的完成。

3. 培养优秀的师资队伍

教学虽然作为一门艺术很难通过教学来传授，但其科学的教学理论和方法是可以承袭的。教学设计学为师资队伍的培养提供了一条有效的途径，青年教师可迅速掌握教学设计的基本原理与方法，并在实际运用中不断熟练和提高。

4. 总结教育实践经验

教学设计有利于充分吸收教育、教学改革中的优秀成果，总结教育实践过程的经验。提炼具有实践意义的教学设计模式，为教育科研活动的开展开辟新的领域。同时，教学设计是一个系统，它是一项由教学管理者、教育资源开发者、教师、学生以及其他社会人员共同参与的组织活动。教学设计的开展有助于组织系统中参与者的协作，有利于整合教育管理者、教育资源开发者、教师、学生和社会其他人士的力量，为教育科学研究创造条件。

三、教学设计的理论基础

现代教学设计实践性强，其产生与发展的过程中总结了人们教学活动的实践经验，吸收了多门学科的基本理论，形成了自身的理论体系。研究与实践表明，学习理论、教学理论、一般系统理论和传播理论对现代教学设计的形成具有较大的影响。学习理论特别是其中的学习分类理论对教学设计的具体操作具有指导意义。

人类的学习是一个十分复杂的过程，心理学家把“学习”定义为“通过后天经验引起的能力和倾向的相对持久变化”。学习者要经历一定的内部加工过程，会使内部表征出现稳定变化，其外显行为也会出现稳定的变化。现代学习理论研究学习结果的类型和性质、学习的一般过程和条件、不同类型学习的特殊过程和特殊条件，植根于科学心理学的研究成果。

教育通过帮助人的学习来促进人的发展，学校教学方式在很大程度上直接受制于学习理论的影响。教学设计的根本目的是让学生的学习达到最优化。从学习理论发展的历史角度分析，行为主义学习理论、认知学派学习理论和建构主义理论对教学设计的过程和决策产生了十分深远的影响。

1. 行为主义学习理论简介

行为主义学习理论把环境看作刺激，把伴随刺激而来的学习者行为看作反应，学习是刺激与反应之间联结的建立或习惯与技能的形成。行为主义学习理论关注环境在学习中的重要作用，重视学习环境的设计与分析。它强调当学习者对特定刺激作出适当反应时，对学习的结果应进行适当强化，以巩固学习的成果。

美国著名心理学家斯金纳于20世纪50年代创建了程序教学，这是将行为主义学习理论运用于课堂教学的产物。教学设计中的一些重要方法，如行为目标、通过必要的措施发展教学、对教学效果的测定等都来源于程序教学理论。程序教学中的学习方式为教学设计中的教学组织形式提供了可效仿的样例，使人们对如何设计教学步骤、如何使用学习者的反应以及如何解决学习者的学习错误等问题具有比较清晰的认识。

2. 认知学派学习理论简介

认知心理学家认为，学习是个体作用于环境，而不是环境引起人的行为。个体根据自己的心理结构对环境刺激加以选择，当新的经验改变了学习者现有的心理结构时，学习就发生了。

与行为主义学习理论相比，认知学派学习理论更强调学习者内部的因素，认为学习是学习者对情境的认知、顿悟和理解，是学习者知觉的再构造或认知结构的变化。认知学派学习理论特别重视认知结构和认知过程。有学者认为，认知结构和认知过程就是教学刺激与学习者之间相互作用的过程与产物，在学习过程中学习者是学习活动的主体，并在其中起着非常重要的作用。

认知学派学习理论对教学设计理论基础形成的影响，主要体现在以下几个方面：①学习中存在不同水平的认知过程；②学习的积累合理、恰当与否，取决于学习者已有的认知结构；③学习是知识在人们头脑中的表征和不断组织的过程，学习过程应是学习者一种积极的建构过程；④在教学设计过程中，要根据认知的过程对学习的任务和行为进行分析。

美国心理学教授布鲁姆提出了教育目标分类理论。该理论：①确定了目标分类的四项原则：结合大纲，充分反映教师在实际教学中对学生行为的分类方法；分类学要有内在的逻辑一致性；充分考虑心理学的可靠研究成果；要使分类结果应用任何条件的教学，即保证其广泛的使用性。②把教学目标按行为范畴分为三个领域：认知领域、情感领域、动作技能领域。进而又将各领域的目标细化为若干层次，并给每一个层次目标下一个严格的定义和进行必要的解释。③将认知领域划分为知识、领会、运用、分析、综合、评价六个层次。并形成了完整而明确的目标分类模式：目标类别—类别的定义与解释—例证目标—例证性测试—常用术语。布鲁姆教育目标分类学被誉为现代教育评价与课程编制的重要基石，它用行为术语界说目标，具有可操作性，对于深入认识教学过程、制定教育计划、进行课程编制、设计教学方案、确定教学成效起着不可低估的积极作用。为教学设计中教学目标的确定及对教学设计进行评价提供了有力的理论依据。

3. 建构主义理论简介

建构主义是认知主义的进一步发展。建构主义者更加关注学习者如何以原有的经验、心理结构和信念为基础来建构知识，更加强调学习的主观性、社会性和情景性。个体在进行学习的时候，头脑中并不是空的。先前的生活经验在头脑中保存着自己特有的认知图式，在学习过程中，通过与外界环境的相互作用，学生在头脑中建构新的认知图式。这种新的认知图式是创造性的，在性质上不是原有图式的延续。所以，与行为学派的理论相比，建构主义理论认为学习的过程是一种质的变化，是一种主动建构的过程，而不是被动的刺激反应模式的建立。

建构主义认为：学习是建构内在心理表征的过程，学习者并不是将知识从外界搬到记忆中，而是以已有的经验为基础通过与外界的相互作用来获取、建构知识。

学习过程同时包含两方面的建构：一是对新信息的意义的建构，二是对原有经验的改造和重组。

为了更好地揭示建构教学的本质，建构主义提出了教学过程必须要具备的四个基本要素：

（1）教学情境。建构主义指出，教学环境中的情境必须有利于学生对所学内容的意义建构，教学设计不仅要考虑教学目标分析、教学内容安排，而且要重视有利于学生建构意义的情境的创设、问题的设计，并把情境创设看成是教学设计的最重要内容之一，以此建构起能灵活迁移应用的知识经验。

（2）协作共享。协作贯穿于教学过程的始终，这是建构主义的核心概念之一。建构主义者认为社会性相互作用在教学中具有重要作用。这种以协作为主要形式的社会性互动可以为知识建构创设一个广泛的教学群体，学生在教师的组织和引导下一起讨论和交流，共同建立起教学群体。在这种群体中，个体之间相互的协作对教学资料的收集与分析、假设的提出与验证、教学成果的评价直至意义的最终建构都有重要作用。通过这样的协作教学环境，教学群体中每一个成员的思维与智慧就可以被整个群体所共享，共同完成对所学知识的意义建构。

（3）对话交流。对话交流是协作过程中不可缺少的基本环节，是达到意义建构的重要手段之一。建构主义强调教师要放权给教学小组，而且这种教学小组要足够小，以便让所有人都能参与到明确的集体任务中。教学小组成员之间必须通过对话商讨如何完成规定教学任务的计划、规划完成规定的复杂任务的思路；此外，协作共享的过程本身也是对话的过程，在这个过程中，每个成员的想法、解决问题的思路都明确化和外显化了，他们的思维成果（智慧）为整个教学小组所共享。

（4）意义建构。这是整个教学过程的最终目标。意义建构是指学习者通过以上几个阶段的教学有效地把握了事物的性质、规律以及事物之间的内在联系，完成了新知识的有效迁移，并能对新知识达到较深刻的理解，建立起关于当前所学内容的认知结构，形成自己理解客观事物的独特视角。综上所述，教学质量是学习者建构意义能力的函数，而不是学习者重现教师思维过程能力的函数。所以，建构主义认为，获得知识的多少不在于学习者记忆和背诵教师讲授内容的能力，而主要取决于学习者根据自身经验去建构有关知识的意义的能力。

第二节　生物教学设计的基本要素与具体操作

一、生物学教学设计的基本要素

1. 教学对象

以谁为中心进行教学系统的设计，是教学设计的根本问题，也是在教学设计之前，必须认真考虑和回答的问题。长期以来，在传统教学思想影响下，过分注重教师的教，忽视学生的学；过分强调教师教的过程，忽视学生学的过程，结果导致无论是理论研究还是教学实践活动，总是从教师角度出发，以教师为中心展开。实际上教学系统的服务对象是学习者，为了搞好教学工作，必须认真分析、了解学习者的情况，掌握他们的一般特征和初始能力，这是做好教学设计的基础。必须以学习者为中心进行教学设计，要分析学习者的特点，评定学习者的初始状态，预测学习者发展的可能空间。

2. 教学目标

通过精心设计的教学活动，要关注学习者学习和掌握哪些知识和技能，智力获得怎样的发展，培养什么样的能力，达到什么样的水平，培养什么样的态度等有关学习者发展的问题，在教学设计时，都必须用具有可观察、可测定性的术语精确地表述。即在分析学习需要、学习内容和学习者的基础上，确定教学目标，编写行为目标。确定教学目标，是教学系统设计的一项基本要求。一旦教学目标确定，其他方面的设计便围绕教学目标展开。

3. 教学策略

教学目标确定之后，我们就要选择教学策略，以期实现我们的预期目标。教学策略的设计包括许多方面，主要有采用何种经济而有效的教与学的形式，安排什么样的教师教的活动和学习者学的活动，设计何种教的方法和学的方法，选择什么样的教学媒体及怎样进行设计，怎样利用现有的教学资源及挖掘潜在的教学资源，安排什么样的课型，设计怎样的教学环节和步骤等。此外还有一些更具体的问题需要加以分析和考虑。在整个教学设计过程中，教学策略的设计具体而详细，发挥着十分重要的作用。

4. 教学评价

经过以上步骤，就会完成一个教学设计的“产品”。对其“产品”是否符合教学目标的要求，是否符合学习者的实际、能否保证取得最优的教学效果，是高耗低效还是低耗高效以及所采用的教学形式、教学方法，安排的教学活动、步骤是否具体、可行等一系列问题必须进行检验，这就需要对教学设计的成果进行评价。并根据评价结果进行修正。根据实际需要，可进行实施前的评价、实施中的评价以及实施后的评价。

对象、目标、策略和评价四个基本要素相互联系、相互制约。构成了教学过程设计的总体框架。

二、生物学教学设计的具体操作

生物学教学设计的具体操作流程见图 2－1。

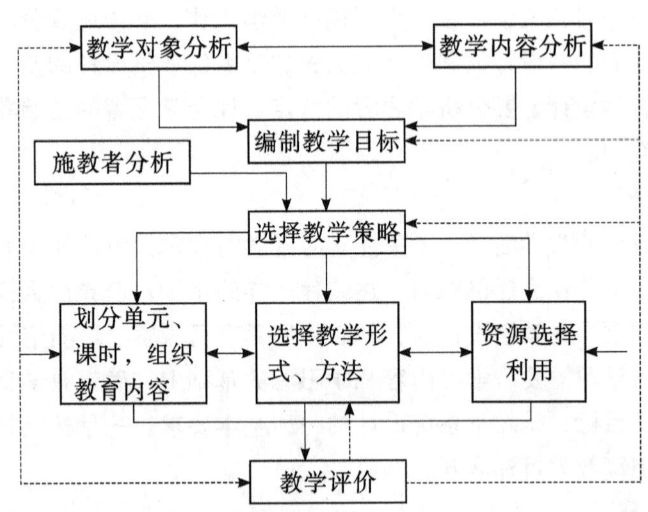

图 2－1　教学设计的具体操作流程图*

1．教授者的分析

分析的内容包括施教者的知识水平、技能水平、能力结构及个性倾向等，它直接影响到教学中教学策略的选择和运用。一方面施教者能够满足教学设计提出的要求，顺利完成教学设计中提出的任务；另一方面教学设计要发挥施教者的特长，使教学能够更好地服务于学生，比如有的生物学教师长于语言表达，有的生物学教师善于情感沟通，有的生物教师在信息化技术运用上具有特长，有的则在教具制作上

* 本图由胡继飞所构思。

更有优势。

2．学习者分析

学生对特定学科内容的学习已经具备的相关知识与技能，以及对有关学习内容的认识与态度，称为学生的初始能力，它是教学过程的教学起点。奥苏贝尔曾经说过："影响学习的唯一因素，就是学习者已经知道了什么。要探明这一点并据此开展教学。"

学习者初始能力的分析一般包括三个方面：①对已具备的知识和技能的分析：主要是了解学习者是否具备了进行新的学习所必须掌握的知识与技能，这是从事新的学习的基础。②对技能目标的分析：主要是了解学习者是否已经掌握和部分掌握了教学目标中要求学习者学会的知识和技能。③对学习者所学内容所持态度的分析：主要是了解学习者对所学内容所持的态度是否存在偏差和误解。比如对"基因的分离定律"一节进行教学设计，必须了解学生对减数分裂、遗传物质、基因的表达等预备性知识的理解或掌握程度。又如"使用高倍显微镜观察叶绿体和线粒体"实验开展前，需要先了解学生初中阶段显微镜学习使用的情况。

3．教学内容的分析

教学内容就是教材所呈现的内容。教材，通常是指教科书，它是学生的主要学习材料，但教材并不等同于学生的全部学习材料，尤其在科学技术发达的当今社会。教学内容分析的目的是要明确学生面对的具体学习任务是什么，教师依据教材和相关的课程标准，可以从教学内容的背景、教学内容的功能、教学内容的结构、教学内容的本质开展分析。教师不仅需要分析本课时教学内容在本单元教材以及所使用的教材体系中的地位和作用、它们的学科价值及对学生发展的价值，而且要分析提炼本课时中生物学知识、科学规律的形成和发展过程中蕴含的学科思想和方法要素、科学精神与品质，关注它们在培养学生成人成才方面的教育价值，关注教学内容在科学、技术、社会和环境等方面的应用价值。

4．教学目标的编制

教学目标是教学活动预期所要达到的结果。一切教学活动都是围绕教学目标来进行和展开的。教学目标的编制与教学内容的分析密切相关，同时也要考虑学生的实际，学生是认识的主体。教学目标的确定必须从学生实际出发，做到因人而异，因材施教。教学目标在一定程度上已被课程标准规定下来，课程标准是编制教学目标的准绳。教学设计的主要任务是将课程标准中的目标进一步加以具体化。教学目标就如导航灯一样，指引学生前行。课堂教学目标的表述必须具有显著性、可操作性和可检测性。课时的教学目标甚至可以采取"作业化"的表述。在教学设计中应通过使用公认术语具体地描述可操作行为形式来陈述教学目标。

5. 教学策略和方法的制订

教学策略是为完成特定教学目标而采用的教学活动的程序、方法、形式和媒体等要素的总体规划。不同的教学目标、教学环境需要采用不同的教学策略。教师只有掌握不同的策略才能根据学生的实际情况制定出最合适的教学方案，并根据环境的变化而调整教学策略。没有一种教学策略能够适用于所有的教学情景。有效的教学需要选择各种策略来实现不同的教学目标，最好的教学策略是在一定情况下达成特定目标的最有效的方法论体系。

生物教学方法是在生物教学情景中，生物教师和学生为了教和学而进行的以生物学为内容的教学活动方式。既包括教师教的方法，也包括学生学的方法，是师生之间相互作用的方式方法。常用的生物教学方法有讲授法、谈话法、实验法、演示法、练习法、参观法、实习法、阅读法、讨论法、探究法、复习法等。

6. 课程资源的选择和利用

为了支持教学目标的顺利完成，在教学过程中要以不同的方式为学习者呈现各种教学信息。选择什么样的课程资源来传递信息和提供刺激可以达到较好的教学效果，是每一个教学者在进行教学设计时必须考虑的。教学传递的实现，既可以是教师的口授，也可以利用印刷材料或借助各种音像材料甚至实物来完成，生物学科的特点决定了生物学课程资源的丰富性。但实际的教学往往不是单独使用某种课程资源，而是各种课程资源的精心组合，以达到最佳效果。

选择课程资源时应考虑课程资源的特性、预期的学习结果等。例如，希望学生掌握减数分裂过程的内容，那么多媒体、动画是有效的课程资源。而当需要学生了解光合作用的发现过程时，呈现语言资料的课程资源则也是一种不错的选择。在选择课程资源时还应该充分考虑学生的特点。对于低年级的学生，可以较多地使用实物、模型、幻灯等各种感官都能感受到的媒体；对于高年级的学生，则可以使用文字材料、语言媒体来达成教学目标。当然，课程资源的选择还受到文化背景、实用性、经费等因素的影响，为了达成教学目标，在学校已有课程资源的基础上，教师还应主动开发相关课程资源。当然，在选择、利用和开发课程资源时还应考虑教学内容和学生的特点。

7. 教学评价

对教师形成的教学设计（包括教案）及教师选用、改编或创新设计而成的相应教学材料进行效果、效率和能否吸引学生等方面的评价，称为教学设计成果的评价。它涉及教学过程的各环节。

学生行为评定的目的是为了确定学生的能力水平，鉴别学生的学习差距，评价可采用形成性评价和终结性评价的方式。普通高中课程标准实验教科书蕴涵了形成性评价和终结性评价的范例，生物学教师只要深入钻研普通高中生物课程标准，充分领悟教科书的编写意图，就能完成学生行为的评价任务。例如，课程标准要求学生能“概述生物多样性保护的意义和措施”，教科书则编写了“如何保护生物多样性”的“积极思维”活动。一些教师能够按照教科书的内容，让学生掌握保护生物多样性的主要措施，了解我国颁布了《中华人民共和国野生动物保护法》等多部法律，通过教科书中的“练习题”对相关知识和能力完成总结性评价。同时，教师还通过让学生讨论“作为一个高中学生，你能为保护生物多样性做些什么?”的问题，渗透情感目标，通过观察和交流进行形成性评价。

第三节　生物教学设计应用示例

案例一

《探究影响酶活性的条件》的教学案例*

广州市天河外国语学校　商文

（一）教学思路

《课标》提出倡导探究性学习、注重理论联系现实生活，全面提高学生生物素养的基本理念。本教学设计以荔枝保鲜创设教学情境，并由此提出探究问题，从而实现课堂生活化；通过小组合作学习的方式进行实验设计方案的讨论与修正，在探究活动过程中培养与提升学生发现问题，解决问题的能力；通过两次实验的设计与操作，让学生的思维从定性实验上升到定量实验的深度，为后阶段的定量实验教学打下基础。

* 广州市天河外国语学校商文老师《探究影响酶活性的条件》教学案例，获得2017年教育部《一师一优课，一课一名师》优质课奖励。

（二）实验教学分析

1. 教材分析

本实验内容选自人教版生物必修一《分子与细胞》第五章第一节《酶的特性》相关的实验内容。在学习该内容之前，学生已了解实验设计中各种变量的含义。通过本节课的学习，学生将学会通过把握自变量、观察因变量以及控制无关变量的变量设计方法进行科学实验设计，从而加深学生对有关实验原则的理解和对酶本质和特性的认识。进一步巩固和提高学生提出问题、做出假设的能力，提高学生分析问题、解决问题的能力并掌握数学建模的方法，为后阶段探究实验的开展，乃至定量实验的开展奠定基础。

2. 学情分析

学生在学习“比较过氧化氢在不同条件下的分解”这一实验，已经了解控制变量的有关知识，学生具备一定的运用变量法进行实验设计的理论基础；荔枝是岭南著名的水果，荔枝果皮如何才能较长时间不会发黑这一具有挑战性的课题容易激发学生的探究热情，也实现了学以致用的教育目标。

3. 教学重点

（1）掌握进行探究实验的基本环节，学会在实验过程中控制变量，进行严谨的实验设计，并能修正与完善实验；

（2）根据实验数据做出分析，归纳出相应的实验结论。

4. 教学难点

（1）根据实验目的选择实验材料与实验器材，并设计可行的实验方案；

（2）根据实验数据构建出数学模型，并由此归纳出相应的实验结论。

（三）教学目标

1. 知识目标

（1）掌握实验探究的一般过程与步骤；

（2）了解影响酶活性的有关因素；

（3）了解影响酶活性的最适温度与最适 pH。

2. 能力目标

（1）掌握并运用控制变量法进行实验探究的能力；

（2）着重培养学生提出问题、解决问题的能力，表现在学生能根据相关资料提出问题，并能设计合理的实验方案，实施实验方案得出实验结果，最后能尝试构建数学模型；

（3）通过小组讨论这种合作学习的形式，培养学生与他人合作、交流、分享的意识与能力。

3. 情感、态度与价值观

（1）通过适当的情境教学，加强生物与现实的联系，激发学生对生物学科的探索兴趣；

（2）培养学生的交流意识和小组合作精神；

（3）培养学生的创新精神与批判精神。

（四）教学策略与手段

1. 教法

（1）情境创设法。以唾液淀粉酶进入消化道后，酶活性是否发生改变的情境开始，激发学生兴趣，引入实验探究内容。

（2）学案导学法。通过学案导学，让学生更好地把握探究实验的一般流程和实验方案撰写的有关内容，从而解决学生不知如何下手的问题。

2. 学法

小组合作学习法和实验探究法。

（五）教学准备

1. 实验仪器与材料的准备

（1）实验仪器：普通试管（每桌 3 支）、量筒 50ml（每桌 1 个）、量筒 10ml（每桌 1 个）、烧杯 100ml（每桌 1 个）、水浴锅 1 个（60℃水浴）、具支试管（用于排水收集，带胶管，带滴管的胶塞）（每桌 1 个）、铁架台（每桌 1 个）。

（2）实验材料与实验试剂：肝脏研磨液、2% 淀粉酶溶液、3% 淀粉溶液、8% 过氧化氢溶液、5% 盐酸溶液、5% 氢氧化钠溶液、碘液、斐林试剂、蒸馏水。

（3）pH 4.4、pH 5.0、pH 5.6、pH 6.2、pH 6.8、pH 7.4、pH 8.0 等 pH 梯度的 Na_2HPO_4 – 柠檬酸缓冲液。

2. 实验学案的准备（略）

（六）教学过程（表2－1）

表2－1　探究影响酶活性的条件教学过程

教学环节	教师活动	学生活动	设计意图
教学导入	创新一：以荔枝保鲜引入教学 1. 提供资料：荔枝等水果之所以会变褐色，是由于在细胞中多酚氧化酶作用下，产生了大量褐色物质所致。民间保鲜荔枝常常把荔枝在沸水中浸泡几秒钟或把荔枝浸泡在柠檬酸液中2分钟，从而可以延长果皮变褐色的时间 提问：由以上资料分析，能提出什么探究的问题？所提出的问题是否都值得探究	流程一：提出问题 1. 小组讨论，学生代表回答小组确定的探究课题： ①酶活性是否受pH变化的影响？ ②酶活性是否受温度变化的影响？（本节实验课暂不讨论该探究课题） （将提出的问题记录在学案上）	岭南热带水果—荔枝是学生熟悉的材料，以荔枝保鲜为例导入教学可以激发学生浓厚的学习兴趣，有利于培养学生将课堂学习的知识应用于解决生活实际问题的思维
	2. 引导学生分析pH是否会影响酶活性？	流程二：作出假设 2. 学生思考，并对问题做出假设：pH会影响酶活性。（将假设记录在学案上）	
设计活动和小组讨论	创新二：以问题层层递进的方式对实验变量开展讨论，并对淀粉酶与过氧化氢酶作为实验材料的优劣进行实验探究 3. 复习实验设计的一般步骤以及实验变量 4. 将全班分为两大组，一组用淀粉酶做实验，另一组用过氧化氢酶做实验 5. 提醒学生在设计实验时着重讨论以下三个问题：	流程三：实验设计 3. 学生回忆有关内容，说出实验设计的一般步骤（编号—处理—观察或测量—记录—数据处理或现象分析），以及各实验变量的含义（自变量、因变量、无关变量） 4. 小组讨论，并派小组代表回答老师的三个问题，并最终达成共识： ①实验中的自变量是pH，	实验步骤设计前进行一般步骤的归纳和注意事项的引导，有利于学生更好地开展实验设计 通过对实验变量问题层层递进的讨论，学生逐步掌握通过变量控制设计科学实验的方法

续上表

教学环节	教师活动	学生活动	设计意图
设计活动和小组讨论	①实验中自变量与因变量分别是什么？ ②如何测定因变量？ ③如何控制无关变量？ 重点与学生探讨：在因变量的测定上，使用淀粉酶做实验材料的组别究竟是用碘液测定淀粉，还是使用斐林试剂测定还原糖？使用过氧化氢酶做实验的组别用什么方法对氧气进行测定？	因变量是酶的活性； ②淀粉酶做实验材料的组别用碘液测定淀粉，过氧化氢酶做实验材料的组别用观察气泡多少或排水法收集气体进行测定； ③除 pH 变化外，其他条件应当完全一致 5. 最终确定各组的实验方案（记录在学案上）	针对课本上有关使用过氧化氢酶探究 pH 的影响，使用淀粉酶探究温度的影响的建议进行材料选择的探究
第一次实施实验方案	6. 指导实验，参与小组讨论	流程四：开展实验 6. 学生依据制定的方案，按照事先的分工开展实验	通过第一次实验，让学生总结得出过酸与过碱的条件都会影响酶活性的结论
实验分析与讨论	7. 实施完第一轮实验后，小组自我验证质疑。分析实验结果是否与假设相吻合 8. 挑选有代表性的小组（淀粉酶组与过氧化氢酶组各派一个代表）到讲台上展示设计方案与结果。组织全班同学交流讨论。围绕实验操作的方法以及实验中出现的问题，引导其他学生进行分析评价 创新三：以化学知识解释生物现象	流程五：表达与交流 7. 实验结束后，小组进行整理，并就实验现象进行小组讨论，准备汇报 流程六：得出结论 8. 学生会惊奇地发现使用淀粉酶作为实验材料的组别中，添加氢氧化钠的试管加入碘液后没有变蓝。学生根据实验现象纷纷提出各自的见解进行解释。在老师补充相关化学知识后，问题得到解决	当实验结果与预设不一致的时候，是最能激发学生兴趣，积极探究的时刻。教师应当给予学生充分发表自己看法或解释的机会，无论对错，只要能自圆其说就要给予积极的评价，从而提升学生发现问题、解决问题的能力

续上表

教学环节	教师活动	学生活动	设计意图
实验分析与讨论	9. 展示淀粉酶组用碘液鉴定淀粉时，添加氢氧化钠的试管中不会有变蓝的现象。给予学生发表各自独特见解的机会。最后适时补充碘与氢氧化钠会发生反应，从而把碘消耗了的化学知识。并引导学生如何验证解释（添加适量盐酸后溶液变蓝）。最后确定使用过氧化氢酶作为本实验材料更好，通过排水法收集气体更能准确反映酶的活性。为下一步寻找最适 pH 值提供实验依据 10. 引导学生归纳得出实验结论	9. 最后学生总结得出：过酸与过碱的条件都会对酶活性有影响的定性结论	使用化学知识解释生物现象，除了能拓展知识外，还培养了学生用多学科知识共同解决综合性问题的思维与能力
进一步探究	创新四：定性实验拓展为定量实验 11. 引导学生讨论、思考三个问题： ①如何才可以找到酶的最适 pH？只取三个 pH 可以吗？ ②如何准确地测定气体产生量？ ③如何让数据更准确一些？ 12. 分配每个小组测定一个 pH 值下气体量的实验任务。教师现场演示实验的操作过程	流程七：拓展与提升 10. 学生通过小组讨论，并派代表回答三个问题，最终形成共识： ①通过设置系列 pH 梯度来找到酶的最适 pH。 ②通过使用量筒排水收集气体的方法，准确地测定气体产生量。 ③通过数据取平均值等方法可以让数据更准确一些	在完成定性实验的基础上，尝试将实验继续深入到定量实验。有利于提升学生思维的深度，同时也为后阶段的定量实验设计打下基础 由于该部分实验操作较为复杂，需要教师演示实验操作过程
第二次实施实验方案	13. 巡视指导实验	11. 实施实验，记录实验结果。小组汇集实验数据，小组派代表将数据书写在黑板表格中	

续上表

教学环节	教师活动	学生活动	设计意图
用实验结果构建数学模型	创新五：构建数学模型 14. 小组学生代表将实验结果描绘在以 pH 为横坐标、酶活性为纵坐标的坐标系上，并展示在黑板上。最后引导学生根据实验结果得出最适 pH 的范围	12. 小组代表将结果描绘在坐标系上，最后讨论得出实验结论。（记录在学案上）	将实验结果用坐标系的形式表现，并最后归纳得出结论，有利于培养学生构建数学模型的能力
探究的课外延伸	15. 引导学生分析，除了 pH 对酶活性有影响外，还有哪些因素也可以影响酶的活性 （板书） 16. 建议同学们利用荔枝为实验材料，自己设计实验继续探究温度对酶活性的影响	13. 小组讨论后回答：还有温度、重金属、激活剂、抑制剂等等	探究的课外延伸使得探究活动具有连续性。荔枝作为实验材料，易于获取，学生可以自行在家中完成探究实验，并与课堂导入使用荔枝保鲜相呼应
课堂总结	17. 总结课堂实现的教学目标： ①如何利用控制变量的方法设计实验？ ②影响酶活性的条件有哪些？	14. 学生思考并回答： ①通过把握自变量、观察因变量和控制无关变量的方法设计实验； ②影响酶活性的条件有 pH、温度等	强化重点内容

（七）反思与总结

《探究影响酶活性的条件》这节实验课在教材安排中，是学生接触到的第一个真正意义上由学生自主开展探究的实验课。其最主要的一个教学目标，就是要让学生学会使用控制变量的方法来设计科学实验。但是，由于学生是第一次尝试，他们能否使用变量控制法来设计并开展探究实验，就成为了本节课成功与否的关键。教师在课堂中应该做的就是逐步搭建平台，让学生将困难逐步化解。

我在面对这一困难时，采用的教学策略是：通过层层设计问题，让学生进行讨论，问题的设置要跳一跳就可以摘到一个桃子，在教师的引导下与学案的帮助下，最后轻易地设计出符合要求的实验设计方案。为了增强学生实验设计的能力，我还采用了在课堂中两次进行实验操作的教学策略，让学生能有机会在第二次实验设计中，应用第一次实验设计的经验与总结，从而能更好的完善第二次的实验设计。由第一次的定性实验提升到第二次的定量实验，既充分锻炼了学生实验设计的能力，也使得学生的思维得到更进一步地拓展。

本节实验课中存在的第二个困难就是教材中“建议使用淀粉酶探究温度对酶活性的影响，使用过氧化氢酶探究 pH 对酶活性的影响”这句话。学生往往会质疑，为什么会有这样的建议。如果教师直接把原因告诉学生，学生往往也不容易理解和记忆。为了解决这一个困难，我认为与其老师直接去讲授，还不如让学生亲自动手去探究一下为什么，通过亲身的感受，学生就很轻而易举地记住了教材中的这一个建议。因此，我在本节教学设计中，将全班分为了淀粉酶组与过氧化氢酶组两个大组，经过实验操作后，再将各组的实验结果展示分享，最后再讨论实验现象与材料选择的原因。

本节实验课中存在的第三个困难就是，实验课往往会比较枯燥，学生由于参与的兴趣不高，从而影响了课堂教学的有效性。我解决的办法就是积极营造有趣的教学氛围，提高学生的学习兴趣。我选用了学生所熟悉的岭南水果——荔枝的保鲜作为引入素材，不但激发学生的兴趣，也实现了将课本知识用于解释生活实际种种现象的教育目的。在课堂的最后，也建议学生以荔枝保鲜为素材，探究温度对酶活性的影响，与课堂引入进行了前后的呼应。

本节实验课还有一个创新之处：当遇到一些无法用生物知识或生物方法解决的问题时，应当鼓励学生积极地采用其他学科的知识或方法解决，从而实现了跨学科解决实际问题的另一个教育目标。本节课中，解释为什么添加了氢氧化钠的淀粉溶液中，滴加碘液不会变蓝，如何定量测定氧气气体量的方法中，都采用了化学的知识与化学排水集气法来解决问题。

当然，在本节实验课中也存在着一些不足之处，比如在使用化学仪器定量测定最适 pH 的实验环节中，由于学生操作不熟练、不严谨，所得到实验数据误差较大。如何设计一套更易于操作、实验数据更为准确的实验装置，是值得我们共同探讨的问题。

案例二：

《人体生命活动的神经调节》教学设计*

（一）教学目标

（1）概述神经调节的方式和结构基础。

（2）能理解兴奋在神经纤维上的传导和在神经元之间的传递过程。

（3）能从实验思维探究兴奋的传导。

（4）能从实验思维理解兴奋在神经纤维上的传导和神经元之间的传递。

（二）素养提升

（1）生命观念：通过分析反射弧各部分结构的破坏对功能的影响，建立结构与功能相统一的观点。

（2）科学思维：通过判断反射弧中的传入神经和传出神经及分析膜电位的变化曲线，培养科学思维的习惯。

（3）科学探究：通过实验“膜电位的测量”，提升验证及对实验结果分析的能力。

（三）教学过程

1. 引入

教师引导：以内环境稳态维持的主要调节机制（神经—体液—免疫调节）作为切入点，引出神经调节，并让学生分析生活中的现象。现象Ⅰ：小明的手指不小心碰到一个很烫的物品而将手缩回；现象Ⅱ：小明伸手拿别人的物品被口头拒绝而将手缩回。

2. 知识点突破

知识点一：神经调节的方式和结构基础

学生活动：根据生活现象，依据学生自己所学知识提出见解。

---

* 广州市东圃中学丘城锋老师《人体生命活动的神经调节》，获得2019年广东省教育厅《一师一优课，一课一名师》优质课奖励。

教师活动：依据学生反馈进行板书讲解，构建知识网络图（图 2-2）。并适时依据学生所学，强调知识网络图的部分要点内容。

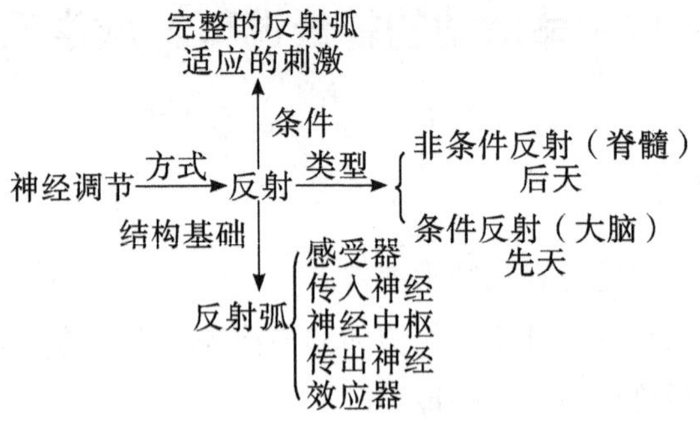

图 2-2　神经调节的方式和结构基础知识网络

［归纳点拨］

引导学生阅读教材 P16-17 页内容，对知识点进行点拨。（回归教材）

（1）感受器感受刺激并产生兴奋，＿不产生＿感觉，神经中枢的高级中枢（大脑皮层）＿产生＿感觉。

（2）完成反射活动必须依赖于＿完整反射弧＿和＿适宜＿的刺激，至少需要＿2＿个神经元的参与（膝跳反射）。

［练习反馈］

学生活动：

例 1. 当快速牵拉骨骼肌时，会在 d 处记录到电位变化过程。据图 2-3 判断下列相关叙述，错误的是（C）。

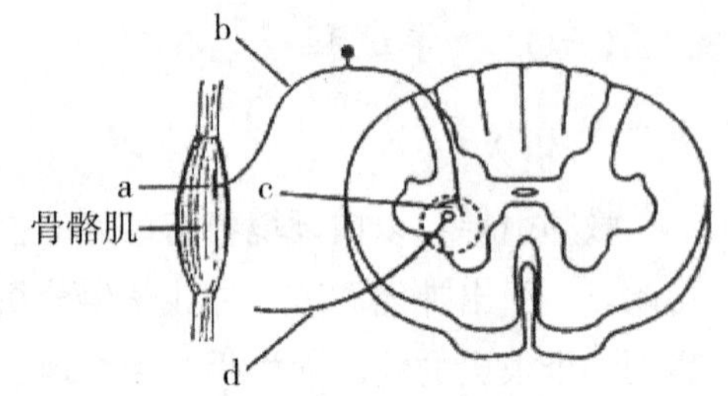

图 2-3　电位变化过程

A. 感受器位于骨骼肌中

B. d 处位于传出神经上

C. 从 a 到 d 构成一个完整的反射弧

D. 牵拉骨骼肌时，c 处可检测到神经递质

例 2. 下列关于膝跳反射的叙述，错误的是（B）。

A. 反射活动由一定的刺激引起

B. 反射活动中兴奋在突触处双向传递

C. 反射活动的发生需要反射弧结构完整

D. 反射活动中需要神经递质参与兴奋的传递

教师活动：根据例2提出神经元受到刺激后，说明其是如何在神经纤维上进行传导和神经元之间进行传递。

知识点二：兴奋在神经纤维上的传导（图2-4）

教师活动：提出兴奋的概念并指出神经元未受兴奋时是否存在电位，如果给予神经元和电流计，如何得出静息状态下的膜内外两侧的点位？

学生活动：学生思考，教师及时反馈。

教师与学生活动：引导学生根据学案分析静息状态下和显著活跃状态下的电位变化，分析兴奋在神经纤维上是如何传导的。结合教材P18。

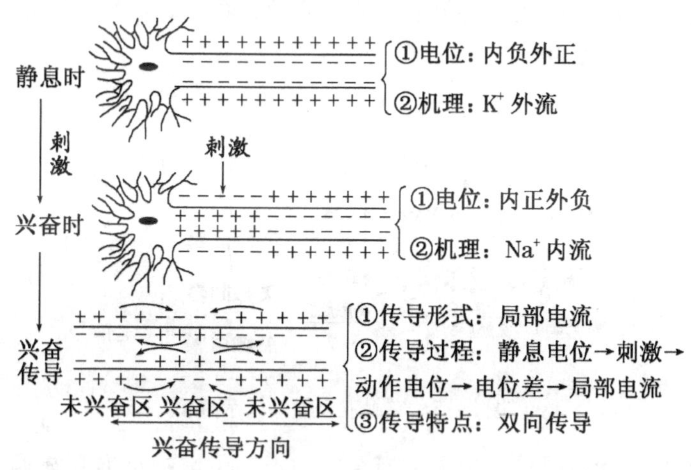

图2-4　兴奋在神经纤维上的传导

教师活动：提出如何验证兴奋在神经纤维上是以电信号的形式进行传导。

学生活动：根据学案进行验证，期间教师给予引导。教师结合PPT引导学生分析电流计的偏转情况。

[归纳点拨]

教师根据常考点，进行跨模块复习引导。

（1）静息电位，K^+顺浓度梯度外流的运输方式是协助扩散；动作电位，Na^+顺浓度梯度内流的运输方式是协助扩散；但需注意的是动作电位恢复到静息电位时，Na^+外流为逆浓度的运输方式是主动运输。

（2）兴奋在神经纤维上传导方向与膜内局部电流方向一致；与膜外局部电流方向相反。兴奋的传导过程需要消耗ATP。

［练习反馈］

例 3：神经细胞处于静息状态时，细胞内外 K^+ 和 Na^+ 的分布特征是（D）。

A. 细胞外 K^+ 和 Na^+ 浓度均高于细胞内

B. 细胞外 K^+ 和 Na^+ 浓度均低于细胞内

C. 细胞外 K^+ 浓度高于细胞内，Na^+ 相反

D. 细胞外 K^+ 浓度低于细胞内，Na^+ 相反

知识点三：兴奋在神经元之间的传递

教师活动：兴奋如何在神经元之间进行传递？

学生活动：请同学们在“突触亚显微结构示意图”（图 2－5）中标注相应的结构和物质。结合教材 P19。

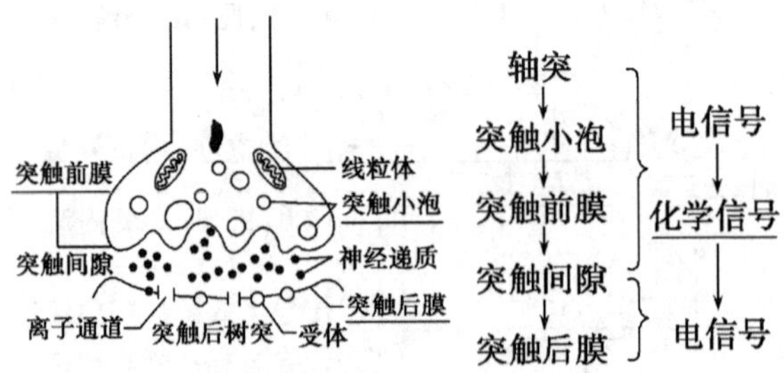

图 2－5　突触亚显微结构示意图

教师与学生互动：引导学生突破两个知识点：①突触小泡和突触有何区别？②兴奋在突触单向传递的原因？由学生回答，教师结合 PPT 进一步阐释兴奋在神经元之间的传递，信号是如何转变的。

［归纳点拨］

教师根据常考点，进行跨模块复习引导。

（1）突触小泡内的神经递质与突触前膜融合（胞吐），跨越了 0 层膜，体现细胞膜的结构特点：具有一定的流动性。突触小泡的形成与高尔基体（细胞器）有关。

（2）神经递质包括 兴奋性 神经递质和 抑制性 神经递质，可分别使下一个神经元兴奋（突触后膜 Na^+ 内流）；抑制突触后膜阴离子（Cl^+）内流），进一步维持静息电位。

（3）突触的类型：轴突－胞体型：

轴突－树突型：

神经－肌肉/腺体接头：位于传出神经末梢支配的肌肉或腺体。

［练习反馈］

例4：下列与人体神经调节有关的叙述，错误的是（A）。

A. 缺氧不影响肽类神经递质的合成与释放

B. 肌肉细胞的细胞膜上有神经递质的受体

C. 神经纤维上的电信号可引起突触前膜释放神经递质

D. 神经递质可将突触前神经元的兴奋传递给突触后神经元

例5：下列与神经细胞有关的叙述，错误的是（B）。

A. ATP能在神经元线粒体的内膜上产生

B. 神经递质在突触间隙中的移动消耗ATP

C. 突触后膜上受体蛋白的合成需要消耗ATP

D. 神经细胞兴奋后恢复为静息状态消耗ATP

例6：乙酰胆碱可作为兴奋性神经递质，其合成与释放见示意图。据图2－6回答问题：

（1）图中A－C表示乙酰胆碱，在其合成时，能循环利用的物质是<u>　C　</u>（填“A”或“C”或“E”）。除乙酰胆碱外，生物体内的多巴胺和一氧化氮<u>　能　</u>（填“能”或“不能”）作为神经递质。

（2）当兴奋传到神经末梢时，图中突触小泡内的A－C通过<u>　胞吐　</u>这一跨膜运输方式释放到<u>　突触间隙　</u>，再到达突触后膜。

（3）若由于某种原因使D酶失活，则突触后神经元会表现为持续<u>　兴奋　</u>。

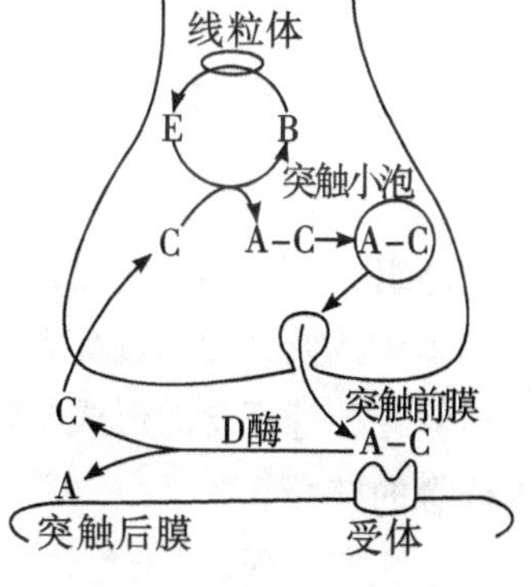

图2－6　乙酰胆碱合成与释放

［归纳点拨］

分析比较兴奋在神经纤维上传导和在神经元之间传递的区别如表2－2所示。

表2－2

	神经纤维上的传导	神经元之间的传递
信号形式	电信号（神经冲动）	电信号－化学信号－电信号
传导速度	快	慢
传导方向	双向传导	单向传导
实质	膜电位变化形成局部电流	突触小泡释放神经递质

（四）板书设计

第2章　第1节　通过神经系统的调节

一、神经调节的方式和结构基础（绘制图形略）

二、兴奋在神经纤维上的传导（绘制图形略）

三、兴奋在神经元之间的传递（绘制图形略）

案例三：

“染色体组”概念的微课教学*

广州市第一一三中学　黄玮

（一）教材分析

人教版《染色体变异》一节是高中生物教学的难点之一，涉及概念较多，如染色体组、二倍体、多倍体、单倍体等，同时又与前面所学的同源染色体、非同源染色体、减数分裂的过程有一定的联系。二倍体、单倍体、多倍体、单倍体育种、多倍体育种等概念的形成都以染色体组为基础。因此，染色体组这一概念是联系其他概念的核心。

我们发现，“染色体组”这个概念比较难。部分学生在有限的课堂时间内不能够完全理解，导致他们跟不上学习进度；部分学生上课时似乎明白了“染色体组”这个概念，但一段时间后，又会概念模糊，要求老师重新讲述。个别同学甚至反复出现这个问题。这对他们的后续学习造成一定影响。如果我们把这部分内容录制成不到10分钟的微课，让学生在需要时在线或移动学习，将顺利解决这一难题。

（二）教学准备

根据教学设计制作好对应的PPT文件，电脑上接好麦克风，就可以使用Camtasia studio、拍大师等录屏软件制作微课。经过后期加工，再提供给学生在线学习。

---

* 广州市第一一三中学黄玮老师《“染色体组”概念的微课教学》，发表在《生物学教学》2015年第二期。

（三）教学过程

1. 复习旧知，做好铺垫

真核生物体细胞内的染色体多数是两两成对的。例如，人有23对共46条染色体，果蝇有4对共8条染色体。在进行减数分裂时，同源染色体分离，分别进入不同的子细胞，结果产生的生殖细胞（精子或卵细胞）内不存在同源染色体，染色体数目减半。

学生可运用自己的双手来加深理解：

①双手十个手指代表某种生物体细胞内的染色体，双手并拢可示意联会现象，拢在一起的同名手指形态大小基本相同，表示什么呢？（同源染色体）

②把双手分开，示意同源染色体分离，每一只手的五指则可代表生殖细胞内的染色体，你发现什么特点？（生殖细胞中染色体数目减半，不存在同源染色体）

2. 通过辨图、理解概念

针对图2－7，设问并讨论：

①果蝇体细胞有几条染色体？几对常染色体？

②同一个细胞中的两个Ⅱ号染色体是什么关系？Ⅲ号和Ⅳ号呢？

③雄果蝇的体细胞中共有哪几对同源染色体？

雄果蝇在精子形成过程中，经过减数分裂，染色体数目减半。如图2－8所示。

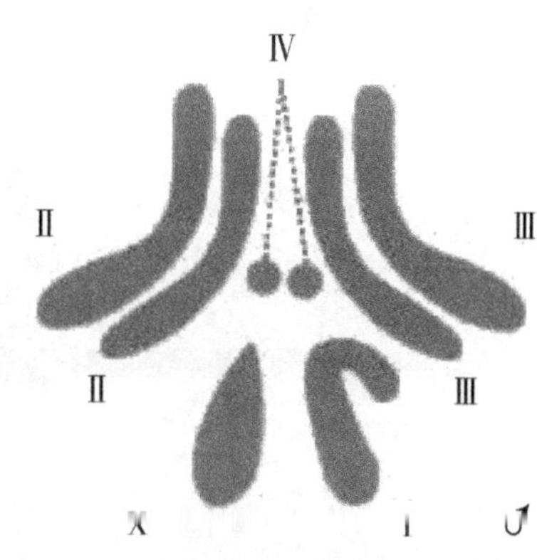

图2－7　雄果蝇体细胞染色体图解

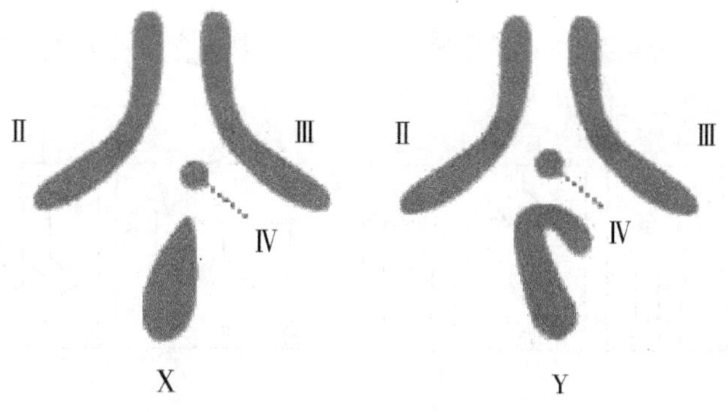

图2－8　雄果蝇精子染色体图解

①雄果蝇产生的精子中有哪几条染色体？

②这些染色体在形态、结构和功能上有什么特点？

③在同一组中，它们之间互为____________（同源、非同源）染色体。

④在前面手势示意的例子中，你认为该如何表示染色体组？

归纳：细胞中的一组非同源染色体，在形态和功能上各不相同，但携带着控制生物生长发育的全部遗传信息，这样的一组染色体，就叫做一个染色体组。雄果蝇精子中的一组染色体就组成了一个染色体组。

3. **改编图形，优化理解**

对图 2－7 中雄性果蝇染色体组成图进行改编，见图 2－9，以对学生进行变式训练。教师提出问题：

①图形所示细胞中含几个染色体组？

②每个染色体组所含的染色体数、种类分别是什么？

③根据细胞中染色体形态，如何判断所含染色体组的数目？

图 2－9　雄果蝇染色体数改编图

教师接下来可设置图 2－10 设问：图 2－10 中各含几个染色体组？每个染色体组含哪几种形态的染色体？

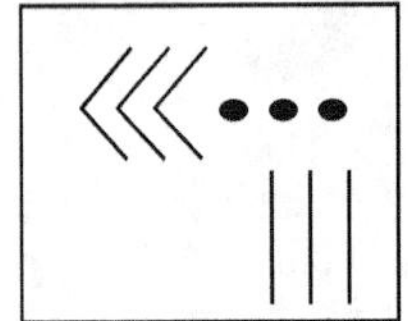

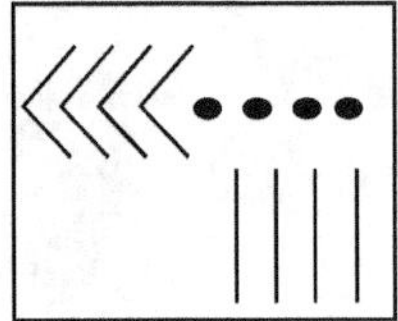

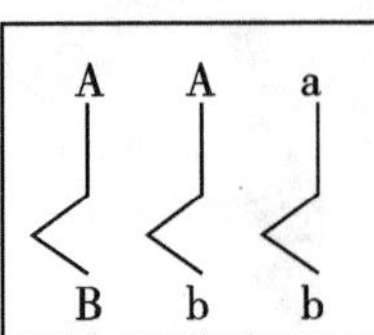

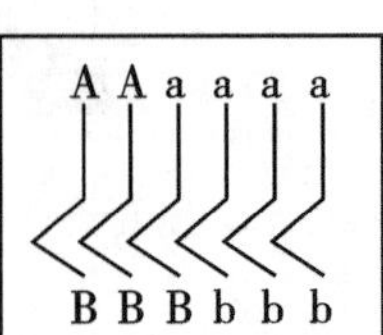

图 2－10

帮助学生总结出：

①细胞内形状大小相同的染色体有几条，就有几个染色体组；

②细胞或生物体的基因型中，控制同一性状的基因出现几次（包括相同基因和等位基因），有几个染色体组。

4. **简短总结，概括要点**

最后，用简短语言总结一下本课的内容，包括染色体组的概念和染色体组的判断。

（四）教学反思

“微课”是时间在10分钟以内，有明确的教学目标，内容短小，集中说明一个问题的微型课程。微课可以帮助学生预习、促进课堂教学、巩固教学成果、拓展课堂学习。但根据这节课的实践，笔者认为，上好微课要注意2个方面的问题：

1. **内容要少而精**

根据脑科学的研究，一般人的注意力集中的有效时间在10分钟左右，微课的时间最好也控制在10分钟内。因此“微课”的教学目标相对单一，教学内容更加精简、教学主题更加突出。

2. **完善传统课堂**

虽然微课具有非常多的优点，能更好地满足学生对不同学科知识点的个性化学习、按需选择学习，既可查缺补漏又能强化巩固知识。但每个微课视频较短、内容有限，学生获得的知识是分散型的。因此，微课程只能是传统课堂学习的重要补充和拓展资源，要与其他教学活动环境配合才能够发挥最大的效用。

参考文献：

[1] 胡继飞. 生物学教育心理学［M］. 广州：广东高等教育出版社，2002.

[2] 周续莲. 生物学课堂教学技能训练教程［M］. 银川：宁夏少年儿童出版社，2010.

[3] 黎加厚. 微课的含义与发展［J］. 中小学信息技术教育，2013（4）：10－12.

[4] 桂耀荣. 微课及微课的制作和意义［J］. 化学教与学，2013（5）：41－42.

第三章　生物教学导入技能

俗话说："良好的开端是成功的一半。"心理学研究表明，人对事物感知的印象是先入为主的，因此强化首次认知对后继学习至关重要。新课导入作为课堂教学的起始环节，是影响教学课堂的重要因素。这就要求生物教师在授课时，设计好良好的课堂导入，导入技能是课堂教学的基本技能。

生物课堂导入技能是指生物教师针对教学目标，在一项新的学习内容和学习过程开始之时，采用恰当的教学媒体和教学方式，阐明学习目的和要求，激发学生的学习热情，集中学生注意力的教学行为方式。好的课堂导入，如凤头，美妙精彩，引人入胜；像箴言，引人深思，予人启迪。将生物课堂导入环节设计得深得人心，还可以进一步启迪学生的思维，增加学生参与教学活动的积极性，使学生主动优化自己的认知结构，使教师的结构化教学顺利开展，进而提高整堂课的教学质量。

第一节　生物教学导入技能概述

一、生物课堂导入的理论依据

（一）认知主义理论

生物学课堂教学，应是教师引导下学生自主、合作、探究学习，主动建构知识的过程。因此，课堂教学起始阶段的导入，应具有利于引起学生注意，形成知觉和表象，有助于记忆、思维和表述的功能。这些功能的良好体现取决于导入所具有的良好结构，从认知心理学角度分析，这种结构的基本功能在于联系，即能将教材新知识的核心节点或结构与学生原有认知结构中的某个节点（命题）或某个局部认知结构（命题网络）顺畅地联系起来，为新知识（结构）通过某种形式被纳入学生原有认知结构做好铺垫。

奥苏贝尔提出了"先行组织者"的概念，是指先于新知识本身呈现的一种引导性的知识或材料，旨在通过激活或唤醒长时记忆中有关的知识、经验和表象，为旧知识向新知识的顺利迁移架设沟通的桥梁，从而促使学习者利用自己原有认知结构中的相关知识与经验去同化和吸收新知识，以达到对新知识的有效掌握。先行组织者所涉及的都是新旧知识之间的关系。如果将先行组织者当作导入或渗透于导入部分，则不仅能使导入与随后主要内容的教学浑然一体，而且能使教学由于有了前后的迁移而产生很好的实效。

（二）人本主义学习理论

该理论认为教育的目的不能只局限于传授知识，还要注重学生情感态度的发展，教育的宗旨和目标应该是培养学会学习的人。人本主义学习理论反对一味灌输的机械式学习，认为知识的获取应该是主动的，不应该是盲目的、填鸭式的被动灌输。有意义学习是人本主义学习理论的核心。课堂导入很好地体现了人本主义学习观，在尊重学生学情和现有知识经验的基础上，利用故事、视频、谜语等多种导入形式，激发学生兴趣，使其主动参与到课堂学习过程中。通过设置问题情境，调其情而引其疑，唤醒学生求知欲，变枯燥的知识接受过程为自发的积极探索，这样教师不仅可以事半功倍地完成教学目标，学生也可以在轻松愉悦的状态下完成知识的识记。

（三）建构主义理论

根据皮亚杰的建构主义理论，教学不再只是传统观念中的传授式教学，而应该是以学生为主体的有意义学习。而这一有意义的学习必须建立在情景建构的教学前提下。而课堂导入在情景创设活动中起了至关重要的作用，是基于“同化”与“顺应”过程。因此，课堂导入在这一理论的支撑下，应尽量使得课堂变得如真实情景般富有开放性、生动性和丰富性，借助各种各样的教学资源和手段，创设情境，将新知识置于情境之中，通过情境引起学习者的兴趣，学生可以自发或主动地唤醒自己已有认知结构中的旧知，使得新知识与原有知识间产生联系。因此教师在设计课堂导入环节时不仅要考虑新知识的特性和能够利用的教学媒介，更重要的是要分析教学面对的学生，根据学生已学得的知识和生活环境、社会环境合理建构课堂导入方式。

二、生物学课堂导入的功能

苏霍姆林斯基曾经说过：“如果老师不想办法使学生产生情绪高昂的智力振奋

的内心状态，就急于传授知识，那么这种知识只能使人产生冷漠的态度，而不动感情的脑力劳动只会带来疲倦。”课堂导入是生物课堂的开端，虽然在整个课堂占据的时间不长，但是具有不可替代的重要作用。

（一）吸引学生注意力

课堂导入连接了课间的松散与课堂的严谨，是学生从课间休息到课堂学习的过渡阶段，可以尽快实现学生注意力的转移。上课伊始，如果老师迫不及待地直接讲授所学知识，学生的注意力还没有转移过来，教学效果可能大打折扣。磨刀不误砍柴功，在课堂开始后，教师先用三五分钟课堂导入把学生的注意力集中起来，有效引导学生主动学习，使学生的兴奋点从上课初始就集中在课堂上，集中在教学的内容上，将收到事半功倍的效果。

例如，学习《人类遗传病》一课，教师在课堂开始时，可以向学生展示各种遗传病的图片（如多指、白化病人、21 三体综合征患者、猫叫综合征患者），吸引学生的注意，使学生迅速进入课堂内容的学习。

（二）激发学生学习兴趣

学习只有合乎兴趣，才能让学生从内心深处对知识入迷，并取得好的学习效果。良好的学习效果又可以对学习兴趣起到正向的强化作用，如此，周而复始，便可获得长久稳定的学习动力。教师或联系学生丰富多彩的生活实际，或展示有视觉冲击力的图片，或播放相关视频，或讲解有趣的生物学事实，或演示生物实验等，诱发学生的求知欲，使他们感到学习生物既有意义又富有情趣，从而增强生物学习兴趣和参与的愿望，激发生物学习动机。

例如，在学习《人的体温调节》这部分内容时，教师可以提出问题：每次发烧，爸妈总是说：“多喝点热水，盖上被子发发汗就好了。”每次自己或身边的人发烧，都会说一声：“多喝热水，发发汗就好了。”虽然不知道为什么，却感觉很有道理。然而，在医院，医生却对发烧病人说：“敷点冰块，物理降温”，却从来没听到过“喝点热水，给他盖上被子捂捂”。那么，发烧后哪种处理方法才是对的呢？

多数学生都知道这个事实，但从来没有这样对比过其中的差异，更不明白到底哪种说法正确，他们非常想解决这个问题，学习兴趣得到提高。

（三）明确学习目标

对于一艘盲目航行的船来说，所有的风都是逆风。学生如果不清楚这节课所要完成的任务、需要达到的目标，老师花费再多心思，很多时候也只是枉然。教学导入是一堂课的序幕，承担着向学生呈现学习目标的重任。对于学生而言，目标越明确，学习的指向性就越清晰，学习效果自然达到最佳。在进行生物课堂导入时，教师在教学内容开展之前，明确告诉学生这节课的学习内容、要求以及方式，呈现一个基本的教学目标，这样可以使学生有的放矢地学习，提高学习效率和效果。

例如，在讲述《生命活动的主要承担者——蛋白质》之前，教师可以借助“奶粉事件”进行讲述，利用一些婴幼儿图片展示，来引起学生的注意力，同时引入话题：“大头娃娃”是怎样形成的？然后，抛出本节课的话题“蛋白质对于人体生长发育具有不可代替性，是生命活动的主要承担者”；蛋白质为什么如此重要？蛋白质的结构是怎样的？蛋白质的功能是什么？明确本节学习的目标。

（四）承前启后，实现知识结构化

知识之间形成联系是建构知识体系的重要途径，教师要有意识地通过导入帮助学生在新旧知识及新知识之间形成联系，使知识被理解并作为一个整体被有效地纳入到学生的认知结构中。首先，教学中应设法使新知识与学生认知结构中已有的相关知识联系起来。教师要分析学生的原有知识状况和生活经验，寻找学生已知的与新知识密切相关的知识点，将其作为新知识的固着点、生长点。通过导入，组织学生有针对性地复习与当前任务相关的先前知识，以激活先前知识或对先前知识进行补充、纠正，为新旧知识形成联系作好铺垫。在呈现新知识的过程中，注意揭示新旧知识的联系点、生长点，搭好新旧知识的桥梁，使新旧知识之间形成联系，实现知识的结构化。其次，教师在教学新知识的过程中，在按照知识的逻辑顺序或者知识的发生发展过程有目的、有顺序、有条理地呈现新知识的基础上，通过导入为学生提供有关联的过渡，揭示学习材料之间的逻辑关系。

例如“DNA 分子的结构”是必修二第 3 章中的一节内容，在呈现新知识之前，教师应引领学生有针对性地复习在必修一第 2 章中学习过的“遗传信息的携带者——核酸”一节中的相关知识：脱氧核糖核苷酸的组成——脱氧核糖、磷酸根、碱基；脱氧核糖核苷酸连接成脱氧核糖核苷酸链；绝大多数生物体的细胞中，DNA 由两条脱氧核糖核苷酸链构成等。通过对以上知识的复习，使学生明确 DNA 分子的化学组成和结构，教师要以此为“生长点”，在呈现新知识“DNA 分子的结构”的过程中，揭示出 DNA 分子的各化学组成部分在空间结构中的位置和排列方式，将 DNA 分子的化学组成和空间结构联系起来，完善学生的认知结构，同时为将要学习的“DNA 的复制”一节作好铺垫。

三、课堂导入的一般过程

课堂导入的一般过程如图 3－1 所示。

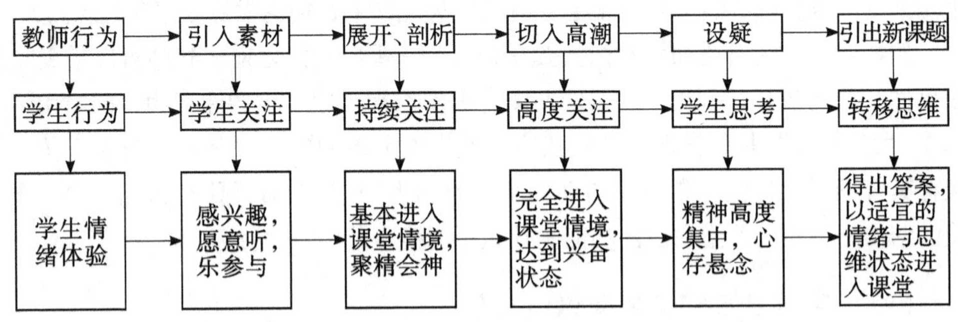

图 3－1　课堂导入的一般过程

四、课堂导入的原则

导入的类型多种多样，为了达到导入的预期效果，在设计和使用的过程中都应该遵守一定的原则。

1. **科学性原则**

在生物学教学中，教师要始终保证教学素材的科学性，课堂导入也不例外。教师在导入过程中所表述的生物学概念、事实、原理等材料都要做到准确无误。同时导入内容也要做到条理清晰、富有逻辑性，对于导入形式和导入方法的选取也要恰当。教师在注重导入素材新颖性的同时，要对素材的科学性加以推敲，切忌为了增强导入效果，而胡编乱造，对学生进行错误的引导。

2. **针对性原则**

导入内容的针对性包含两个维度：针对教学内容、针对学生的已有经验和认知水平。课堂导入最终是为生物课堂教学服务，其最终目的是达成教学目标，促进学生生物核心素养的形成。导入素材应紧密联系教学内容，只有这样，课堂导入的过程才不会偏离主题。导入素材不仅仅要针对教学内容，还需联系学生的实际状况。由学生自身特点出发，有针对性地选取素材。比如在讲解种群数量的变化这一节中，若用水葫芦（凤眼莲）来导入，对于北方的学生来说不太适宜，因为北方学生大多数不知道也没有见过水葫芦，所以不能引发学生的兴趣。

3. 关联性原则

课堂导入的关联性体现在以下两个方面：

（1）课堂导入一个重要的作用就是建立知识联系，在设计导入的过程中要注意找寻新旧知识之间的连接点，使之能够在巩固旧知识的基础上，自然地过渡到新知识的学习，顺利地进行承前启后。

（2）课堂导入是课堂教学的重要环节之一，导入要考虑与教学新内容紧密的、有机地结合起来。我们不能为了追求导入的氛围，而设计一个与教学内容完全脱离的课堂导入。此外，导入是否成功要在接下来的教学过程中加以检验。

4. 时效性原则

中学课堂的时间一般是40分钟，在这段时间内教师至少要完成导入、教授新知识、巩固检测新知识三个环节，其中教授新知识是课堂的主体部分，是需要时间最多的环节，所以一堂课中导入占用的时间要合理，不能占用太多的时间也不能随即带过，导入的时间分配在开始的3－5分钟较为合理。教师在设计导入的过程中要注意选材的精炼性，尽量选取与教学内容有直接相关性的素材。在课堂导入过程中要使用简练、明确的语言，还要把控整个课堂，将学生的热情有序地转移到新知识的学习当中。

5. 启发性原则

课堂导入的启发性主要指激发学生学习兴趣和启发思维两个方面。

教师要在了解学生的兴趣的基础上设计有效的课堂导入。处于高中阶段的学生，心智不成熟，对很多事物存在好奇心，教师从学生感兴趣的话题入手，促使其学习兴趣发生改变，融入课堂教学，彰显其主体作用。

子曰："不愤不启，不悱不发"。在课堂导入中，教师要循循善诱，不断启发学生思考。教师在诱导的过程中需注意循序渐进，提出的问题要符合学生身心发展状况和学生的认知水平，问题提出的顺序也要由易到难，只有这样才能启发学生的思维，调动学生的兴趣，引发学生对教学内容的好奇心，使学生在课堂中维持注意力，积极主动地去探索生物学知识。

6. 新颖性原则

感知对象的新颖性是引起学生注意力的重要因素。单一的导入方法、一成不变的导入模式，很容易使学生兴趣低弱、注意力下降。教师应尽量通过多种多样的导入方式来激发学生的学习兴趣，可以收集一些新颖的、贴近生活的、学生们感兴趣的导入素材。使学生们喜欢生物学习，从而能主动地投入到学习中去。

第二节　生物教学导入的类型

依据教学方式的不同，可以分为直接导入、设疑导入、演示导入、悬念导入、推理导入等；依据教学内容的不同，可以分为原有知识导入、联系实际导入、故事导入、实验导入、诗词导入、谜语导入、游戏导入等，下面分别加以阐述。

一、按照教学方式分类

1. 直接导入

直接导入是指教师在课堂开始环节直截了当地把本节课教学内容、要求、重难点说给学生，不做任何掩饰，从而立即进入新课学习的导入方法，也被称为目标教学法。这种方法单刀直入，无需任何铺垫，只用精辟的语言，直接切入主题。如果所学习的内容是一类新知识或一个新领域，从学生原有的认知结构中不易找到知识的“生长点”，可以考虑使用直接导入，帮助学生提高学习效率、快速理解学习内容、顺利达到学习目标。

直接导入不宜过多使用，对于学习能力较差的低年级同学，这样的导入难以收到较好的效果，直接导入对于学习自觉性较强的学生和高年级学生更适合一些。在使用直接导入时，教师也不要直接导入新课内容，而应对教学内容和教学要求进行简短说明，让学生将注意力集中到新课教学中。

例如《细胞核——系统的控制中心》一课，内容相对独立，学生之前已经学习过组成细胞的分子和细胞膜、细胞器，对这部分的学习有了自觉的要求，这时学生想对整个细胞的结构有一个相对完整的了解，所以教师可以直接引入说：“我们已经学习了细胞膜和细胞器等结构，今天我们来学习细胞体基本结构的最后一部分——细胞核，了解细胞核的功能和细胞核的结构，探讨为什么细胞核是细胞生命系统的控制中心”。这样的导入直截了当地点明了学习内容，引起学生的注意。

2. 设疑导入

心理学家指出：“教学过程是一种提出问题的持续不断的活动，思维永远是从问题开始。从教育心理学的观点看，设疑能激发学生的学习兴趣，进而开发学生的想象力和创造力。”通过创设问题情境，使贮存在学生头脑中的知识由静息状态转变成动作状态（即活跃状态），减少新知识输入的阻抗，为教学活动的顺利进行创造一定的“心智紧张度”，将学生的注意力集中到将要学习的内容中去。

例如，在学习《细胞的分化》一课时，教师提出疑问：“我们已经知道身体里面所有的细胞都来自于同一个细胞——受精卵的有丝分裂，理论上每个细胞里面的遗传信息是基本相同的，人如此，鸡也如此，那为什么我们吃同一只鸡的鸡爪子、鸡腿、鸡胸、鸡血，味道却不完全一样呢?”教师引而不发，学生疑问重重，求知欲倍增。教师因势利导：“当我们学过《细胞的分化》的知识后，大家就会明白了”，导入新课。

又如，学生受金庸的武侠小说及《水浒》《三国演义》等电视剧的影响，认为：喝酒可以驱寒。教师在《人体体温调节机制》导入时，可以让学生阅读教材上的“体温调节图解”，提出问题：人喝酒后为什么会全身发热？是因为代谢增强还是身体表面毛细血管舒张的缘故？毛细血管舒张将导致什么？是导致体温上升还是体温下降？那么喝酒是不是真的可以御寒？为什么有些人喝完酒后会发酒寒？通过这样的方法，在教材内容与学生的原有认知结构之间制造一种“不协调”，从而把学生引入一种与问题有关的情境之中，促使他们去思考、去探索，从而有效掌握知识。

3. **演示导入**

采用直观教学，可以使抽象的知识具体化、形象化，为学生架起由形象到抽象过渡的桥梁。教师若在教学中运用实物、标本、挂图、模型等直观教具导入新课，可以使学生通过视觉心领神会，从而引起学生的注意，活跃课堂气氛。

当教学内容中新知识所需要的感性材料是学生未曾接触过、未曾注意过的，或者新知识比较抽象，是语言不易表达清楚的，则可以考虑运用演示导入。演示材料的选择要注意准确、生动、大小适宜、色彩鲜明，既能引起观察兴趣，又能经得起科学分析。

例如，《细胞的衰老和凋亡》一课可以这样导入：出示一个人从年轻到老年不同时期的一系列照片，让学生进行对比，分析这个人外貌特征的变化。学生平时没有注意过这些变化，对此兴趣很大，七嘴八舌地讨论起来，当他们讲出其中的一些变化后，教师随即提出问题：人老了以后为什么会出现这些变化？和细胞的衰老有什么关系？细胞的衰老又有什么特征？由此引入新课的学习。

4. **悬念导入**

“学起于思，思起于疑”。思考一般从疑问开始，当学生在学习时遇到困难，思考就开始了。根据这一认知规律，在导入新课时，教师可结合具体教学制造悬念，使学生对新知识的学习产生欲望，在好奇心的驱动下，他们将会渴望通过学习了解生物的真相，从而促使他们有意识地注意。不过教师设置的悬疑要注重难度，不能让学生觉得不切实际，也不能过于朴实，需把握好度。

例如，在《减数分裂》一课的开始，教师提出问题：进行有性生殖的生物如果以有丝分裂方式产生两性生殖细胞，从上一代到下一代，体细胞中染色体数目发生了什么变化？学生以教师给出的流程图（图3－2）进行推导，很快发现：后代染色体数目加倍了。这显然不合常理。学生跃跃欲试，在教师的引导下，很快找到答案：生殖细胞的染色体数目应该是体细胞的一半（图3－3）。但具体是什么原因导致染色体数目减半的呢？学生心中充满了疑问。这样自然可以引领学生进入到减数分裂概念的学习。

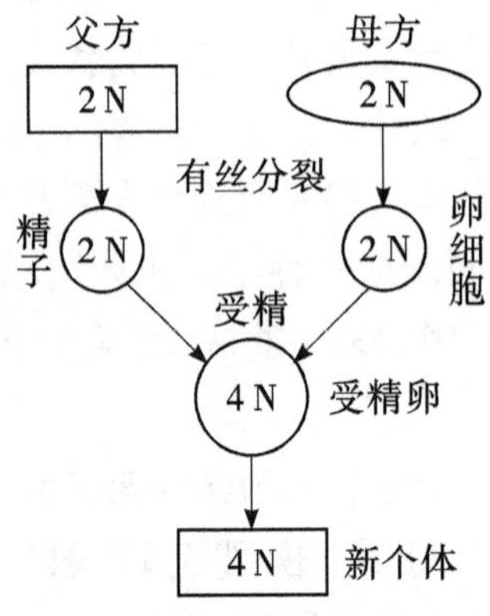

图3－2　生殖过程（有丝分裂）中染色体数目变化

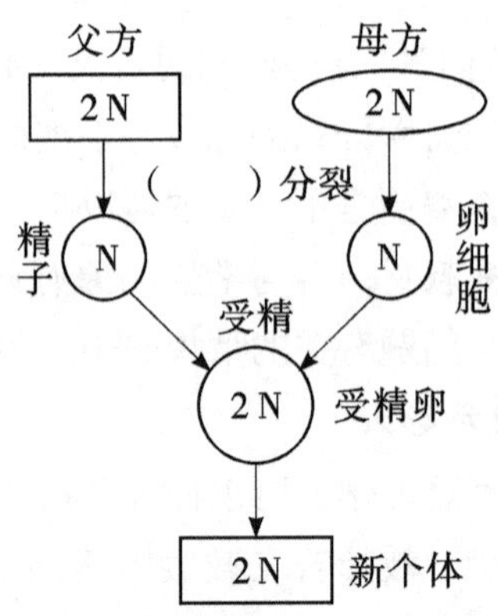

图3－3　生殖过程（减数分裂）中染色体数目变化

又如，在讲《现代生物进化理论》时，教师可以这样开头：“在这个世界上，到底是先有鸡后有蛋，还是先有蛋后有鸡?”这个问题给了学生一个很大的悬疑，激发他们强烈的求知欲望，学生开始激烈地讨论，迅速把注意力集中到课题上来，教师话锋一转：“要解决这个问题，我们必需先了解生物进化的知识”，顺利进入新课的学习。

5．推理导入

生物学各部分知识之间存在着一定的联系，教师引导学生在已有知识基础上通过逻辑推理来导入新的课题，不断将学生的思维引向深入。通过师生的推理，学生进一步明确了知识之间的内在联系，培养了学生的逻辑思维能力。

例如，《人类遗传病》一课，老师首先提出问题：“什么是遗传病?”学生七嘴八舌，有些提出：“一家人都会患的疾病是遗传病”；有些同学说：“生下来就有的疾病是遗传病，遗传病就是先天性疾病”；有些同学说：“遗传病就是基因有缺陷导致的毛病”。针对这些观点，教师可以引导学生思考：“某人家里祖孙三人都喜欢上厕所时看手机，结果他们都患了痔疮，请问痔疮是不是遗传病?”“艾滋病是由病毒引起的疾病，患有艾滋病的母亲生下来的宝宝也有艾滋病，请问艾滋病是不是遗传病?”“如果进行了母婴阻断，可以大大降低宝宝患艾滋病的概率，那你判断一下艾滋病是遗传病吗?”“前面我们学习的 21 三体综合征患者只是多了一条染色体，请问这种遗传病是因为基因缺陷导致的吗?”“某人年轻时候头发浓密，但中年后却秃顶，调查发现他的家族男性成员普遍这样，请问秃顶是不是遗传病?”那么，到底什么是遗传病呢？这样的导入方式，层层深入，引导学生不断思考分析，提高了学生的知识运用和推理能力。

二、按照教学内容分类

1．原有知识导入

任何新的知识的学习，都是建立在旧的知识的理解和掌握的基础之上的，没有对旧知识的积累就没有新知识的继续学习和再认识。对于学生来说，思维方式虽以形象思维为主，但由于知识的积累和增加，经过不断地总结、归纳，抽象的逻辑思维逐渐形成，具有了一定的分析、推理能力。根据这一心理特征，教师对一些前后知识联系性较强的教学内容，抓住新旧知识的交接点，采取复习引导的教学方法有目的地向新知识过渡，不仅使旧知识得到巩固，新知识过渡自然，更重要的是从上课刚开始就能集中学生的注意力，促使学生积极思考。

例如，染色体行为认知过程中先后伴随着同源染色体、联会、四分体、交叉互换、精原细胞、初级精母细胞、次级精母细胞等新术语的学习，还有染色体与染色质、姐妹染色单体术语的转换，以及派生的非同源染色体、非姐妹染色单体等概念，导致多数学生认知负荷超载。为了解决这一问题，我们可以把“同源染色体”这个概念提前抽取出来学习，通过初中教材中人体细胞染色体图谱（图 3－4）进行导入，激活学生关于染色体成对存在的观念，再现初中教材中的“生殖过程中染色体的变化”（图3－5）填图练习而顺势完成了“同源染色体”概念的学习，进而开展下一步的学习，有效降低学生的认知负荷。

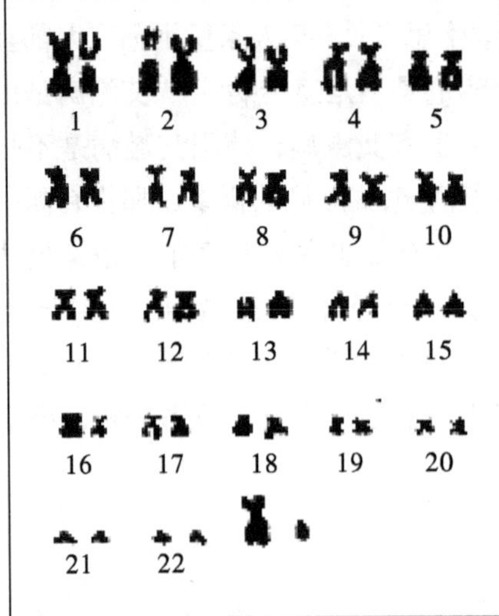

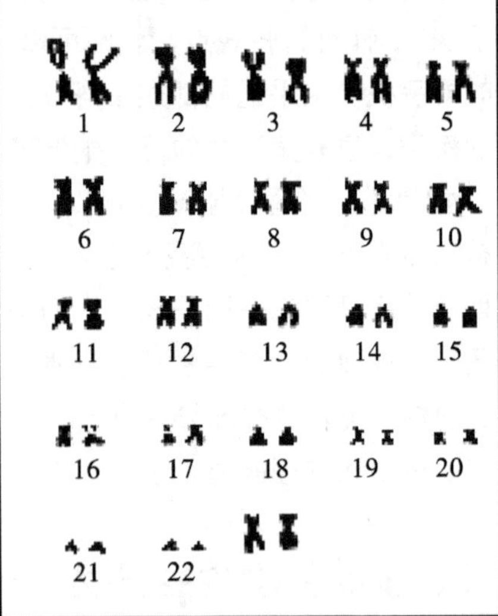

图 3－4　人体细胞染色体图谱

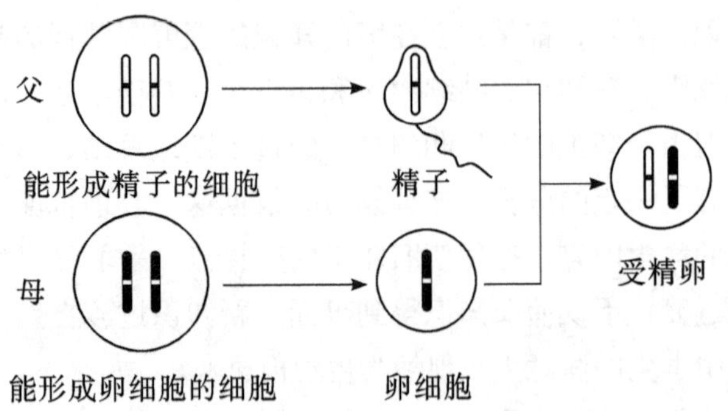

图 3－5　生殖过程中染色体的变化

2. 生活实际导入

教师在教学中一定要将书本知识与实际结合起来，使理论再回到实践，这样不仅可以培养学生各种思维能力，更能激发学生的学习兴趣。生物学本身就是一门生活中的科学，在教学中教师要充分考虑学生的身心发展特点，结合他们的生活经验和已有知识，设计富有趣味和意义的活动，使他们有更多的机会从周围熟悉的事物中学习和理解生物知识，学会生活。

例如，在学习“细胞中的糖类”时，教师可让学生带几颗糖果及查看配料说明并品尝，以激发学生的学习热情。而在学习“细胞中的无机物”时，教师就可让学生自带饮料瓶并查看饮料瓶的成分，指出哪些物质是无机物。此外，教师还可进一步在课堂上创设实验情境，证明细胞中存在无机盐成分：点燃花生种子和向日葵种子，使学生仔细观察其在燃烧时释放的热量以及最终化为灰烬的情况。而在学习“传统发酵技术的应用”时，在导入环节，教师可直接引导学生开展“果醋的制作”实验，或者直接拿出自制的饮料让学生品尝，随后教师再告知学生这是根据生物学知识配制的，由此导入“发酵”的主题。这样的导入方式，能够将一些原本枯燥的生物学内容变得更加直观、有趣，学生也会产生浓厚的兴趣。

3. **实践活动导入**

指导学生开展一些实践活动，并结合这些实践活动针对性提出与教学目标密切相关的问题，营造活动情境来导入新课，有利于激发学生的生物学学习兴趣，激励学生在学习过程中养成独立思考、积极探索的习惯。

在学习“遗传因子的发现”时，教师可让学生自己设计表格（表 3－1），在班中逐项调查耳垂、舌、拇指、食指与无名指的遗传表现，依次填入调查人数栏。调查结束后，教师再针对性地提出问题：各种性状不同表现的比例如何？怎样确定显性性状与隐性性状？这些显性性状和隐性性状是怎样决定的？生物通过什么途径把自己的性状传给下一代？在这个过程中，教师应对学生进行启发指导，补充相关的背景知识，调动学生的积极性，指导学生搜集整理分析资料，并且及时地对学生得出的错误结论加以分析、释疑。这样，学生才能够通过教师的反馈信息得出正确的结论。

表 3－1　人体一些正常性状调查表

性状	调查人数	性状表现	人数	比例	显性性状	隐性性状
眼睑		双眼皮				
		单眼皮				
耳垂		有耳垂				
		无耳垂				
舌		能卷舌				
		不能卷舌				
拇指		能向背侧弯曲				
		不能向背侧弯曲				
食指与无名指	男：	食指长于无名指				
		食指短于无名指				
	女：	食指长于无名指				
		食指短于无名指				

通过这样的引导，学生自觉地将知识与实践活动结合起来，加深了对知识的理解，把不完全知识变成完全知识。

4. 生物科技史导入

教师可以利用与教学内容有关的生物学科技史创设教学情境，来进行新课导入。介绍生物科技发现的史实、科学家的故事，可以使学生沿着科学家探索生物知识的道路，循踪科学家的思维轨迹，去体验创造的境界，不仅能深化对概念、知识的理解，而且能体验科学的过程和方法，学习科学家献身科学的精神与态度。

例如通过讲述光合作用的研究史（表3－2），来说明经历了许多代科学家和很多典型的科学实验，终于基本上搞清楚光合作用的原料、场所、产物、条件等，展示知识的发展过程。这个研究的过程，本身就是从已知到未知，从简单到复杂的过程，根据光合作用研究史所创设的情境也就是一组有层次、有梯度的问题。学生的知识结构也随着光合作用的研究史一步一步扩充和变化。学生不仅理解了知识，还知道这些知识的来龙去脉。

表3－2 “光合作用”科技史情境创设

情境素材	问题情境	知识建构	深入思考
亚里士多德观点	一粒种子为何可以长成参天大树？	植物的物质积累需要土壤提供某些物质	光合作用需要土壤提供的物质是什么？
海尔蒙特实验（1629年）	为什么要用雨水浇柳树？	植物的物质积累需要水	光合作用需要水做什么？
普利斯特利实验（1771年）	植物生长与空气是否有关？	植物可以更新空气	光合作用同空气有何关系？
英格豪斯实验（1779年）	为何普利斯特利实验时而成功，时而失败？	绿叶只有在光照条件下才能更新空气	绿叶和光照为光合作用提供了什么？
萨克斯实验（1864年）	光合作用还有没有其他产物？	植物光合作用的产物中存在淀粉	实验还能得出什么结论呢？
恩格尔曼实验（1880年）	植物体释放的氧气与叶绿体有关吗？	氧气是由叶绿体释放出来的，叶绿体是光合作用的场所	能有其他的方法代替此实验设计吗？
鲁宾和卡门实验（1939年）	如何确定氧气来自水还是二氧化碳？	利用同位素^{18}O示踪法肯定了光合时水分解而放出氧气的事实	氧气主要来自水而非二氧化碳
卡尔文实验（1957年）	光合作用的具体过程是什么样的？	确立了同化二氧化碳的碳循环途径	二氧化碳的循环过程

5. 歌曲、诗词导入

利用同学们熟悉的歌曲、诗词导入新课，可以把知识学习、能力培养与情感体验有机地结合起来。

如在“生态系统及其稳定性”这章的教学中，教师使用多媒体设备播放蒙古族歌唱家德德玛演唱的《美丽的草原我的家》MTV：“美丽的草原我的家，风吹绿草遍地花，彩蝶纷飞百鸟儿唱，一弯碧水映晚霞，骏马好似彩云朵，牛羊好似珍珠撒……”，歌声悦耳悠扬、风景如诗如画，学生仿佛身临其境。这时教师提出问题：这首歌里面有哪些生态系统的组成成分？学生多数能够回答出“生态系统的成分有绿草、花、蝴蝶、鸟、骏马、牛、羊”等，教师在这个基础上再引导学生“水、彩云是不是属于生态系统的成分？”“还有哪些生物和非生物成分？”层层推进，和同学一起得出“生态系统”的定义。这样的方法，轻松自然，激发学生积极思考。

诗词的语言形象生动，言简意赅，令人回味无穷。在教学中运用古诗词进行导入，既能够避免平铺直叙，又可以在美的意境中培养学生的情感，使学生兴趣盎然，增强对所学知识的印象。例如，在讲授“生态系统中的物质循环”时，可用“落红不是无情物，化作春泥更护花”导入；在讲授“环境对生物的影响”时，可用“人间四月芳菲尽，山寺桃花始盛开”导入；在讲授“藻类植物”时，可用“日出江花红胜火，春来江水绿如蓝”导入。

6. 故事导入

故事导入是教师选取与本节内容相关的资源，加以组织整理，在课堂一开始呈现给学生的情节内容。具有激起学生兴趣，引发学生的学习动机的作用。导入的故事可以是一些传统的神话传说、名人传记、寓言故事、笑话或者教师根据日常生活概括总结的生活实例、社会热点事件等。

例如，《生态系统的信息传递》一课，教师可以这样导入：同学们你们听过“鸿雁传书”的故事吗？鸿雁一词最早来源于汉朝。当时苏武被天子派去出使匈奴，结果被匈奴王打发去北海牧羊。苏武没有忘记自己的使命，一直不肯归顺匈奴。到了后来，汉朝和匈奴和亲，匈奴仍然不想放苏武回去。与苏武一同出使匈奴的常惠把这个情况偷偷告诉了汉朝使者，叫他说“天子前些时候打猎，猎获一只鸿雁，鸿雁腿部绑着苏武的信”。匈奴王听说后，觉得瞒不下去了，便让苏武和使者一同回了汉朝。从此后，人们便用“鸿雁”来表示书信。请同学们想一下，人类可以通过语言、文字进行交流。那么动物之间又是怎么交流的呢？

又如，在讲授《自由组合定律》时，教师可以用一段有趣的故事作为导入：有一天，美女在路上碰见萧伯纳，她说如果咱们两个人生一个孩子，有你那样的脑袋，我这样的美貌，这不是最理想的事情吗？萧伯纳说，可是如果孩子出生之后，外貌像我一样，而脑子和你一样，这不是最糟糕的事情吗？萧伯纳的担忧有没有道理？什么情况下才会出现像美女所说的情况？什么情况下才会出现像萧伯纳所说的情况？学了本节课，你就会知道这是什么情况了，从而引出自由组合的知识。

通过故事环节，师生进行互动交流，学生被教师诙谐的语言、广博的知识所吸引，让学生“亲其师而信其道”，并希望通过积极的课堂表现来获得教师的注意，创设一种良好的学习情境。在这种学习情境下，会吸引更多的学生进入课堂学习中，在整个班级中形成浓厚的学习氛围。

7. **实验导入**

实验导入是指教师通过演示或者学生操作实验，引导学生认真观察、积极思考实验现象的导入方式。通过实验可以让学生快速进入学习状态。

例如，在讲解人教版普通高中生物必修一第五章第一节《降低化学反应活化能的酶》时，第一课时讲述了酶的作用和本质，并且用 $FeCl_3$ 溶液和肝脏研磨液中过氧化氢酶对过氧化氢分解速率的对比实验，可知道其具有高效性。在讲述第二课时酶的特性中，发现学生都认为酶在任何时候的催化效率都会高于无机催化剂，所以在导入时可以让学生用醋酸处理动物肝脏，使其发现其催化活性并不高，于是学生带着这一疑问进行了探索，这样更加有利于学生深刻理解酶要想达到其最大催化活性，必须需要适宜的条件。

又如，在讲解物质跨膜运输的方式中的“自由扩散”现象时，教师可以在课上做个演示实验，首先准备一杯清水，然后向水中滴一滴红墨水，随着红墨水在清水中的扩散，让学生自己观察实验现象，总结特点。通过教师的演示实验，让学生亲眼所见，调动参与课堂的积极性。

参考文献：

[1] 叶丽娟．浅论生物课堂导入 [J]．中学生物学，2011 (2).

[2] 张淑萍．利用情境导入法提高生物课堂教学的有效性 [J]．林区教学，2019 (5).

[3] 王延玲．例谈高中生物课堂教学中的有效导入 [J]．大连教育学院学报，2009 (4).

[4] 张柳丹．高中生物课堂教学的导入艺术探微 [J]．教育观察，2017 (6).

[5] 黄玮．高中生物学教学中问题情境的创设 [J]．生物学教学，2009 (9).

[6] 黄玮．高中生物迷思概念成因及教学对策 [J]．中学生物学，2009 (1).

[7] 黄玮．高中生物学教学的“起、承、转、合” [J]．生物学教学，2018 (5).

第四章　生物教学板书技能

第一节　生物教学板书技能概述

一、黑板的重要意义

黑板是传统的教学工具，能够帮助教师将自己对知识的理解直观地呈现给学生，以帮助学生理解相关知识。虽然科学技术在不断地发展，教学工具也在不断地更新，但是作为来源方便、价格低廉、作用重要的传统的教学工具，不管是在城市，还是在乡村，黑板依然有存在的重要意义。如何更好地应用黑板，高效地呈现教师的教学期望，是需要教师掌握的一项基本技能，这项技能水平的高低，也体现了教师的基本教学素养。课堂板书，是应用黑板功能的基本方式。

二、课堂板书的涵义与价值

板书在《辞海》中的解释：①在黑板上写字：需要……的地方，在备课时都作了记号。②也指在黑板上写的字：工整的……。《近现代辞源》解释板书为在黑板上书写文字。板书是教师在教学过程中，配合语言、媒体等，运用文字、符号、图表向学生传播信息的教学行为方式。板书是教师必备的基本教学技能。

而在科学技术如此发达的今天，我觉得对板书也应有新的定位。除了词典上的定义之外，还应加上电子板书。电子板书有广义和狭义之分，广义是指教师采用教学软件，根据不同的教学目的和要求，制作出反映教学内容的幻灯片，然后教师在授课中通过电脑投影仪放映出来的全部幻灯片内容，也就是现在大家所普遍了解的多媒体教学。狭义是指在幻灯片中除去图片与视频之外的对于教学内容有总结、提示的文字、表格、符号、图表和图解等视觉信号。

课堂板书，顾名思义，就是在黑板上书写本节课堂所需要讲授的知识要点。但板书又不只是将知识点简单地罗列出来，而是要将本节课堂的知识要点之间进行逻辑上的串联，从而让学生在学习新知识的过程中将单个知识点连接成知识条块，构建知识体系和思维体系，也就是完成知识的结构化。可以说，板书是呈现教师教育思想体系的重要方式。精湛的课堂板书，可以有效地帮助学生启发学习思维，锻炼概括能力，提高记忆效果，增强审美情趣，构建认知体系。在拥有先进教学媒体的情况下，教师更要学会如何将新的教学媒体和板书结合运用，提高课堂效率，这就需要教师的教学研究和教学实践。科学设计的板书，能够体现出本节课的教学目标，突出教学重点，突破教学难点，构建知识网络，给学生以深刻的课堂印象，增强学生的学习效果，是生物结构化教学必不可少的环节。

三、板书在生物课堂上的重要性

在刚刚修订完成的《高中新课程标准》中，高中生物学科提出了“社会责任、生命观念、理性思维、科学探究”的学科核心素养。并进一步指出“高中生物课程应进一步提高学生的生物科学素养，发展学生的科学素养与人文精神、创新精神与实践能力、国际视野与民族精神、社会责任感与人生规划能力，对国家的兴盛、社会的进步、个人的终身发展都具有重要意义”。由此可以看出，“新课标”非常重视对学生科学素养、创新、探究能力以及本土文化意识、家国意识和表达能力的培养。而高中生物学科中，存在着大量的概念知识，如果学生不能养成良好的知识串联习惯，提高逻辑思维的能力，就很难理解和记忆大量的概念知识，实现上述目标和素养。在生物学课堂上，板书这种最直观的教学手段是实现这些目标和素养的有效的教学途径和方法。这种简化版的教案，在黑板上，由教师通过书画语言的形式传递教学信息，学生通过直观高效的渠道获取知识信息。双方的交流互通，可以促进学生的思维活动，集中学生的注意力，加深学生对知识的理解和记忆，培养学生各方面的学习思维能力，也将教师、教材和学生三者统一在课堂这个世界的整体中。

第二节　生物教学板书的类型、应用原则与要点

生物学课堂上，板书有极其重要的价值，科学的板书，可以帮助学生形成结构化的知识网络，提高学生学习生物学科知识的效率，打造高效的生物学课堂。如何培养和锻炼这项技能呢？我们通过生物学课堂板书的类型、应用原则与要点等方面，了解生物学课堂板书，提高设计课堂板书的能力。

一、生物学课堂板书的类型

由于高中生物学科的概念众多，不同的概念需要教师使用不同的传授方式，也会有不同的方式呈现，所以教师在设计生物学课堂板书时，也会有多种多样的类型。常见类型如下：

（一）图解式（概念图式）

图解式板书主要是运用图框、线条、文字、箭头、符号等元素，根据知识内容的逻辑关系和生命活动的客观规律，将名词、概念、活动环节和知识要点等作为单个节点，然后通过线条和文字注释将这些节点连接起来，形成简洁的、科学的、具有逻辑关系的、直观的知识网络，从而让学生代入科学家的身份，一点点地开展科学探究，一步步地拨开科学迷雾，然后形成了全景的科学地图，犹如抽丝剥茧般亲历科学知识的获取过程，能够帮助学生更深刻地理解和记忆生物学知识的概念，明确科学家的探究过程和思维模式。这种板书的特点是：将教学中的难点通过图示简单化，精炼明晰；科学严谨，逻辑性强；代入过程，印象深刻，便于学生对概念的理解和记忆。这样就可以在黑板上将一节课的众多概念串联、浓缩，提高课堂效率，特别是对探究类的知识内容的授课过程中，使用这种类型的板书，效果更加显著。如探究《DNA 是主要的遗传物质》的实验过程、《植物生长素的发现》的探究历程中就比较适合使用图解式板书。

图解式板书又可以根据知识点之间联系方式的不同，将其分为：逻辑演绎式板书和因果关联式板书。

1. 逻辑演绎式板书

是以知识的探索、研究思路顺序为线索而设计的板书。这种板书的优点在于把科学家的探索历程串联成整体，使学生犹如随着科学家的研究活动亲历了知识的获取过程。

2. 因果关联式板书

先将大段文字叙述材料中的逻辑因果关系进行处理后，根据它们的内在关系串联成知识网络的板书。它能帮助学生学会如何去加工处理文字材料的方法，有效培养学生建构逻辑思维的能力。这种板书，调整了原有标题的结构顺序，避免了将概念、原理、结论等和盘推出的弊端，给学生“新内容”的感觉，所以更能引起学生的注意。

（二）提纲式

提纲式板书，就是在明确教学内容的前提下，教师根据设计的教学流程，以知识网络为线索，按照大概念包含小概念、小概念再细分的方式，借助序号将提炼的提纲按照课本知识的顺序排列，层次分明地展现在黑板上，呈现给学生。这种板书的特点是线索明确，提纲挈领，条理清晰，契合教材，化繁为简。可以让学生更加清楚教材设计的结构、知识概念的体系。在讲授《细胞中的糖类》的种类、《细胞的癌变》的主要特征时就比较适合使用提纲式板书，让学生更加明确本节课的知识要点和关键词，层层深入地认知糖类的分类和癌变的特点和原因。

根据课堂知识呈现的过程需要，可以对上课内容的顺序进行不同的调整。提纲式板书又可分为顺序式板书和倒序式板书。

1. 顺序式板书

主要是根据课本教材的设计顺序，按课本顺序，将重要知识点按照提纲的方式呈现出来，书写在黑板上。

2. 倒序式板书

教师在授课的过程中，对课本上的知识内容进行解构，并按照自己的理解去重新理解，然后讲授课本内容。对课本上某个章节的知识内容。顺序发生了部分或全部打乱，甚至出现了倒序，再以提纲的方式呈现在黑板上，传递给学生。

（三）表格式（对比式）

表格式板书，是将相似的概念通过各概念细节的逐项归纳、归类，绘制成表格，对其进行区分。高中生物学科中的概念众多，相似的名词和概念也很多，学生在学习的过程中容易产生混淆，记忆上容易出现混乱。为了帮助学生从本质上认识和理解生物学概念，通过对概念的分析和比较，设计表格加深对概念的认识，同时也方便学生比较记忆相似概念和名词。这种板书的特点是重点突出，结构严谨，可以充分挖掘概念之间的区别和联系，产生对比效应，有利于培养学生的归纳和概括能力；让学生对概念的理解条理化、概括化、清晰化、对比化，帮助学生区分异同、明辨是非。表格式板书特别适合在复习课上使用，这样可以将新旧知识、相关知识、相似知识概括成表，归纳分析，强化记忆深度，提高记忆效果。当然在一些新授课中，也适合使用。在讲授《细胞的多样性》中的原核细胞和真核细胞、《物质跨膜运输的方式》等内容时，通过逐项分析、绘制成表，就可以将一个知识要点甚至一节的内容归纳到一个表格中，帮助学生理解和记忆。

（四）图示式

图示式板书，主要是通过简笔画的方式，将一些比较抽象的名词概念直观地展现出来。在直观的图示中，也可以包含知识点的归纳总结，甚至对比。生物学上的一些概念比较抽象，学生如果没有足够的生活经验和知识储备，则难以想象出来。有些生命活动的过程是动态的，如果只是看视频和动图，一闪而过印象不够深刻，很快就会遗忘；但是如果画出写实的结构图，又很复杂，难以做到。如果通过线条和结构简单的简笔画将板书画出来，既可以快速，又可以比较客观地展示给学生，让学生对抽象的概念和短暂的生命活动过程有比较深刻的理解和记忆。这种板书的特点就是简单、直观、相对持久地展示生物学概念，帮助学生在脑海中产生记忆热点。在讲授《生物膜的流动镶嵌模型》时可以通过画简笔画，让学生认识生物膜的各种成分的存在形式和结构分布；讲解植物果实的形成和发育过程可通过简图，让学生了解植物两性花的结构、传花授粉的过程以及果皮、果肉、种皮和胚的形成过程。

生物学课堂板书的类型各式各样，但不同的知识内容有不同的方式呈现，所以教师在课堂上使用的板书类型选择，要切合当节课的知识概念的特点，更要符合教师的知识传授的方式和过程，而不是死板地把板书默写一遍。在有的课堂上可以多种方式的板书融合在一起，简洁明了、直观地呈现给学生。板书类型的选择和融合，目的是为了帮助学生高效地理解概念，形成自己的知识体系，教师也要根据学生的特点、课堂的变化，灵活地选择不同的板书方式，而不是形成思维定势，以为某种课只能使用某种固定的板书类型。

二、生物学课堂板书的应用原则与要点

板书是教师综合素质的集中体现。是教师在教学实践活动中，根据自己的教学经验和“新课标”中对课堂内容重点的要求产生的独特见解。板书对学生的学习能起到一种有效的促进作用，绝不是可有可无的。

生物学课堂板书，作为一项技能，需要了解其本质，熟悉其流程，不断地操作熟练，才能将技能转化成一项教学本能。同时，生物学课堂板书，也是一种艺术，它需要自身的美感，吸引学生接受和热爱板书所呈现出来的知识内容。所以，我们在生物学课堂上设计和应用板书，需要了解其原则，构建出科学的板书，让学生接受并内化为自身的知识储备。在生物学课堂上应用板书，需要遵循整体性原则、简

练性原则、美观性原则、启发性原则、重点突出原则、与教学课堂同步原则、紧密联系课本原则。在教学实践中运用这些原则，可构建出符合课堂需求的优质板书，为学生呈现一节精彩的、有收获的生物学课堂。

一节优秀的板书设计一般要遵循以下几个原则：

（一）生物学课堂板书的设计要符合学生认知的一般规律

建构主义学习理论是认知主义的进一步发展，它起源于儿童认知发展理论，并融合了哲学和心理学的最新成果，如后结构主义、批判解释学等。建构主义认为，学习是在一定的情境中进行的，学习者通过合作伙伴之间的合作交流，借助必要的信息资源，最后通过意义建构来获得。因此，理想的学习环境应该包括四个部分：情境、合作、交流和意义建构。在板书的设计中，教师应该创造一个学习者的经验与现有知识相联系的情境。如果这些知识间的联系有矛盾，那就更能激发学生探究的欲望，通过学生之间的合作学习或查阅资料的方式来获取相关信息，最终找出问题的真相。这就是意义建构的完成。

在建构主义学习环境下，教师和学生的地位和作用与传统教学相比发生了很大的变化。建构主义学习理论强调学习者作为认知主体的地位，而不忽视教师的引导作用。教师应该是学生学习活动的推动者和促进者。在教学活动中，教师应激发学生的学习兴趣，在新知识与学生已有经验之间提供必要的联系，在知识出现断层时引导学生积极建构知识间的意义联系，因为意义建构是学习者学习的最终目标。尽管建构主义的理论结构并不完美，但建构主义提倡学生的主体作用和教师的主导作用，以及对完成意义建构的方式、方法的阐释，为我们进行的探究理念指导下的生物课堂板书写作改革提供了理论依据来源。

（二）生物学课堂板书的设计要符合学生的心理发展特点

作为一名高中生物教师，应了解高中生的心理发展规律，设计出符合学生本阶段心理和认知规律的板书。能更好地将高中学生自主学习与教师课堂教学有机地结合，从而提高课堂学习效率。当代高中学生心理发展的主要特点体现在以下几个方面：

1. 自主性

当代高中生的自主心理、个体意识、自尊心很强，同时也很脆弱，往往经不起打击。被表扬的时候，他们会容易骄傲，受到批评时却很难摆脱心理阴影，甚至可能失去学习兴趣。针对这一特点，要求教师在课堂上设计板书时，要充分考虑学生的自主性，使生物课堂板书发挥应有的作用，达到应有的效果。

2. 有进取心

青春期的高中生，他们精力充沛、思维敏捷、血气方刚，有上进心。他们总是对未来充满希望，愿意为自己的未来而奋斗。针对这一特点，教师在板书设计中应注意和引导学生的进取精神，使学生创造性地掌握知识点，激发学生的创新精神，共同营造创新的社会氛围。

3. 不平衡性

维萨里安·贝林斯基说："青年是向成年过渡的时期，这一时期往往是分裂的、不和谐的……一个人不满足于自然意识，还想知道更多，但因为他要经过千百次的迷误，才能获得满意的知识，必须自己奋斗，所以他也有跌倒的时候。这是一个不可撼动的规律。"无论对个人还是对人类来说，不平衡性是人的心理发展过程中，由量变到质变之前的一个重要阶段。而高中生正处于这个心理阶段，他们的心理发展在智力、情感、信仰等方面都不平衡。具体表现为他们比较敏锐，对事情的认识比较片面不到位，容易冲动，对家长、老师表现出较为普遍的逆反心理。针对这一特点，教师在设计生物课堂板书时，应鼓励学生敢于怀疑，激发学生的好奇心，但需要包容和遏制过激行为。

4. 社会合作性

虽然人与生俱来就与社会接触，但真正的大众合作和社会化始于中学阶段，尤其是高中阶段。当今社会已经进入信息社会，人们获得信息的途径越来越多样、越来越容易。进入高中后，随着心理的变化，他们可能越来越关注这个社会，也越来越期望合作。表现在谈论国际形势、关心国家大事、集体意识和民族意识的产生和发展。针对这一特点，在生物课堂板书设计中要注意生物学与社会实践的具体联系，了解学生的关注点，使学生感受到生物学这门学科的实用性，可以提高学生学习生物学的兴趣。

（三）生物学课堂板书的设计要符合教材设计规律和授课规律

1. 目的性和灵活性相结合的原则

在设计板书时，教师应该明确本节课堂的教学目标是什么。也就是说，通过这节课的学习，学生应该知道能学到什么知识，解决什么问题。当然，在追求目标的同时，也要注意板书类型的选择和运用。在学生的学习过程中，他们厌倦了老师千篇一律、没有生机的板书。因此，在高中生物课堂教学中，教师可以根据生物学的特点、教学目标和学习内容对板书类型进行灵活的选择：有的可以关注生物现象的概念和形成原理，有的可以关注生物现象的发生过程。在教学中，预先设计好的板书很难自然出现，这就要求教师在教学过程中及时修改和完善板书，使之更符合学生的认知状态和知识形成规律。

2. 概括性与完整性相结合的原则

板书是教师在充分了解教材内容的基础上，巧妙地处理学习内容的重点和难点，以便正常开展学科教育的教学活动。它可以称之为教师教学的微型教案，可以把本节课所有的关键知识点都包含在内，更好地为学生的学习服务。但是，由于课堂时间和黑板布局的限制，要求教师在设计板书时，要认真研究本节课的知识要点，了解所教学科的专业术语，仔细推敲，做到少词多意的教学内容的高度概括。例如在教授生物人教版必修一的第六章第一节《细胞的增殖》中的“有丝分裂”的过程时，教师可以引导学生探索“有丝分裂过程中亲子代细胞保持稳定的实质是染色体的复制和平均分配”：一是有丝分裂过程中染色体的形态变化以及染色体相关名词和名称变化，二是探讨有丝分裂过程中染色体的数目变化，三是补充其他细胞结构在有丝分裂过程中的变化和意义。通过对这三个方面的探讨，可以帮助学生全面掌握这一部分的内容。

3. 计划性与条理性相结合的原则

课堂板书是教材内容的真实反映，板书必须能够呈现知识的内在逻辑联系，它应该在明确知识内容层次的基础上，力求达到言虽断而意相通的效果。例如，在教授人教版必修二的第二章第二节《基因在染色体上》一节时，在探究理念的指导下，用果蝇杂交实验证明“基因在染色体上”的结论时，针对学生的学习实际，教师可以设计一系列问题：①为什么选择果蝇作为实验材料？根据哪一个杂交组合可以判断出果蝇的显性性状？为什么？②果蝇眼色这一对相对性状的遗传是否符合孟德尔的分离定律？与孟德尔分离定律相比较，这个实验中有什么特殊的地方吗？果蝇的性别如何决定和表示？③如果控制果蝇眼色的基因用字母 W 表示，请写出摩尔根的果蝇杂交实验的遗传图解。④如果你是摩尔根，你将如何解释果蝇白眼性状的遗传？如何判断你的解释正确与否？⑤需要设计一个测交实验来验证你的解释吗？为什么？请写出你设计的测交实验的遗传图解。学生在解决这几个问题的过程中，本节课的知识重点也随之突破。

4. 科学性和启发性相结合的原则

课堂板书应准确反映教材内容，满足学生获取正确认知的需要。在教学活动中，学生通常通过课堂板书来建构知识框架，因此板书既不能犯知识错误，更不能为了追求课堂板书的外在美而违反科学性原则。在展示课堂板书的过程中，教师应激发学生兴趣，启发学生的思维，促使学生自主探索事物的真相。在具体的课堂板书实施过程中，教师要努力做到每一个字、每一句话都能唤起学生的联想，帮助学生记忆；要善于运用提问，善于运用引导性语言，引导学生的思维向课本内容和教师讲解的方向转移，引导学生思考、提问、探究问题的本质，使学生逐渐理解和记住教学内容，全面获取知识，也增强了学生的主动性，培养了良好的自主学习品质与习惯。

5. 语言文字必须要准确

文字是课堂板书的第一要素。教师的板书直接呈现在学生面前，是学生获取知识最直接的途径。因此，教师在绘制课堂板书时一定要用规范的语言，以免引起学生的误解，如“细胞增殖”错写为“细胞增值”等。名词、公式、概念等专业术语必须准确。只有这样，才能把知识点正确地传授给学生，使学生在学习知识的同时，养成严谨的学术作风。

6. 内容要精炼细化

学生手中有教材，因此，课堂板书不是教材的复制品，也不是教师要讲的全部内容，而是教学内容的细化和提炼。过多的课堂板书内容会影响学生的听讲。课堂板书应将教学内容的框架、系统的重点体现在黑板上，使学生易于记录和系统地了解教学内容。在课堂板书内容的设计中，要遵循学习顺序，结合教学重点，注意序号的使用，把教学内容重点有序地呈现在课堂板书中。这样既能使学生记忆轻松，听起来自然流畅，又便于讲解和板书的过程，激发学生积极思考，形成自己的课堂笔记。我们可以把黑板分为两个部分，一个主要部分用来系统地展现教学内容，另一个辅助部分用来说明主要部分的分析推理过程或实例，便于学生理解和记录。这样一节课下来，全班的重点都体现在板书上，方便学生以后的复习使用。

7. 实用与美观相结合的原则

课堂板书要直接展示在学生的眼前，给学生最直接的感觉。因此，板书设计首先要能真实地反映教材的内容，在具体实施过程中，教师要教得得心应手，学生要学得顺其自然。其次，它是教师对教材的审美判断，反映了教师的审美情趣，是师生共同完成的艺术作品。美观的课堂板书能加深学生对教学内容的理解，并能提高教师在学生心目中的地位，于无形中树立自己的威信，增加学生对生物学科的学习兴趣，通过自己的言行潜移默化地影响学生，甚至会影响学生对生物的兴趣，因此整个黑板的设计必须整洁美观。比如，巧妙选择板书的类型和布局、精心运用字体的大小和颜色、合理搭配的文字和图形等，在一定程度上可以提高我们的教学效果。

为增强课堂板书的艺术性，可从以下几个方面着手：①课堂板书的文字书写一定要整齐规范。②课堂板书的字迹尺寸要合适。③课堂板书中的图表制作必须规范。④课堂板书的布局要合理美观。按照优先重点的原则，科学合理地编排板书内容，既能让学生感受到清晰的学习过程，又能给学生愉悦的美的享受。板书的书写要根据内容量提前规划，主板书要与副板书分开，主板书要布置在黑板的中央，它是本节课堂学习内容的核心，副板书布置在黑板的一侧。此外，心理学研究表明，颜色可以引起知觉，唤起味觉，刺激大脑皮层，促进植物神经系统的活动，促进心理和谐发展。因此，板书应注意使用彩色粉笔，如关键知识点用红色粉笔书写，达到警戒与提醒的效果；末节和补充知识点用其他颜色粉笔书写等，以提高课堂板书的艺术性，加深学生对板书的印象。这样既可以帮助学生清晰理解生物体的生命过程，也可以通过建构的知识网络图形向学生展示生命的奥秘和美感。

8. 与教学课堂同步的原则

课堂板书为教学活动过程服务。在课堂板书的写作和建构过程中，要与课堂教学过程同步，既体现了课堂板书书写的时效性，又体现了课堂板书的独创性，让学生了解生物教师对知识概念的理解过程，并希望用类似的过程和方法来理解核心概念。这不仅教会了学生认知过程，也升华了学生的元认知。

9. 紧密联系课本原则

课堂板书是对课堂知识的归纳和总结，而课堂知识主要来源于课本，学生的学习活动也按照课本的标准进行。在设计课堂板书的过程中，可以适当地将课外知识联系起来，与生活实践密切相关，但以核心的知识项目或教科书为准。这就要求我们在设计板书时，应以课本为标准，不要增加太多的附加知识。

总之，课堂板书的书写和设计要有构思、有策划，要动心动脑。不仅要把所有的教学重点整齐有序地体现在板书上，也要有利于加深学生的理解，方便学生记录。

第三节　生物教学板书技能应用示例

一、图解式（概念图式）

1. 呈现形式

主要是通过图框，线条，文字，箭头，符号等方式，根据知识内容的逻辑关系和生命活动的客观规律，将名词、概念、活动环节和知识要点等作为单个节点，然后通过线条和文字注释将这些节点连接起来，形成简洁的、科学的、具有逻辑关系的、直观的知识网络。

2. **设计思路**

如认识细胞核的结构和功能一课时，在设计板书的时候，就要重点突出细胞核的结构与功能的关系，以及细胞核为什么能够成为细胞这个最基本的生命系统的遗传与代谢的控制中心。

3. **设计过程**

核心概念“细胞核、细胞核的结构与功能、细胞核是细胞的控制中心”，用特殊的颜色来标记，突出重点。其中核心名称“细胞核”“细胞核的结构”用红色粉笔，具体的结构名称用白色粉笔与红色粉笔交替区分，细胞核的功能用蓝色粉笔，各结构对应的功能是白色粉笔与蓝色粉笔交替区分，核心功能控制中心用红色警戒提醒。然后将结构与功能的联系，即结构决定功能用箭头和红色粉笔串联起来。利用不同颜色对学生感官刺激的不同，有效地帮助学生形成不同的理解和记忆。

4. **设计意义**

这样的设计可以将细胞核的结构与功能的关系串联形成整体，形成逻辑和因果联系，同时又强化了生物学的核心知识——结构决定功能。细胞中任何生命活动的产生，一定是与相应的细胞结构或组成成分相关联。细胞核之所以能够成为细胞的控制中心，是因为细胞核结构里的染色质（体）中含有 DNA 这种遗传物质，它携带着细胞的遗传信息，将亲代细胞的遗传性状传递给子代细胞，并携带着子代细胞新陈代谢的“蓝图”，控制着子代细胞的生命活动。不同颜色粉笔的应用可以帮助学生区分核心概念和下位概念，理解不同概念之间的逻辑联系规律。

通过构建这个图解式的板书，形成知识网络，让学生学会学习生物学的基本方法和理念。在构建的过程中，还可以与学生互动，补充细胞核各个结构之间以及细胞核与细胞其他结构之间的结构与功能联系，从而将细胞核当做一个整体，以及作为细胞这个更大整体的一部分，构建整体的知识体系，形成学生自己的学习观、生命观和世界观。

图解式板书应用示例见图 4 – 1。

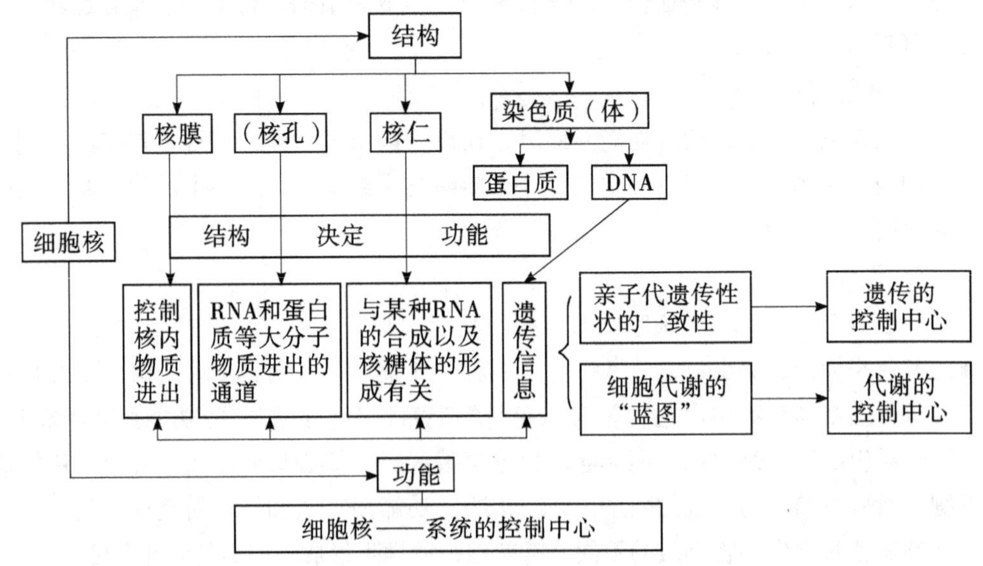

图4－1 图解式板书应用示例

二、提纲式

1．呈现形式

在明确教学内容的前提下，根据教师设计的教学流程，以知识网络为线索，按照大概念包含小概念，小概念再细分的方式，借助序号将提炼的提纲按照课本知识的顺序排列，层次分明地展现在黑板上，呈现给学生。

2．设计思路

知识内容相对简单，也非常有条理时，教师只要将知识要点提炼出来。对于相对容易混乱和难以理解的知识点，设计板书时，要帮助学生清晰理解课本结构，突破重难点。

3．设计过程

提纲式的板书，要将课本知识，按照课本顺序的大概念：信息的种类、信息传递的功能、信息传递的应用等用红色粉笔标记，表明它们是本节的核心概念；包含小概念：信息的具体种类、信息传递的具体功能、信息传递的具体应用等用白色粉笔。这里有一个需要重点突破的知识难点——信息传递的具体功能，所以在设计板书时，在提纲式的板书中穿插使用图解式的板书，方便学生理解这些功能之间的逻辑联系，帮助学生理解记忆，提高记忆深度，信息传递的具体功能使用蓝色粉笔以示区别。

4. 设计的意义

通过提纲式的板书设计，让学生清晰理解课本设计的条理。熟悉教材结构，形成知识体系。在重难点知识的突破过程中使用不同的板书方式，可以提升学生对重难点的理解。板书的设计并不是固定的模式，根据知识传授过程的需要，可以多种类型板书结合使用，主要是为了帮助学生理解重难点，构建知识结构。

提纲式板书可以帮助学生在课前预习时理解课本结构，熟悉教材。在一些相对简单的知识内容的学习中，学生可以通过这种方式进行自学，从而实现高效学习。

提纲式板书应用示例见图 4－2。

一、信息的种类

1. 物理信息：光、声、温度、湿度、磁力等

2. 化学信息：生物碱、有机酸、性外激素等

3. 行为信息：动物的特殊行为

二、信息传递的作用

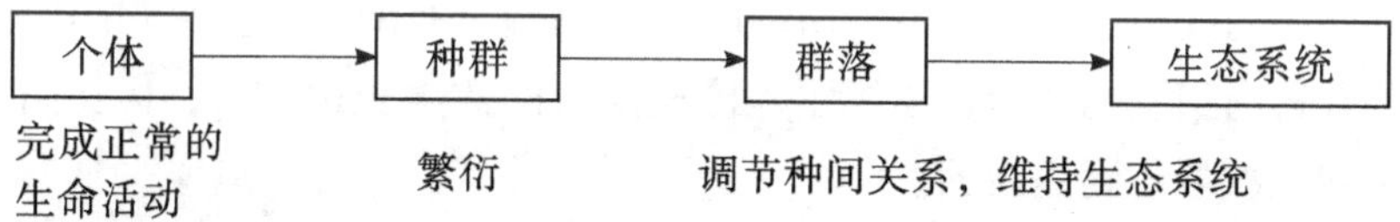

三、信息传递的应用

1、提高农产品或畜产品的产量

2、对有害动物进行控制

生态系统的信息传递

图 4－2　提纲式板书应用示例

三、表格式（对比式）

1. 呈现形式

将相似的概念通过各概念细节的逐项归纳、归类，绘制成表格，对其进行区分。下面以 2007 年版人教版高中生物必修一模块《第 4 章　细胞的物质输入和输出》中的《第 3 节　物质跨膜运输的方式》这一节为例，简述如何设计表格式的板书。

2. 设计思路

教材中对细胞内的物质跨膜运输的方式分成主动运输和被动运输这两大类，被

动运输又分为自由扩散和协助扩散这两种。这是本节知识的重点内容。当然课本上还涉及胞吞和胞吐的大分子运输过程。这些运输方式名称相似，运输方向、运输条件等有相同点也有不同点，知识点容易混淆，表格比较的方式，可以有效地帮助学生理解物质运输的过程，记住相关知识要点。

3. **设计过程**

先了解这几种物质运输方式需要比较的项目。然后根据项目的需要设计好表格的行数和列数，将需要比较的内容填写在最上方一行空格中。为了便于学生的记忆和区分，不同的比较项目用不同的颜色进行间隔处理。比如物质大小、浓度方向、曲线图等项目用红色粉笔，运输方式、载体和图例等项目用白色粉笔，能量和举例等项目用蓝色粉笔，这样的间隔处理，可以让学生直观地看出比较的项目的区别，了解哪些是同一类的比较。在能量消耗和举例这两个项目中还是使用了不同的颜色进行对比：不消耗能量用冷色调蓝色粉笔，消耗能量用暖色调红色粉笔；举例中葡萄糖是需要特殊记忆的一种物质，它进入红细胞是协助扩散的运输方式，进入小肠绒毛上皮细胞等细胞时是主动运输，所以用有警戒效果的红色展示。这个表格中还穿插了图例和曲线图，图例是一种简笔画式的图画，有助于学生直观理解细胞膜的结构和物种进出细胞的过程，曲线图是比较高阶的数学表达方式，但在高中生物学习中，也会多次接触到曲线图。

4. **设计意义**

这个表格式板书的设计，有助于学生在比较中理解和记忆生物学中常见的易混淆的名词概念，归纳分析了一节课的知识点并且集中在一个表格中，强化学生的记忆深度，提高学生的记忆效果，是一种高效的课堂教学形式。

在表格的构建中，还可以与学生互动，让学生补充需要比较的项目，加入一些特别需要注意的易错点、易混点。让这个表格更加完善，提高学生的认知水平和认知能力（图 4 -3）。

四、图示式

1. **呈现形式**

主要是通过简笔画的方式，将一些比较抽象的名词概念直观地展现出来。下面以 2007 年版人教版高中生物必修一模块《第五章　细胞的能量供应和利用》中的《第 3 节　ATP 的主要来源——细胞呼吸》这一节中的有氧呼吸这个重要知识点为例，简述如何设计图示式的板书。

物质大小	运输方式		浓度方向	载体	能量	图例	曲线图	举例
小分子	被动运输	自由扩散	高→低	不需要	不消耗	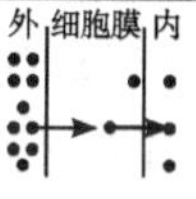 外 细胞膜 内	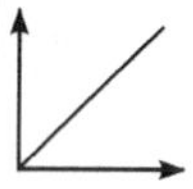	O_2、CO_2、H_2O、甘油、乙醇、苯等
		协助扩散	高→低	需要	不消耗	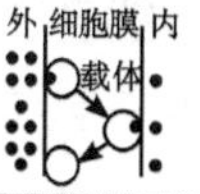 外 细胞膜 内 载体	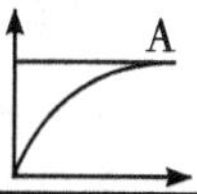 A	红细胞吸收葡萄糖
	主动运输		低→高	需要	消耗ATP	 外 细胞膜 内 载体 ATP	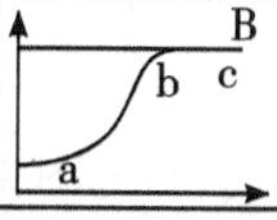 B b c a	小肠吸收葡萄糖、氨基酸、无机盐等
大分子	胞吞胞吐		无关	无关	消耗ATP	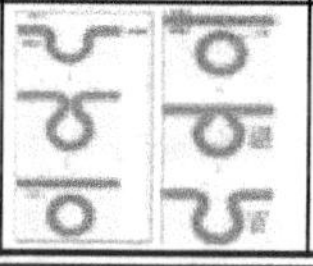	无	吞噬细胞吞噬病原体、分泌蛋白

细胞中物质运输的几种方式比较

图4-3　表格式板书应用示例

2. 设计思路

在讲授有氧呼吸的过程时，由于该过程是发生在细胞内部的微观变化，学生无法直观地观察到这种变化，而且有氧呼吸是一种复杂、有多种化学反应过程的生命活动，虽然课本教材做了简化处理，分为三个阶段，但是对于新接触这个知识内容的高一新生来说，还是比较难以理解和记忆的。我们通过板书的方式在黑板上画出有氧呼吸的过程图解，就可以比较直观地将呼吸作用展示给学生，促进学生对该知识要点的理解，加深学生的记忆深度。

3. 设计过程

我们先以简笔画的形式，画出一个圆形的细胞，再画出里面的线粒体，标清内外膜、嵴、线粒体基质、细胞质基质等相关结构。由于线粒体是有氧呼吸的主要场所，所以对线粒体做了放大处理，占了细胞结构的很大比例。然后再按照有氧呼吸的三个阶段的化学反应过程，一步步将葡萄糖分解成 CO_2 和 H_2O，释放能量，合成ATP。用箭头将反应物和生成物联系起来，再添加上反应条件——酶。用不同颜色的粉笔书写：反应物（白色粉笔）、生成物（红色粉笔）、能量（蓝色粉笔）。反应条件——酶加上方框，能量的用途（热能散失和ATP）也用不同颜色的粉笔和方框表示。在讲授的过程中，完成一个阶段，在黑板上板书一个阶段的反应过程，按照反应顺序完成这个板书，其中丙酮酸和【H】会从上一阶段的生成物转变到下一阶段的反应物，角色的转变，粉笔的颜色也跟着转变。

4．**设计意义**

这样的设计可以让学生深刻理解有氧呼吸的过程；强化学生对反应过程中的物质变化的记忆；帮助学生再次理解和记忆线粒体的形态和结构。少量的颜色变化，能够突出重点和难点——物质变化和能量变化。

教师板书的同时，也可以让学生一起参与到这个过程中，可以让学生在笔记本上勾画出这个板书，并且将一部分内容交给学生来补充。这样可以做到课堂上师生互动。

图示式板书应用示例见图 4－4。

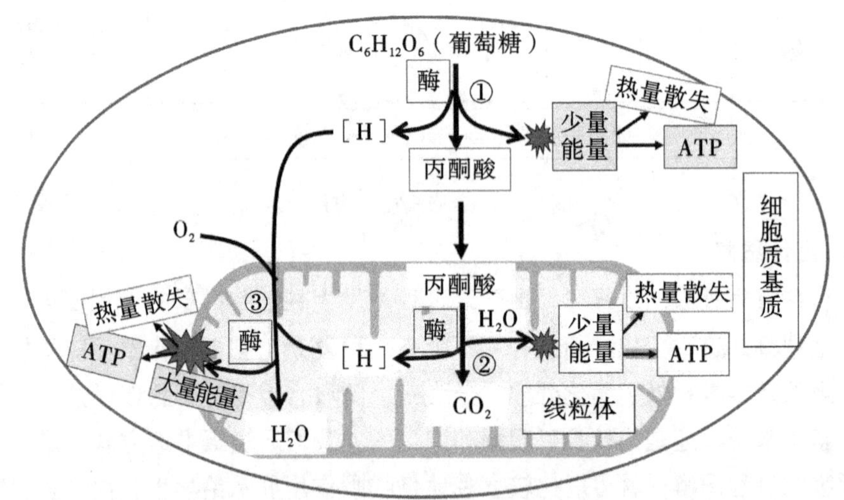

用文字和箭头画出有氧呼吸过程的图解

图 4－4　图示式板书应用示例

生物世界丰富多彩，生物学的知识概念也多种多样，在进行生物学知识传授过程中，教师所用的板书类型也要灵活多变，才能将丰富的生物学知识精彩地呈递给学生，帮助学生理解这瑰丽的生命世界。一堂精彩的生物课应根据不同的知识要点，采取不同的板书类型。另外，一节课内，可以多种类型的板书相互补充，形成整体的课堂结构。同时，还需要师生之间的相互合作，不断改进、优化课堂板书，做到教学相长。在教学模式不断更新，教学设备不断改进，科学技术日新月异的今天，生物学课堂教学板书，也要不断地发展。

参考文献：

[1] 段彩雪. 基于系统思维培养的高中生物学教学策略建构研究 [D]. 西安：西北师范大学，2018.

[2] 陕雪丽. 浅析多媒体和板书在生物教学中的有效衔接 [J]. 才智，2017 (05)：105.

[3] 曹发君. 生物教学的板书设计与效益追求 [J]. 教育科学论坛，2013 (05)：27－28.

[4] 焦晓利. 思维导图在中学生物学教学中应用的研究 [D]. 郑州：河南师范大学，2014.

[5] 孙秀艳，李芝旭. 谈生物课堂教学板书的类型 [J]. 黑龙江科技信息，2003 (02)：104.

[6] 刘俊廷. 探究理念下的高中生物板书设计 [D]. 济南：山东师范大学，2011.

第五章　生物教学演示技能

第一节　生物教学演示技能概述

由于中学生的思维发展遵循从形象到抽象的基本规律，中学生的思维需要从具体、直观的感性经验出发进入到抽象思维。在课堂教学中运用直观演示的教学手段，能避免教学内容过于抽象难理解，使学生更好地掌握知识，为后面的知识建构作铺垫。因此，演示技能在中学课堂教学中的使用是十分必要的。并且，时代发展，新技术、新媒体进入教学领域，为教学演示提供了丰富的手段和素材，这在新高考改革背景下对教师教学的提高也有很大的帮助。

一、教学演示的含义

教学演示，是教师根据教学内容特点和学生学习的需要，在课堂教学过程中运用实物、样品、标本、模型、图画、图表、幻灯片、影片和视频等手段进行实际展示或示范，或运用现代教育技术为学生提供感性的素材，把事物的形态、特点、结构、性质或发展变化过程展示出来，以及指导学生观察、分析和归纳，使其充分理解和掌握知识，并培养观察、思维和记忆能力的一类教学行为。

二、教学演示的作用与意义

（一）教学演示的作用

演示技能，在课堂教学上主要有四方面的作用：

1．调动学习兴趣，集中学习注意力

在课堂演示教学过程中，通过观察、感受得到的现象，使学生在良好的情绪状态中学习，较容易调动课堂上学生的学习兴趣。在良好的学习气氛中，学生由被动学习变为主动学习。兴趣是最好的老师，学生的学习积极性被调动，接受知识的能力就会大大提高。

2．加快学习速度，提高课堂学习效率

从获得信息的途径可知，从语言形式获得的知识大约能够记忆15%，如果同时运用视觉、听觉则可接收知识的65%左右。即知识吸收的主要渠道是通过看和听的途径获得的。教师通过课堂演示来讲授生物学知识，促使学生多观察多思考，能使学生用较少的时间获得更多的知识，减弱教学过程中学生掌握新的抽象的知识的困难程度，能加快学生的学习速度，提高学习效率。

3．展现真实情景，直观传授技能和方法

在进行课堂教学的演示过程中，教师根据教学目的，通过演示方法直观地向学生展示抽象知识的思维、方法、模型及实验等内容，并对微观和抽象的科学现象和科学原理进行引导、分析及说明。通过充分地运用直观演示手段，可以丰富学生的感性认识，拓展学生的视野和思路，培养学生的学科素养。

4．通过观察探索，启发学科思维能力

演示教学，学生通过观察演示的内容进行自主思考和自主探索，构建出头脑中的知识网络，提高理科思维能力。对于微观、抽象的科学原理和应用等知识，演示提供了更易理解的思维途径，有利于帮助学生掌握学科知识提高解题能力，提升学科思维能力。

（二）演示的意义

教育学家夸美纽斯提出一切事物都应该尽量地放到学生的各种感官跟前，通过视觉、听觉、嗅觉和触觉等感官知觉获取信息，希望达到“知识一经获得，就永远被记住”的理想效果。作为直观教学手段——教师演示技能，是帮助学生理解抽象教学内容，提高教学质量的必不可少的途径之一。在教学过程中，教师充分利用演示，贯穿在整个课堂教学中，使每位学生在轻松愉悦的氛围中掌握学科知识或技能，并培养学生的观察能力、思维能力、分析和解决问题的能力。也能使教师的课堂教学更有系统性和结构化，让学生少走思维的弯路，从而提高教学效率，顺利地完成教学任务。

高中生物学的教学内容是比较复杂和抽象的，对于学生来说，直观性的知识更容易掌握。生物学课堂教学的演示，是教师运用各种教具、实物或示范实验等手段进行教学的行为，能让学生获得直观、感性的生物学知识。高中生物课本知识多是抽象思维的叙述，许多生物学原理和生命过程的展现均建立在对微观世界和抽象概念理解的基础上，通过课堂演示教学能将生物学课本上抽象的理论知识变得直观和形象，有助于学生理解和掌握。因此，课堂演示是生物学课堂教学必要和有效的教学手段。

第二节　生物教学演示的类型、应用原则与过程要点

生物教学演示过程主要是在教师、教具和学生之间进行的。在这一过程中，教师是直观信息的传递者，学生是直观信息的接受者，教学媒介用具实物等是直观信息的载体。可以说直观信息传递的效果在很大程度上取决于直观信息的选择及组合、直观信息的输入方法和技巧等。因此，根据课堂教学目标和内容，针对学生学情的不同和特点，选择不同的演示方法，巧妙地运用在课堂教学上，使教师讲授的课本知识较直观地呈现出来，学生更容易掌握和构建知识，从而达到课堂教学的目的，有效地提高课堂教学的效率。

一、生物教学演示的类型

生物教学演示技能一般分为实物、模型教具等直观演示，电教媒体的演示，课堂模拟活动的演示，课堂实验的演示及微课或直播的演示等类型。

（一）实物、模型教具等直观演示

1. 实物、模型教具的常规演示

在课堂教学过程中，教师常常向学生展示直观教具，如实物、模型，或者图片、图表等，引导学生感知事物，从而获得感性认识。现在常用的直观立体教具主要有实物和模型，演示的目的是想要学生充分感知教学内容中的主要事物，了解其形态和结构的基本特征，为接下来的学习奠定认知基础。虽然实物和模型的特点都是演示对象的真实性和立体性，但两者有一定的区别：实物的真实性强，但受时间和空间的限制，可能需要外出购置活体，而且内在的结构不一定容易观察，所以那些结构复杂或微观肉眼不可见的事物一般不使用实物演示法；模型是以实物为原型，并经过一定的比例放大或缩小实物的仿制品。虽然真实性不如实物，但是可以帮助学生较容易地了解事物的内部特征和结构特点，所以模型的演示是教师在课堂教学中

应用频率较高的。一般在教具演示时，为了使学生的观察更加有效，教师在演示的同时用科学简洁的语言进行说明，适时地引导和启发学生的思维，从而使学生更好地理解知识内容。

例如在初中人体生理健康教学里，人体的心脏结构对于初中学生来说比较陌生。生物教师在课堂教学过程中，通过模型和实物的演示，充分引导学生的观察和体验，启发学生思考心脏的结构与功能的关系。教师将人体心脏模型和猪的心脏解剖实物有序地展现，即先用心脏模型详细讲解心脏两房两室的结构特点，然后让学生近距离地观摩猪心脏的解剖实物，让学生用自己的直观体验，充分认识心脏的心房和心室的壁的厚薄不同以及心脏瓣膜的结构特点。随后教师启发学生思考和推测它们存在的功能，最后引导学生小结并且归纳心脏的结构和功能的知识点。这样，通过模型和实物的演示，使学生有效地获取有关心脏结构和功能的知识，充分发挥学生主动探究的思维能力，培养了学生的观察能力、分析能力和推测能力，突破了这节课的教学重点，达到教学目的。

2．模型教具的创新制作与演示

（1）教师巧制教具演示。在课堂教学中，课本中部分重要的知识点没有常规配备的适合的教具辅助教学，使教师讲解有点力不从心。因此，教师可以根据教学内容的重点，在日常生活中寻找合适的物品加以改造和利用，在上课时演示出来可以帮助学生突破重难点，实现课堂教学的理想效果。一方面给予学生“科学发现就在自己身边”的切身体会，另一方面也可以积累经验，为其他教师的教学提供借鉴。

例如高中生物必修一“蛋白质的空间结构”知识点，如何直观地呈现蛋白质结构四方面的多样性？这个知识点没有配套的模型教具，学生通过阅读难以理解。教师巧妙地利用多种颜色的回形针来演示。用红色、白色、蓝色三种颜色回形针分别代表 3 种不同种类的氨基酸，给每个学生红、白、蓝色的各 3 个。让学生先把同一颜色的 3 个连起来，观察，再把不同颜色的各取 1 个连起来，观察，并且后者尝试多种排列，观察。这样，学生观察到构成的回形针链条都由 3 个构成，但是它们的组成是有差别的。学生能直观体验蛋白质的结构上氨基酸的种类、数目和排列顺序三方面不同导致的多样性。

（2）学生自制教具演示。除了教师自己准备和制作教具之外，也可以启发学生尝试制作教具，这是一个学生作为主体进行自主思考和探索来获取知识的过程。学生自制教具，需在上课前对课本内容进行预习，然后尝试着根据知识要点进行制作和搭建，充分锻炼学生的思维和动手能力。学生自制教具的缺点就是教师在课堂上需要强化和补充的知识点。同时，通过学生自制的教具，能充分地调动学生的积极性，活跃课堂气氛，让同学们在自主探究的学习氛围中学到知识，也满足了学生学习的成就感。

例如在必修一学到真核细胞的亚显微结构时，让学生先尝试预习，同时让领悟和动手能力比较好的学生先尝试进行制作动物细胞的亚显微结构的物理模型，随后，在课堂正式授课时，把学生的模型展现出来，让他（她）向大家讲解，最后，老师给予点评和补充。这样，既能让有能力的学生可以得到锻炼快步走，也能让其他学生受到启发和鼓舞，增加学习兴趣；还可以活跃课堂气氛，让学生在轻松愉悦的氛围中学到知识。

（二）电教媒体的演示

1．实物投影的演示

实物投影是使用较多的电化教学工具，特点在于能够使得演示物形象变大，突出事物的细节，以较好的视觉效果来达到提高教学效果的目的。幻灯机和投影仪可以实现变抽象为具体、化小为大等功能，在较短的时间内向学生展示了有关事物的细节。所以，课堂上，教师常用实物投影仪放映与教学有关的投影片（幻灯片）或放大那些不容易观察的微小实物、实验现象。投影仪分为两类，一类是较早的书写投影仪，运用时将事先制作好的载有文字或图形的透明胶片等置于投影仪之上，利用光线使其投射到银幕上。另一类就是现在常见的实物反射投影仪，可将教材、图像、书刊等印刷品和较薄的实物投影到银幕上。投影一般展现的是静态的放大画面，和实物模型演示一样，常常需要教师配合一定的语言进行讲解。

实物投影的使用，在生物学课堂上对教学的帮助是很大的。例如教师在讲授时把课本图像直接在屏幕上呈现出来，引导学生一起观察；教师在投影屏幕的图像上指示的地方清晰可见，更容易引起学生注意，能强调图像反映知识的重点；并且教师通过语言讲解，能够指导学生在自己的课本图像上及时作好备注；另外，学生在练习环节中做好的题目，教师可以有选择的、有针对性地将学生们的薄弱处呈现出来，引起学生关注和警戒，及时把知识漏洞补上。

2．视频播放演示

视频能很好地呈现生命现象、生命活动的动态过程，能够使原本静态的课本描述变成生动形象并连贯的动态画面展现在学生的面前；另外，特别是对学生触摸不到的、非常微观的生物世界，有了相关视频的播放，学生能够轻松直观地认识和理解这些抽象的内容。

为了让学生更有效率地学习教学内容，教师要善于寻找丰富的、和教学内容密切相关的、并与时代发展紧密联系的视频资料，再根据教学目标和学生情况进行筛选和安排，然后能够在课堂教学上向学生呈现丰富多彩的生物学世界，激发学生学习生物的热情和提高学习兴趣，启发他们的学科思维，并开拓学科视野。

例如在高中生物选修内容“胚胎工程”的教学中，涉及体内受精、体外受精、胚胎移植、胚胎分割、试管婴儿等内容，在对这些教学内容进行讲授的过程中，如果教师适时播放与之相关的科学视频，能极大地激发学生们的学习热情，让学生能更好地了解这些生物工程内容，并拓展他们的思路和视野。

3. PPT动画演示

运用PPT制作教学课件，成为现代教师必须掌握的技能之一。PPT课件往往能够容纳较大的信息量，教师可以根据教学内容、教学目标，添加丰富的图像、视频、音频等材料，方便教师对素材进行综合展示。它在一定程度上能节约教师画图和板书的时间，使教师能够在紧张的课堂时间里轻松地把教学重点展示出来。并且课件也易于保存和更改，有利于教师根据不同的学生的情况、层次的需要，或新课程改革的要求进行修改。其中，PPT中带有的自定义动画功能在教师进行教学内容的概念说明、原理或过程的分步演示，以及课堂后半段的练习环节等演示中都有很大的帮助。

例如在高中生物选修内容人体的激素调节教学中，教师的课件PPT中先展示激素失调的病症图片进行新课的引入，引起学生的关注，随后对激素调节的典例，如水平衡的调节和甲状腺激素分级调节的具体过程，用自定义动画进行一步步呈现，使学生有条理地构建激素反馈调节的知识模型。

电教媒体演示的过程中需注意的问题主要有：

（1）做好课前准备工作。上课前要对仪器进行检查，确保其能够正常地使用，确保课堂教学进程能顺利推进；一旦发现事先检查好的仪器发生故障时，教师应当有足够的准备以其他的教学方式代替演示继续进行教学活动。另外教师在投放演示之前，注意调整课室的光线，使荧屏清晰可见，确保学生观察清晰，达到良好的演示效果。

（2）精心选择和制作。为了在课堂有限的时间里使教学能更有效率地推进，教师应在课前对投影上将要演示的内容进行精心的设计，不要贪多贪杂，让繁多复杂的画面、视频、动画干扰学生的思路，这样反而降低了演示教学效果。教师要切实以知识点为主干，精挑细选素材进行制作，以期演示能系统地体现学科知识。

（三）课堂模拟活动演示

课堂模拟活动的演示是指教师用身体直接演示或组织学生在生物课堂上演示与教学有关的动作，引导学生学习的教学方式。某些生物学生命活动的反应过程或原理，在课本上的叙述对学生来说不够直观，因此，教师在进行了相关的图像、视频或课件等的演示后，为了让学生能进一步理解和掌握，教师还可以设计课堂模拟活动，帮助学生进行直观体验，有利于学生吸收课本重要知识，并活跃课堂氛围。

例如在高中生物课本中，有“分离定律的模拟活动”“血糖平衡调节的模拟活动”等内容。在生物学课堂教学上的分离定律的模拟活动中，教师组织学生分组，说明每组两个小桶的代表意义（分别代表母本和父本的生殖器官）、桶中小球的代表意义（代表母本或父本产生的配子），说明学生分别从桶中抽取小球并结合的意义（代表母本或父本产生的配子进行受精），还有其他操作的注意事项，如抽取的小球要放回原桶并摇匀等。在充分进行了模拟活动后，教师通过投影展现每组的两小球组合的类型及次数，在全班数据的统计数目的呈现下，学生直观看到了后代表现型的分离比例。教师引导学生反思这一现象的原因，从而让学生充分掌握分离定律的实质。并且，在整个模拟活动过程中，学生是积极思考和自主学习的，充分体现学生在课堂学习中的主观能动性。

（四）课堂实验演示

生物学是一门以实验为基础的学科，实验教学在课堂教学中占有极其重要的地位。课堂演示实验教学是教师用演示的方法，展现课堂教学中的生物学实验的教学方法。通过课堂演示实验，教师可以更为形象地讲解生物学实验的原理、实验现象和实验结果等，并帮助学生培养自身的观察力、注意力和思维能力等。因此，教师结合课堂演示实验来讲授课本内容，学生就更容易接受和掌握相关知识。另外，通过课堂演示实验，使学生对实验操作的具体过程和实验器材的如何使用有正确的认知，帮助学生在之后的分组个体实验中能够独立地较好地完成实验。所以，实验演示是中学生物学课堂教学不可缺少的直观教学手段。

在课堂教学过程中根据实验内容的不同，实验演示方式主要分以下三种：

1．验证式：先授课后实验

验证式是教师先讲授教学内容的重点知识，再呈现相关的实验过程和结果，然后复习和巩固知识内容。对学生比较陌生、抽象、没有前期经验的内容，用这种方式的较多。例如，讲授“还原糖的鉴定”时，教师可先列举一些生活中糖类的实例，启发学生思考、讨论区分哪些是还原糖。然后讲解还原糖的鉴定剂斐林试剂的配制，及它与还原糖反应的条件和实验现象。在学生思考并获得一定的知识基础上，教师通过演示实验，对蔗糖（非还原糖）和果糖/葡萄糖（还原糖）分别用斐林试剂加以验证区分。在水浴加热后，学生们发现加蔗糖溶液不产生砖红色沉淀，而果糖溶液会产生砖红色沉淀。通过实验现象的不同，引导学生区分和识记还原糖鉴定实验的知识点，进一步巩固所学内容。

2. **同步式：边授课边实验**

同步式则适用于教师需要讲授的内容知识是比较具体的、分散的和较繁琐的，这样在讲授过程中可能会出现前面讲授的内容到后面教学时学生已经不记得的现象，所以，此时最好用同步式呈现。例如在“光学显微镜的使用”的教学过程中，光学显微镜各部分的结构和功能较多且分散。教师可用光学显微镜实物，按照一定的顺序，对其一一讲解。这样，可使学生直观、形象和同步地掌握显微镜结构名称和作用的教学内容。

3. **探究式：先实验后讲授**

探究式往往适用于学生已有前期的知识积累，而且实验的内容是学生比较容易操作的。这时，可以让学生先进行探究，再让学生自己呈现实验，然后教师进行小结和补充。例如探究“酵母菌种群增长曲线”教学中，可以先让探究实验小组在课外展开实验，并对实验过程、实验现象、实验数据和实验结果拍摄视频和制作演示材料，然后让他们在课堂上展示出来。通过这些直观的实验素材使学生较为容易理解种群增长曲线并能建构数学模型，随后教师加以详细讲解，以提升学生对生物学科的科学思维和科学探究能力。

（五）微课或直播的演示

随着平板电脑、智能手机、移动网络的普及，课堂或课后的线上学习或移动学习成为一种新的教育模式。在2020年新型冠状病毒肺炎的疫情隔离时期，学生们在家“停课不停学”，微课或直播的线上教学发挥着重要作用。

比如微课的演示，“微课”是“微型教学视频课程”的简称，它是以教学视频为主要载体，针对某个知识点（如重点、难点、疑点、考点等）或教学内容（如实验、活动、任务等）而设计录制的一种适合学生学习的网络课程资源。教师可以把教学内容中的重点和疑难问题制作成微课，微课短小精悍，一个议题、一个重点，都是针对学生在学习中的疑难问题等去设计，比较适合在课堂上进行精要的展现及学生在课后进行回顾或自学。教师把微课上传到线上如QQ、优酷等网上平台，学生便可以随时点播学习，让不同程度的学生根据自己的基础和接受程度控制视频的快慢进行学习。这样的学习方式突出学习的灵活性，强调学习内容的微型化，学习时间短，聚焦性强，也符合学生个体化差异的教学需要。微课学习是“互联网＋”时代线上学习或移动学习的一种新的学习方式。

在生物学课堂上，针对某个重要的知识点或教学环节，教师可以播放之前准备好的微课，对该知识重点进行集中讲解和强化，可以使课堂教学更有效率。例如在高中生物选修内容“人体的神经调节”的教学中，当神经纤维上某一点受到电刺激时，在神经纤维上连接的电流表指针摆动的方向和次数是对学生来说一个较难理解的知识点，教师在课前制作相关知识点的课件，并进行录制和编制微课视频，在课堂上演示出来，讲授电流表摆动方向和次数的分析和判断方法，随后指导学生进行典题训练进行巩固和强化。课后，学生还可以用移动终端观看教师放到网上的该微课视频，想继续进行探究的或者有疑惑的学生则可以进行重复学习。这样，不仅有利于节省课堂教学时间，提高课堂教学效率，还适合课后学生的个性化学习和深度学习的需求。

二、应用原则

（一）演示是展现知识模型，将抽象变形象

演示的目的明确，能系统化、结构化地展现学科知识。在课堂演示的过程中，教师的演示能生动形象地向学生展现生物学科的内容知识，给予学生有效的启发，引导学生向正确的方向前进，不断促进学生自主思考和探究，帮助学生形成知识脉络及构建知识框架。特别是操作性质的演示，学生可通过跟随教师的思路或模仿教师的规范操作，培养良好的学科素养和实操能力。

演示选材要形象生动，有吸引力。在学生学习抽象的生物概念、生命过程时，演示为学生认识教学知识提供丰富的感性材料，通过学生的观察和思考，把直观感性知识与抽象理性认识联系起来，从而把书本中抽象的知识融会贯通，梳理清晰，帮助学生充分理解和掌握知识并形成知识网络，提高学生课堂学习的效率。

（二）演示是高度提炼，演示内容应精要

演示要对教学重难点进行突破。教师应根据教学内容和学生已有的知识经验进行演示物的选择，使其能够突出教学内容的重难点。通过演示教学，使学生能够抓

住教学内容的重点，能由现象到本质理解知识，并能运用归纳、演绎、推理的方法来解决问题，使教师能在有限的课堂时间里高效地引导学生学习，提高学生观察、分析和思考的综合能力。

演示内容应精确扼要。少而精是科学的演示组合的原则。在教学过程中如何组合各种演示决定了课堂教学效果的好坏。演示并不是越多越好，只有遵循少而精的原则才不会使演示在学生头脑中一闪而过，也不会出现教师手忙脚乱、学生目不暇接的状况。少而精要求教师要紧紧围绕教学的重点和难点，以及学生学情的特点，其次是精准地安排在关键的教学环节中，巧妙恰当地使用教具，才能使演示在课堂教学上发挥最好的效果。

（三）演示是画龙点睛，时间管理要恰当

演示是课堂教学的点金石，对教学的重难点有很好的演绎功效，有利于帮助学生突破教学内容的重难点，系统掌握教学内容。在生物学科教材中可能出现一些由于肉眼看不到而受到限制的内容。例如细胞的亚显微结构中各种细胞器、基因指导蛋白质合成微观的转录和翻译过程、人体的第三道防线特异性免疫如何消灭病原体等微观或肉眼较难看到的科学事实或生命现象，教师可以借助直观教具、视频播放、PPT 演示等突破教学认知屏障，利用幻灯片或视频、动画使得实物或现象化小为大，化快为慢，或与之相反，帮助学生理解和领悟不同认知领域的新知识和新概念，从而达到教学上画龙点睛的效果。

演示的时间管理指的是教师对演示时间和时机的把控。教师应适当处理演示材料的时间长短和出现时机，使课堂演示达到理想的教学效果。

1．演示的时间要适宜

在生物学课堂教学中，演示遍及课堂的各个教学环节。可能是讲授新知识，可能应用于旧知识的复习和巩固，可能在开始导入部分，也可能应用于课中和结束部分。教师对不同教学环节和不同演示内容的时间长短要控制好，如导入部分演示应简短，课中讲授新课环节演示时间应充足，使教学内容重点有足够的时间在学生头脑中建构和巩固，以达到理想的课堂教学效果。

2．演示的时机要恰当

时机恰当，是指演示是在恰当的时候进行。通常情况下，根据学生的心理特点，演示在课堂教学中的时机有这三处：为了吸引学生的注意力时；为了突破教学重难点时；为了调整课堂学习氛围时。在这些课堂教学关键的时刻，教师恰当运用演示技能，使课堂教学达到事半功倍的效果。

（1）吸引学生的注意力时。学生在上课铃声响之后心理还是处于不集中的离散状态。此时使用演示技能可以吸引学生的注意力，激发学习兴趣；在学生有强烈的求知欲望的时候进行教具的演示，可以迎合学生的学习欲望，达到启发和引导学生探究的学习效果。

（2）突破教学重难点时。在遇到教学重难点时进行演示，可以达到化难为易，化抽象为具体的效果；在对相应的知识点进行概括总结时演示，可以达到对抽象知识升华的作用；在知识点掌握之后，再次对相关知识进行演示，可以促进学生知识运用；在结束课程的时候运用演示可以达到强化新知、提高教学效率的作用。

（3）调整课堂学习氛围时。实践证明，学生集中注意力的时间一般不超过30分钟，所以在学生疲劳时进行演示，能使处于疲惫状态的学生减轻疲劳程度，提高学习积极性，调节课堂学习气氛。

演示要注意技巧，抓住最佳时机，适时展现，否则，由于学生思维和演示信息不同步，学生整合信息困难，会使演示效果不佳。教师需不断调整，不断思考，努力做到演示技能娴熟，演示时机适宜。

三、应用过程及要点

任何类型的演示都有一个模式，在课堂教学的演示过程中，一般分为三个环节：演示前的导入、演示中的引导与启发及演示后的及时反馈、提升和核查。详细地说，演示过程的具体步骤分为：调整学生状态→教师展示和介绍演示媒介→提出观察任务→对演示物进行操作和说明→引导和启发学生思考→学生及时反馈→进行小结和进一步提升→核查和强化。

（一）演示前的导入

1. 调整学生状态

在学生进行演示观察之前，教师应当事先向学生提出相应的演示内容，使学生集中注意力。并向学生说明要观察的对象、观察的方法、观察过程中的问题等，从而做好观察的心理准备。

2. 教师展示和介绍演示媒介

按照操作规范将媒体呈现在学生面前，要注意摆放位置，要保证教室里每个学生都能看到，如果演示媒介太小，则应使用巡回演示或分组观察的方法。演示实验时应介绍使用的试剂、材料及方法和功能等。

3. **提出观察任务**

结合教学内容，教师应当有计划有步骤地指导学生观察，提出总的和每一步的观察任务，让学生有的放矢地思考知识本质和演示现象之间的关系，这是演示教学中启发学生的关键。

（二）演示中的引导与启发

1. **操作和说明演示物**

教师在演示过程中，有条不紊地进行操作，应做到规范、正确、熟练、快慢适当，以利于学生观察和思考。演示时，要结合相应的演示指示语言，指导学生进行观察，对演示采取的方法、步骤或呈现的现象加以说明和解释。

2. **引导和启发学生思考**

教师应当在学生观察的同时，结合适当的讲解，引导学生观察重点。通过有重点的观察，启发学生思考知识内容的本质，得出系统构建的知识结论。并适时地提出有一定思考性的问题，使学生在构建知识的同时，懂得运用新知识进行分析和判断，从而切实地掌握教学重点。引导和启发学生思考，是演示教学能培养学生学科思维的重要一步，通常有两种方式：

（1）教师指导学生重点观察。教师在演示过程中着重用语言强调关键信息，引导学生观察演示过程里面的重要信息，提高学生获取重要演示内容的效率。这样的演示，学生获得知识较直接，对特别抽象或难理解的知识内容较为实用。

（2）引导学生自己观察。这种方式将主动权交给学生。教师在第一次演示之后，向学生提出问题，看学生是否在观察的过程中获取有用的信息。随后，教师再进行演示，让学生带着刚才的疑惑再次观察，帮助学生获取重要信息。而这个过程是学生主动观察和探究获得的，能有效地帮助学生提高观察和获取信息的能力。

（三）演示后的及时反馈、提升和核查

1. **获取及时反馈**

演示之后，教师要及时获取学生反馈的信息，为了使演示呈现的知识要领清晰准确地在学生头脑中形成，教师应及时对演示过程中的缺漏点或说明的不足进行纠正和补充。

2. **引导小结提升**

教师引导学生在观察和思考的基础上自主归纳和小结，即引导学生进行观察性思考、探究性思考和归纳性思考，这样推动学生自主地一步步构建知识模型。学生

通过自己的努力尝试构建出的知识框架或知识模型，是学生自主思考和构建的成果。这样，有利于知识在学生头脑中更深化、更长久，学生的学习能力得以切实提高，从而使教学的重难点也在课堂学习中得到突破，这是教师的演示教学能达到教学目的的重要步骤。

另外，通过演示获得的相关知识，可以此为基础进一步提出新问题，以拓展学生的思路，建立旧知识与新知识之间的联系，帮助学生构建系统的知识网络，也可为下一环节的教学作好铺垫。

3. 练习核查强化

教师通过提问、练习等方式对学生是否掌握知识点进行排查。例如对在练习过程中大多数学生做错的题目及时进行讲解，补充学生头脑中构建的缺漏点，核查和强化学生已经掌握了的演示教学中反映出来的学科知识。

综上所述，演示技能在生物学课堂教学能达到理想的教学效果，在课前准备，演示前导入，演示中引导与启发，演示后反馈、提升和核查这四个阶段细化为十条评价标准，详细参考表5－1。

表5－1 演示技能评价标准

4个阶段	10条评价标准的要点	分数（总分100分）
课前准备	1. 演示目的明确，解决教学重点、难点	10分
	2. 媒体选择恰当，有效传递教学信息	10分
演示前导入	3. 演示形象鲜明，可观性强，调动学生学习兴趣	10分
	4. 演示前交待清晰，对学生观察指引明确	10分
演示中引导与启发	5. 演示中善于引导学生观察和思考，强调关键信息	10分
	6. 演示过程的描述科学精确，操作步骤有条不紊	10分
	7. 演示、讲解和提问相结合，演示具有启发性	10分
演示后反馈、提升和核查	8. 演示后引导学生归纳和总结	10分
	9. 演示后学生反应效果好，达到教学目的	10分
	10. 演示物准备充分，特殊情况能灵活变通	10分

第三节 生物教学演示技能的应用示例

在生物课堂教学中，教师根据教学内容的需要和学生学情的特点来选择不同的演示方式进行教学，让学生能更好、更快地理解和掌握课堂教学知识，并进一步拓展学生的思维及活跃课堂气氛，让教学任务能更圆满地完成，以达到理想的教学效果。以下介绍四个演示技能的应用示例。

一、光合作用深度理解的 PPT 演示

（一）教学演示的设计

光合作用是高中生物必修一细胞的生命活动的重要知识点，该考点不但在常规考试中出现识记考题，更在高考中频出深度理解和运用的题目。因此，对光合作用知识点的讲授，不但要详细讲述光合作用的概念、反应式、过程和意义，还要引导学生深入理解光合作用的光反应和暗反应之间的联系，引导分析影响光合作用强度的因素和物质的量的变化，从而使学生在解答该知识点难度较大的图表和曲线题时，能更灵活和准确地分析和推断，提高答题准确率。

（二）教学演示的过程

1．演示准备

即课件的准备。教师在课前制作课件 PPT 时，要充分考虑学生的认知水平，对光合作用过程的两个阶段即光反应和暗反应的具体步骤进行分解，通过课件的自定义动画功能分步演示。另外，列表四个条件“当光照强度减弱时”“当光照强度增强时”“当 CO_2 的浓度减弱时”“当 CO_2 的浓度增强时”，用放大或缩小的动画效果进行相应设置。

2．演示前导入

教师呈现课件内容，在让学生充分掌握光合作用的光反应和暗反应步骤后，教师引导学生观察两个阶段之间的联系，即光反应需要暗反应提供的物质有哪些？推断影响光合作用的因素有哪些？为学生继续探究奠定前期知识基础。

3．**演示中引导与启发**

教师继续引发学生思考，“如果光照强度此时减弱，过程中其他物质的量在短时间内会有什么变化?”让学生通过过程图进行思考和推断，随后教师用课件动画进行演示和说明：课件的过程图上光照强度减弱（缩小），随之光反应的产物[H]、ATP、O_2 减少（缩小），进而影响暗反应的 C_3 的还原步骤使之减慢，则反应物 C_3 的量积累（放大），而产物（CH_2O）减少（缩小），再使暗反应的 CO_2 的固定步骤减缓，而 C_5 的量有所减少（缩小）。而其他的三种情况，则让学生在分组充分地讨论和分析后，让学生代表展示其填表答案并讲述理由，教师再通过课件一一呈现出来进行核对和补充。

4．**演示后核查**

及时帮助学生进行归纳小结，让学生头脑中的知识框架得到强化，并进一步通过典题演练对掌握的知识进行深化和提升。

（三）教学演示的效果

通过课件PPT自定义动画的设置，让学生领悟光合作用这一重要的生物生命过程的动态改变，深入理解和掌握原本在课本中静态的光合作用过程图。课件动画演示能很好地帮助学生达到该知识点的深入理解和掌握的教学目标。

二、细胞核巧制模型的教具演示

（一）教学演示的设计

高中生物必修一课本“细胞核的结构与功能”知识点没有常规配备的教具模型，对于刚进入高一学习阶段的学生来说，较直观的模型教具更能帮助他们理解细胞核的亚显微结构。因此，教师尝试自制细胞核的亚显微结构模型进行生物学课堂的辅助教学。

（二）教学演示的过程

1．**演示准备**

在课前教师根据真核细胞的细胞核亚显微结构的特点，尝试自制细胞核的亚显微结构模型，寻找两个塑料薄膜玩具球代表细胞核的内外膜，球内放置的纸团代表细胞核的核仁，放置的细铁丝制代表核内的染色质。另外，在两个小球的塑料薄膜上剪若干比细铁丝横经小的小洞，以代表细胞核内外膜的核孔。

2．**演示前导入**

在生物学课堂上，教师讲授细胞核的亚显微结构的课本图示，在学生了解了一定的细胞核亚显微结构的知识后，教师把细胞核的亚显微结构模型展示出来。

3．**演示中引导与启发**

教师引导学生观察细胞核的亚显微结构模型，并把刚学到的细胞核知识与模型结合起来，提问学生回答模型各部分代表的结构名称和作用。并且，要注意引导学生重点观察核孔（塑料膜的小孔），启发学生思考核孔的功能，“核内的染色质能否通过核孔到细胞质呢?”让学生进行观察并思考原因；并继续提问“某些大分子进出细胞核时是否需通过核膜内外两层膜的膜结构呢?”引导学生观察、思考。

4．**演示后核查**

让学生进一步思考和小结细胞核的结构和功能，并及时通过练习进行巩固和强化，让学生头脑中的知识得到巩固和提升。

（三）教学演示的效果

通过细胞核亚显微结构模型教具的演示，学生较容易地了解真核细胞细胞核的内部特征和结构特点，特别是直观了解核膜由两层膜构成的特点以及核孔的特点与功能，使课本的知识更直观、形象地呈现给学生。

三、植物向重力性运动的演示实验

（一）教学演示的设计

课本的生物实验，如果实验过程所需的时间较长，教师可以组织部分学生在课外进行该生物实验的活动，并做好实验过程和实验结果的观察和记录。然后在课堂上，让学生代表进行实验过程的演示和表述，由此吸引全班学生的注意力，提高学生对生物实验的兴趣；又因为学生表述的思维更贴近班里同龄学生的思维，所以有利于学生理解；同时还可鼓励学生在生物实验上进行探索和研究，培养学生的实验探究思维。如观察植物根的向地性生长和茎的背地性生长的实验课堂演示。

（二）教学演示的过程

1．演示准备

组织学生在课余时间进行实验：选择4粒大小相同、开始发芽的玉米种子，平放在一个培养皿上，使种子的胚根尖端朝向培养皿的中央，按东、南、西、北的方向放置好，然后填制好湿润的棉花，固定好4粒种子的位置。使整个培养皿呈垂直的状态。注意保持玉米种子的湿润（图5－1）。

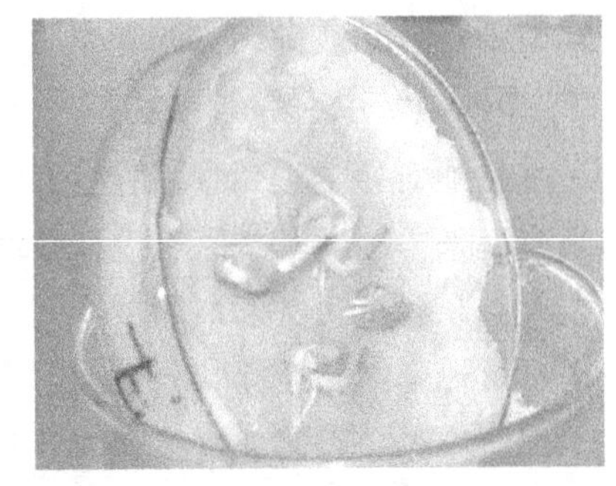

图5－1　植物向重力性运动演示实验

2．演示前导入

教师讲授植物生长素的两重性作用及植物不同器官所需生长素的最适浓度不同的知识要点后，对实验小组进行介绍，并要求学生注意观察和保持安静。

3．演示中引导与启发

实验小组的学生代表上讲台向大家呈现实验过程和实验结果。教师引导学生观察4粒种子的胚根和胚芽的生长状态。启发学生思考：为什么根会呈现向地性？而茎会呈现背地性？在学生分组讨论后，由学生代表进行解说：当受到重力因素影响时，生长素发生横向运输，使枝条两端生长素分布不均匀；根所需生长素浓度较低，近地侧浓度过高抑制细胞生长，根向地生长；而茎所需浓度较高，近地侧促进细胞生长的效果更好，茎背地性生长。

4．演示后核查

教师补充学生代表解说中的知识内容缺漏点，再次通过提问和练习对学生进行核查，强化学生已经掌握了的演示过程中所呈现的知识要点。

（三）教学演示的效果

生物实验的课堂演示，是一个生动的实验探讨的过程，展现以学生本身为主体进行认知和了解科学世界的思维模式。教师引导学生通过观察实验现象和结果进行分析和思考，让学生不只是记住课本上科学家所作实验的结论，而是进一步深入理解，并推动学生根据科学问题去设计相应的生物实验，主动寻找能解决问题的方法，潜移默化地培养学生的科学素养和科学探讨研究的能力。

四、泡菜制作选修内容的录课演示

（一）教学演示的设计

在新型冠状病毒肺炎的疫情隔离时期，学生们在家“停课不停学”，微课的线上教学发挥着重要作用。如何让学生在隔离期能如常进行生物学科学习？教师尝试进行相关教学内容的微课录制，并上传至网上平台。通过微课的演示教学，让学生们在线上进行学习。例如教师讲授高中生物选修内容“泡菜的制作”的相关知识。

（二）教学演示的过程

1. 演示准备

教师根据“泡菜的制作”相关教学内容拟定教学设计，根据教学思路，寻找教学素材并进行整合，制作该知识内容的教学课件。

2. 微课录制与编辑

教师使用WPS的APP软件，把“泡菜的制作”教学课件导入软件中，随后在WPS软件中打开相关课件，开始录制微课。在录制过程中，教师对课件内容呈现的知识点进行详细讲解，如泡菜制作涉及的微生物——乳酸菌的代谢类型，泡菜制作的具体过程，还有泡菜制作过程中产生的亚硝酸盐的性质及含量的变化，以及亚硝酸盐含量的测定方法——比色法等。教师按照教学设计的课时安排，讲授完毕后进行微课的保存。

3. 视频上传、在线解答

在生物学的学习时段，教师把“泡菜的制作”录课发至线上平台，指引学生进行观看和学习。在学生观看后，教师对学生提出的疑问进行在线解答。

4. 布置作业

微课学习结束后，教师可在线上平台布置学科作业，并对在线提交的作业进行评改。

（三）教学演示的效果

学生通过观看教师发到网上的微课视频进行学科学习，有疑惑的学生还可以通过重复观看进行学习及在线提问，由教师进行个性化辅导。微课的演示适合于特殊时期教学的需要，这样既保证学生学习的正常进行，还能让学生得到个性化辅导和深度学习。

参考文献：

[1] 郭永峰. 课堂教学技能概论 [M]. 北京：科学出版社，2009.

[2] 唐东辉. 让演示实验更好地服务于生物教学 [J]. 中小学实验与装备，2010 (5).

[3] 樊庆德. 浅谈演示的技能在生物教学中的应用 [J]. 时代教育，2014 (8).

[4] 谷顺达. 实验教学在高中生物学习中的重要性 [J]. 教育教学论坛，2010.

[5] 潘书霞. 谈初中生物教学中的演示实验 [D]. 江苏盐城射阳耦耕初级中学，2013.

第六章　生物教学讲解技能

第一节　生物教学讲解技能概述

一、讲解的意义

人类能够在自然界众多生物中脱颖而出，形成独特的人类文明，一个很重要的原因就是我们能“说”。虽然很多动物也能够发出声音，但这些声音大多是简单的符号，不能表述复杂的涵义，而我们人类可以通过调节声音的音量、音色、音频、音调来表达出不同的、具有复杂涵义的信息。再加上人类发明了更为复杂的文字系统，这些信息系统的出现，让我们人类走出了愚昧无知的过去，走到了文明的现在，也必将走向更远的未来。

人类之间的沟通，实际上就是信息传递、思想传播、情感传达的过程，也是一个人获取他人世界观、人生观和价值观的途径。人们通过沟通这条交往的桥梁，可以分享彼此的情感与知识、见解与思想，减少了误会，增进了了解，达成了共识。

人类社会是一个复杂的系统，人与人之间的思想有差异，不同人已有的信息有差别。人与人之间在传递信息、传播思想、传达情感过程中，存在着一定的障碍。这就需要人们在传递信息的过程中，将自己需要表达的信息以他人能够理解的语言信息讲解出来，以达到传递自己的信息、思想和情感的目的。

讲解的意义，就在于如何将自己所拥有的信息以他人能够明白的方式传递出去，使人与人之间沟通交往的桥梁通畅，实现信息交流、相互理解、共同接受、达成共识。

二、课堂讲解的含义和价值

课堂教学，是人类传递文明信息的重要方式，是塑造年轻人思想观念的重要阵地，是形成一个族群共同文化情感基因的重要场所。在课堂教学的过程中，教师是信息的输出者，学生是信息的接受者。但两者之间所拥有的知识储备、思想体系、成长经历都有着巨大的差异。教师作为课堂信息最主要的输出者，需要在理解课堂信息接受者——学生的知识储备、能力差异的前提下，以语言符号为物质手段，组织好自己的课堂语言，用绝大多数学生都能够接受的语言方式传递自己需要表达的信息内容、思想体系和情感价值，达到最佳的教育教学的效果。这也是生物结构化教学需要达到的目标。

课堂讲解是一种教师常用的、非常传统的教学模式，是以教师的口头语言讲解为主、其他方法（如 PPT 课件演示、利用提问技能与学生进行问题对答）和手段（运用板书技能展示课堂重点、简易模型、教科书）辅助结合进行，将大量知识通过语言表达出来，使抽象的知识具体形象、浅显易懂地传播给学生的教学方法，又称为“讲授式教学”，是以知识传授为主要目标的“封闭式”的课堂教学模式。“讲解（授）法”有其悠久历史。在古希腊，著名思想家、哲学家、教育家苏格拉底通过对话、提问、揭露矛盾的方法让学生从具体事物中提炼出一般规律，从而获得普遍知识。这种教学方法，是讲解式教学的一种早期形态，被称作“精神助产术”。春秋末期，我国著名思想家、教育家、儒家学派创始人孔子，以启发式为原则，采用问答式方法进行教学，孔子的教学方法包含着大量“讲解（授）”的成分。欧洲工业革命的兴起和资本主义的发展促进了学校教育的产生。捷克教育家夸美纽斯在《大教学论》中奠定了班级授课制的理论基础，使讲授法得到发扬。德国教育家赫尔巴特和苏联教育家凯洛夫提出了“五段教学法”：组织教学、检查复习、讲授新教材、巩固新教材、布置课外作业。在“五段教学法”中，“讲解（授）”成为课堂教学最重要的环节。几十年来，我国大中小学各级学校教育中均大量采用“五段教学法”，讲解（授）式教学成为各级各类学校占主导地位的教学方法。在讲授过程中，教师起主导作用，学生是知识的接受者，语言是传递知识信息的主要工具。这就需要教师在进行教育组织过程中，一定要有严谨的语言系统、连贯地向学生传授知识。

为了提高课堂讲解的有效性，不同的学科、不同的知识内容都要对课堂讲解进行不同的组织和程序，进行科学的设计。从总体来看，教学论与教学法的科学研究，应该对各种类型教材的讲解，都需要作出两种或以上并行的、可备选用的科学设计，如语文学科的长课文、短课文，现代文、古文、古诗词，以及议论文、说明、记叙文和散文等多种体裁的文章的讲解，生物学科则对基本概念、基本原理、基本理论、相关计算方法的推导、科学史、生产生活实践运用的介绍等不同类型教材的讲解，都应筛选出经得起推敲的讲授设计。每位教师都应根据自己本学科的特殊性，在自己的教学设计和实践中，不断地改进，逐步积累一些符合本学科特色的、运用本学科语言的优秀设计。这样既节省教学时间，符合学科的基本特征，又使学生学得明白，培养了学科素养。随着具有个人特色的教学设计的积累，在教学的组织方法和程序习惯上有所突破，充分体现教学规律，教师也得以逐渐成熟成长为更为优秀的教师。

三、生物课堂讲解的重要性

现在各教育相关部门都在大力进行教学方法和教学模式的改革，倡导自主、合作、探究等教与学的方式，但也不能完全忽视传统的“以教师为中心”的教学模式。其中最具代表的教学方法是讲解法。讲解法作为一个古老而传统的教学方法，有着悠久的历史传承，一直以来都是教师在实施教学活动中普遍采用的一种教学方法，不能简单地贴上“灌输”的标签。讲解法作为一种对概念进行讲解，帮助学生理解基本概念、基本原理的基本教学方法，是有其存在的必要性的。当然，任何一种教学方法，都要随着历史的进程、社会的发展不断地改进，融合新的教学理念，充分发挥其潜力和优势。讲解法也一定可以在生物教学中发挥出更大的作用。

生物学科中包含了大量的生物学基本概念、基本原理和大量的科学史内容。这些内容都不是学生进行简单的自主学习、探究合作就能够理解清楚的。因为基本概念，是任何一个学科学习的基础，如果没有作为基座的基本概念的理解，学生很难探究生物科学的领域，更遑论攀登科学的高峰。从这个意义上来说，讲解技能是生物结构化教学中最基础的技能。

高中阶段的生物学科，基本概念众多。依据不同划分标准，大致可划分为如下类型：①形态结构概念。如肽链、双螺旋结构、细胞壁、细胞膜、细胞质、细胞器、细胞核、拟核、神经系统、内分泌细胞、免疫系统等反映细胞内分子结构、细胞结构和动物体生理结构的基本概念。②功能概念。如催化、运输、信息调节、遗传、储能、供能、合成蛋白质、加工蛋白质、蛋白质分泌、神经调节、激素调节、免疫调节、基因表达等反映细胞中各种物质功能、细胞结构功能和生物体各系统功能的基本概念。③生命现象概念。如脱水缩合、呼吸作用、光合作用、有丝分裂、减数分裂、受精作用、分化、衰老、凋亡、遗传变异、进化、“J”型曲线、“S”型曲线、竞争、捕食、共生、寄生等体现细胞内各种化学反应、细胞变化、生物个体与群体之间生命现象的基本概念。④生态环境概念。如种群、群落、生态系统、生物圈、共同进化等反映动物与环境关系的基本概念。⑤科学研究方法概念。显微镜观察、显色反应、对照实验、对比实验、同位素标记法、假说演绎法、类比推理法、随机调查法、采样方法、标志重捕法、抽样检测法等反映生物学研究方法的基本概念和原理。生物学的这些概念，所涵盖的范围各不相同，相差很大，但都是生物学科的基本知识。所以一定要在生物课堂上，帮助学生理解清楚这些概念，这样才能使学生有足够的基础去进行更高层次的科学探究，获得更多的科学认识。

在生物课堂上使用讲解法，可以使教师同时向全班所有学生传授知识，比较节省时间。特别是生物学科的每周课时较少，而每学期的期末统考又有统一的考试范围，且内容较多，讲解法就成了学期末追赶进度和期末专题复习的快捷方法。同时，讲解法比其他方法更容易进行课堂掌控，对教师灵活教学的要求也较低，更能体现教师在课堂教学中的主导地位。另外，教师学科知识的储备高于学生，运用讲解法可以直接向学生传递有关生物学知识，给学生讲授相关概念、原理和规律。因此，讲解法虽然会受到一些争议，但依旧是目前生物课堂教学，尤其是常态课中最普遍使用的教学方法。

有关讲解法和其他教学方法在教学效果上的比较也有一些研究。大部分对比研究显示：就学生的学习成绩而言，讲解法同其他教学方法一样有效；从古至今，讲解法一直是一种有效的教学方法。讲解法所导致的课堂枯燥无味并不能否定讲解法在教学中的重要作用，这种枯燥无味可能是学习内容本身或者是讲解法运用不当导致的。在面对各种关于讲解法的批判时，应该思考如何恰当地使用讲解法，让课堂讲解更加的有趣且高效，从而发挥其在生物课堂教学中的积极作用。而不是一味地批评和否定。教育教学改革的目的是为了提高课堂教学效率，而不是简单地标新立异。一切教学方法的实施，都是为了学生能够更好地学习，更好地接受科学知识，更好地掌握核心素养。

第二节　生物教学讲解的类型、应用原则与要点

生物教学讲解技能是教师一项基本教学技能，它广泛应用在生物学课堂教学的每一个环节，是教师利用口头语言并配合教姿教态、板书和各种教学媒介（如挂图、PPT、动画和视频）等，阐述科学事实、剖析概念构成、揭示事物本质，引导学生思维发展的教学行为方式。讲解的关键是通过口头语言对知识概念的阐述、剖析和揭示，阐述科学常识，剖析其构成要素和过程，揭示其内在联系，从而使学生把握知识概念的本质和规律。生物学课堂上的讲解不仅仅是对生物学相关的形态、

结构、功能、过程、原理、实验方法和步骤进行“讲”述，更是侧重于“解说”的方面。要对生物学概念、规律、原理和法则进行科学的、有论据的逻辑推理，在进行科学的论证解说时，教师多用阐述、说明的方式。“讲述”和“解说”这两种方法往往是结合采用、不可分割、相互弥补的。只有熟练运用语言讲述，运用这两种方式向学生传授知识、教授方法、启发思维、表达情感、传播思想，才能更好地帮助学生去理解生物学的基本概念、规律、原理，形成属于学生自己的对生物学的基本概念、规律、原理的理解和思维习惯。

教师的言语讲述，是教学行为中必不可少的活动方式，所以不能仅用言语的讲述这种行为方式来界定讲解技能，还要以言语讲述在教学中发挥的功能来界定讲解技能。讲解技能的功能是向学生传授知识、教授方法、启发思维、表达情感、传播思想。教学行为的活动方式和教学中发挥的功能共同构成了讲解技能的内涵。但是，课堂中的讲解技能并不完全等同于纯粹的讲授式教学法。讲授式教学法是指在完整课的教学中，主要由学生听、教师讲的方式传授知识，是一种灌输式的教学方式。在目前的生物学课堂教学中，教师“满堂灌”的教学方式已经基本消失，取而代之的是既有讲解，又有提问、演示，同时还设计了一系列的学生活动，所以在完整的生物学课堂教学活动中单纯强调讲授是片面的。讲解技能也是主要以教师讲的方式进行，但它是微观教学活动中的教学技能，在完整的教学活动中它会与其他教学技能综合应用，共同构成完整的教学整体。在“讲”与“解”的过程中，提高了生物学课堂的教与学的效率，达到高效课堂的效果。

如何培养和提高这项技能呢？我们通过对生物学课堂讲解技能的类型、应用原则与要点等方面的认识，了解生物学课堂讲解技能，提高生物学课堂讲解的能力。

一、生物教学讲解技能的类型

课堂讲解技能的类型，可以根据不同的标准进行划分。如根据讲解内容的不同，可以划分为概念讲解、命题讲解、习题讲解等；根据课堂教学方式的不同，可以划分为解释式讲解、描述式讲解等。

关于讲解技能的分类研究，学者们的划分方法不尽相同。结合中学生物教学的内容和特点，在这种划分方法的基础上，我们可以将生物学课堂教学中的讲解技能划分为六种类型：

（一）讲述式讲解

讲述式讲解是对生物学的基本概念，生物学的基本名词，生物学实验的方法、原理和过程，对常识性的事实知识的讲述。

生物学概念又可以分为直观性概念和抽象性概念。直观性概念，是可以通过肉眼、显微镜等方式直接观察的生物学特征，通过观察可以直观地反映事物的本质，其对象是具体的标本、装片和图画。如组成细胞的蛋白质、核酸、水和无机盐、酶、激素、神经递质等化学分子；细胞壁、细胞膜、细胞质、各种细胞器、细胞核、染色体等细胞结构；动物体的神经系统、内分泌系统和免疫系统等结构；种群、群落等群体结构；还原糖、蛋白质、脂肪等物质的显色反应。教师可以通过引导学生进行图片观察与分析、实验操作与绘图、课外活动观察和记录等方式认识直观性概念。如在进行细胞结构相关概念的讲述时，可以去实验室观察永久装片和临时装片，也可以在课堂上展示细胞的结构图片和显微镜下的镜像图片，或者以制作细胞结构模型的方式，帮助学生直观地认知细胞结构的概念。

抽象性概念与直观性概念的重要区别就在于它的本质特征是不可观察的，如催化作用的本质，物质跨膜运输的方式等，有丝分裂和减数分裂过程，DNA 复制，基因的概念，基因突变等变异，进化实质等。教师可以通过将这些抽象概念转化为可以直视的图像、图表等，或者科学研究的事实描述，再通过分析图表和文字解读的方式将抽象性概念转化成可视化的直观性概念去认知和理解。如在进行物质跨膜运输的方式的讲述时，教师通过展示绘制的各种物质跨膜运输方式的演示图，曲线图，讲述物质运输的实例等方式，帮助学生直观地理解自由扩散、协助扩散和主动运输这些概念的含义、过程和需要的条件。

通过概要性描述概念的基本特征揭示事物的结构及各层次间的关系，例证式描述是具有代表性的为人们所熟悉的有说服力的例证，程序性描述事物发展变化过程、步骤等关键节点，讲述式讲解可以帮助学生明确基本常识，使学生对描述的概念、生物的结构、相关属性、发展和变化有比较形象的、具体的感觉，并且有一定深度的认知，能够理清各概念之间的联系和区别。这样的讲解才更有意义，学生也才记得更加深刻、有效。是一种有意义的、指向性明确的概念教学。

（二）解析式讲解

解析式讲解，又叫解释性讲解和翻译性讲解，讲解时注意将未知知识与已知知识联系起来。因为要说明原因，又可分意义解释、翻译性解释、结构说明和比较性说明等4种。

（1）意义解释，目的是帮助学生理解不熟悉的抽象性的概念。例如定义：什么是酶?（酶是活细胞产生的具有催化作用的有机物）；解释：酶来自于哪里?（来自于活细胞，所以活细胞都可以产生酶）；酶的作用是什么?（具有催化作用，催化的实质是降低化学反应活化能）；酶的本质是什么?（酶的本质是有机物，绝大多数是蛋白质，少数是RNA）；酶的基本单位是什么?（大多数酶的基本单位是氨基酸，少数酶的基本单位是核糖核苷酸）；酶的合成场所在哪里?（大多数酶的合成场所是核糖体，少数酶的合成场所是细胞核）。通过这样的解析式讲解后，学生能够更好地理解酶的概念。

（2）翻译性解释，目的是帮助学生理解陌生的概念、图解和符号。例如“P”代表亲本，“♂”代表雄性，“♀”代表雌性，“×”代表杂交，“⊗”代表自交，“F_1”代表子一代，“F_2”代表子二代。以及诸如还原糖的概念、碳水化合物的概念，细胞膜、细胞壁、细胞器、细胞核等相关概念。

（3）结构说明，目的是帮助学生认识一些未曾见过的装置、分子结构等。例如，显微镜的结构、血细胞计数板、氨基酸的结构通式、核苷酸的结构通式、ATP的结构简式和结构式，课本目录和章节设置规律等。

（4）比较性说明，目的是帮助学生把那些微观的、抽象的、生疏的事物说明白，可以拿人们可见的、具体的、熟悉的事物作比较。例如染色质和染色体是同一种物质在细胞不同时期的两种存在状态。如何让学生直观地理解这个概念，我们可以通过一个简单的演示和解析式讲解的方式，帮助学生比较性理解这个概念：教师准备一条尼龙细线，告知学生，这个代表染色质，是细长的丝状结构。然后对这条尼龙细线进行螺旋化处理，让它螺旋后变短变粗，然后再螺旋，再变短变粗，就变成了短棒状的染色体结构。通过这样的比较和讲解，可以更好地帮助学生直观地理解抽象概念。

学生在学习陌生概念、抽象性概念时，通过教师的解析性讲解，可以更好地认知概念，理解概念。通俗易懂的讲解、科学准确的解析都可以锻炼学生的理解概念、学会学习的能力。

（三）演绎式讲解（又称原理中心式讲解）

演绎式讲解，在讲解时要以概念、规律、原理、理论为中心，这是讲解技能中非常重要的方式，也是教学方法中非常重要的基本方式之一。主要运用于定义解说、定律论证、原理演绎、概念归纳、方法分析等内容的讲解类型。属于高级类型的讲解。在讲解过程中，强调例证、论据及统计材料的组织。讲解过程中交替应用分析、比较、归纳、演绎、抽象、概括、综合等逻辑推理的思维方法，配合板书技能、提问技能等教学技能的运用，注重论证说服的力度，既有科学性，又有趣味性、形象性。论据的材料不拘泥于教科书，也可以穿插生活中的常识性知识，帮助学生从课本理论联系生活实践。对于那些蕴含比较复杂的科学原理的概念，教师在进行讲解的时候，应该通过演绎式讲解的方式，引导学生思考和理解概念中所包含的科学方法和科学思维。这样的讲解方式，既可以方便学生理解概念本质，也可以碰撞激发出学生逻辑推理的思维火花。

（四）归纳式讲解（又称问题中心式讲解）

归纳式讲解，是指在讲解时，从具有共性的一些个别性事例（或问题）中进行归纳总结，推导出普遍结论或一般性概念的一种讲解方式。这种讲解方式，主要运用到教学内容中较复杂的概念，以解决具有实际意义的问题为中心进行解答，讲解时带有一定的探究性，利用迁移规律，启迪学生积极思考，然后再通过讲解来进行归纳总结。不仅有助于学生对概念的深刻掌握，而且还有助于培养学生分析问题和解决问题的能力训练、方法探究、答案求证，提升学生总结归纳基本概念的能力，属于高级类型的讲解。

（五）启发式讲解

所谓启发，孔子在《论语·述而》中有这样一段文字：“不愤不启，不悱不发，举一隅而不以三隅反，则不复也。”宋代教育家朱熹的《论语集注》注释说：“愤者，心求通而未得之意。”“启，谓开其意。”“悱者，口欲言而未能之貌。”“发，谓达其辞。”“不愤不启”，即一个人不到他努力想弄明白而得不到的地步，就不要去开导他。“不悱不发”，即一个人不到他心里明白却不能用言辞表达出来的地步，就不要去启发他。可见启发就是让学生有求知的追求和想说的欲望，启发的要害就是“求”和“欲”，启发式讲解的关键，就在于通过教师言语的趣味性、引导性、思想性充分调动学生的积极性，变学生的被动听讲为主动的思维，达到“不愤不启，不悱不发”的效果。“师者，传道授业解惑也”，要做到启发式讲解的效果，需要在“传道授业解惑”时，吸引学生，教会方法，步步引导。教师在进行启发式讲解时需要注意几点：

1. 引人入胜的“传道”

兴趣是一种激励学生学习的内在驱动力。在学习过程中，当学生对教师所讲授的学科内容感兴趣时，就会积极、主动、快乐地去学习，而不会感到学习是一种沉重的负担和压力。心理学家指出，兴趣可由客观的生活意义和主观情绪上的引导所致。所以，让课本中的抽象内容回归到学生所熟知的日常生活中去，常常能有效地激发学生学习的兴趣。教师“传道”必须在课堂上能“拴”住学生，“迷”住学生，使学生集中精力、充满乐趣地听讲，把听讲当作一种享受，而不是负担。要做到这一点，关键是教师的讲课要引人入胜，切忌照本宣科，平铺直叙，声色单调。许多教师在这方面下了很多功夫，如用动听的故事、风趣的语言、优美的语调、有趣的游戏开头，首先把学生的思想吸引到课堂上来，接着按照事物发展顺序，层层剥笋，把学生的思路引导到教师的思路上来。教师应使用通俗易懂的语言讲授，把教材的语言变成自己的语言；多思多看多积累，增加信息量，扩大知识面，只有这样才能不断给学生增加新内容。

2. 教人以渔的“授业”

古人曰：“授人以鱼，仅供一饭之需；教人以渔，则终身受用无穷。”教师在教授知识、传授技术时，要着重传授方法，启迪学生思维，提高知识的应用能力。如在讲解习题时，不是简单地呈现现成的答案，让学生死记硬背，记忆答案，而是要在讲解过程中教解题思路，教解题办法，做到举一反三，启迪学生的思维习惯。启发式讲解，就是要启发学生用高效准确的方法将所学知识运用到需要解决的问题上，教会学生不只会“临渊羡鱼”，更会“退而结网”，掌握学习方法，了解学习规律，高效学习。

3. 引导问题的“解惑”

朱熹说过：“读书不疑者须教有疑，有疑者却要无疑。”教师在讲解式教学中，既要发挥学生的主动性，又要发挥教师的主导作用。而要发挥学生的主动作用，就必须讲解时及时穿插提问，让学生思考和回答。教师的提问要根据课堂讲授的需要、课程的难易程度，有目的地提问。要搞好提问，就须掌握本堂课的重点，提出带有普遍性的问题；还要摸清学生的难点，提出带有关键性知识的问题。教师提问要适度，既不要太难，也不要太易，要给学生留有思考的余地，只有这样，才能引发问题，解决学生的疑问。然后通过教师的讲解让学生豁然开朗，学有所得。

启发式讲解，既要引导学生的思考，也要及时讲解，帮助理解问题，掌握知识要点，获得基本概念。启发式教学是处于教师讲解和学生思考之间的一种活动形式，也是教师在课堂教学中经常采用的教学方法。在教学中运用启发式教学，能使学生原本闭塞的思维活跃起来，形成探究的欲望，从而找到解决问题的途径。

（六）论证式讲解

论证式讲解技能，即教师通过现象、事实、实例等，用严密的逻辑性语言根据教材中提供的材料和已知的知识进行推理，通过讲道理、论是非，启发引导学生通过归纳、分析、综合、推导、证明等方式，使学生在接受科学知识，得出结论的正确性的同时，明白一定道理。论证式讲解技能的目的和作用是通过对客观事物本质现象、本质属性的揭示，使学生准确掌握作为教学重点、难点的事实、法则、定律、规律等基础知识、基本理论。论证式讲解技能应遵循的原则：①学科性原则；②启发性原则；③生动易懂原则；④针对性原则。

论证式讲解教学是当前国际科学教育及其研究领域所关注的一个新的方向，成为国内外科学教育研究的热点之一。它通过将论证活动引入课堂，让学生经历类似科学家的评价资料、提出主张、为主张进行辩驳等过程，从而培养学生科学的思维方式。

二、生物教学讲解技能的应用原则

1. 有意义学习的原则

美国心理学家奥苏贝尔提出有意义学习。根据他的理论，按照不同的标准，学生的学习可以分为接受和发现、机械学习和有意义学习。人们常常错误地认为发现学习是有意义的，接受学习是机械的。事实上，发现学习可以是有意义的和机械的。同样，接受学习可以是有意义的和机械的。奥苏贝尔认为，如果教学建立在他所阐述的有意义学习的心理过程和条件之上，那么学生的接受性学习就不是机械的、被动的，而是有意义的、主动的。他认为，有意义教学是课堂教学的基本方法，但也不能滥用，需要遵循学生心理成长的规律。奥苏贝尔认为学习应该通过接受而产生。教师应该提供给学生的材料是经过深思熟虑的、有组织的，并且是完整的，这样学生就能得到最有用的材料。这种学习主要适用于有意义的言语学习，或称之为言语信息的学习。认为学习应该经历一个演绎的过程，即从对一般的理解到对特殊的理解，人们得到的概念原则等都是别人提供给自己的，而不是自己发现的。材料越有条理，越有意义，学生的学习就越有意义，学习效果越好，死记硬背是最低效的学习策略。

有意义学习的理论为教学讲解的有效性和必要性提供了理论依据。在生物课堂教学中，生物科学探究史中的基本概念、原则、规律、原则和结论等许多事实性知识，可以通过讲解技能来加以解决。如生物学概念、生物结构与功能、遗传与变异、生物起源与进化、生物环境与稳态等，在观看视频、录像、幻灯片时进行讲解和提示，组织实践活动和意义分析，能对教学效果起到积极的帮助和促进作用。

2. 认知心理学中同化理论原则

同化理论是美国心理学家奥苏贝尔倡导的一种有意义的接受学习理论。“有意义的学习是在新的符号或符号所代表的概念与学习者认知结构中的相关概念之间建立实质性的、非人为的联系，”奥苏贝尔说。这与澳大利亚教育家史密斯对讲解功能的描述是一致的，“当一个人在他的经历中遇到一些意想不到的事情或者与他的经验不能联系在一起时，他需要一个解释”。也就是说，新知识和旧知识的联系同化可以通过讲解教学来实现，同化理论是讲解式教学的理论原则来源之一。根据同化理论，新知识主要是通过原有认知结构中的基本概念获得的，只有通过新旧知识的相互作用和转化，才能实现有意义的学习。新旧知识的相互作用和转化就是新旧知识的同化，通过认知同化形成高度分化和有效的认知结构。因此，在讲解新知识之前，教师可以追溯到原有认知结构中新知识的核心要点，对原有知识进行诊断和分析，了解学生对原有认知结构中相关内容的掌握情况，采取措施对原有知识重组，可以有效地提高课堂讲解教学的效率。

同化理论提出了新旧知识同化的三种模式：下位学习、上位学习、并列学习。这三种同化模式对教师进行概念教学有一定的启示。下位学习是指由新旧知识构成学习的知识存在着从属关系。换言之，在包摄和泛化层面上，原有认知结构中的相关概念要高于新学到的知识概念。例如在生物学知识的学习中，学生已经知道细胞分裂的概念，那么有丝分裂、无丝分裂和减数分裂等概念的学习就是从属学习，属于下位学习。在了解了有丝分裂的过程后，对动植物细胞的有丝分裂过程的学习是下位学习；在了解了减数分裂的过程后，对精原细胞和卵原细胞的减数分裂过程的学习也是下位学习。再例如，在生物学中，“染色体”是一个重要的核心概念，它有许多下位概念：同源染色体、非同源染色体、染色单体、姐妹染色单体、非姐妹染色单体等等。在生物学中，新旧概念之间有着众多的从属关系。教师在讲解这些概念时，一旦揭示了新旧概念之间的从属关系，学生就可以很容易地理解新概念的内涵和外延。同时，他们的头脑中相应的概念体系也得到了巩固和丰富。上位学习，又称总括学习。也就是说，当个体的认知结构已经形成了一些观念之后，现在在这些原始观念的基础上，学习到更高程度的包装观念，那么就出现了上位学习。例如在讲解内环境的概念时，首先要明确体液分为细胞内液和细胞外液两部分，然后引导学生回忆初中学过的血浆、组织液、淋巴液等，它们都属于细胞外液的一部分，它们之间的相互转化保持相对的稳定，并与细胞内液的更新有一定的关系，为揭示动物个体内环境的内涵奠定了基础。例如在讲解生物大分子以碳链为骨架时，就是通过对蛋白质、核酸、多糖分子结构和功能特性的研究，总结出基本概念。从这些例子中可以看出，在这种模式下，教师讲解的关键在于对原有概念的归纳、综合、加工和概括，然后形成新概念。并列学习，也就是说，当个体认知结构中的新命题和原意不产生从属关系时，它们可能在有意义学习中存在并列关系，产生共同的有意义学习。根据这种学习的特点，教师在讲解相关概念时，通常引导学生分析原有的概念和基本要素，然后与原有概念的要素进行比较分析，揭示新概念与原有概念的内在联系和本质区别，从而掌握新概念并将其纳入相应的概念体系。

3. 迁移理论原则

迁移一般指的是一种学习对另一种学习活动的影响，或者所获得的经验对其他活动的影响。一般来说，学生并不能自动地用原有的知识来理解新的知识，而是需要借助于外部因素的帮助。而这种帮助应该是具有启发性的，因为它能引导学生积极思考，是通过作用于学生自主发挥的内因。因此，教师在教学过程中使用的讲解方式应该是启发式的。启发式讲解可以帮助学生利用自己已有的知识和经验，运用迁移规律来学习新知识，实现有意义学习。迁移理论指出，学习迁移不是自动发生的，它受一定条件的制约，主要受三个因素的影响。首先，只有对新旧知识学习的经验进行分析和提炼，总结出共同的内涵特征，才能实现学习对象共同因素的迁移。因此，迁移的条件是学习对象在学习过程中应具有的相同的客观因素。其次，对原有经验的概括能力。心理学研究和实验表明，学习者概括能力越强，其泛化水平越高，迁移的可能性越大，效果越好。布鲁纳认为“领会基本的原理和观念，是通向适当训练迁移的大道”。再者，迁移的认知技能水平。认知技能的高低会影响迁移的实现与否。有时，新旧知识有共同的因素，现有知识的泛化程度较高，但学习者在学习新知识时仍不能迁移。

根据迁移理论，教师在生物课堂教学中应考虑迁移因素。首先，促进生物知识学习的正向迁移，尽量避免负迁移的影响。然而，当新知识与旧知识的认知结构不同时，旧知识往往会干扰新知识的学习，形成所谓的负迁移。为了避免负迁移，教师应引导学生加强比较，找出新旧知识的异同，顺利实现迁移。例如学生容易混淆同源染色体与姐妹染色单体、有丝分裂过程与减数分裂过程、交叉互换与易位等概念。教师可以通过列表格进行比较的方式来解释，促进学习的正向迁移。其次，引入循序渐进的方法来预防前摄抑制和倒摄抑制。这就要求教师不要急于解释，要给学生一个进行理解、消化和巩固的过程。再者，可以用先行组织者来讲解，对认知技能水平进行培养。先行组织者可以是一个概念或一段描述性文字、图表或可视化模型。例如这里有一个生物学问题：在一条 DNA 单链中，A + T/G + C = n。那么 A + T/G + C 在另一条 DNA 单链中的比例是多少？整个双链 DNA 分子中的百分比是多少？一位教师用他的手做了一个直观的解释：他的左手拇指在左手中的占比是多少？学生的回答是五分之一。这位教师引导，左手相当于 DNA 的一条单链。右手拇指在右手中的占比是多少？学生答也是五分之一。教师继续引导，右手相当于什么？学生回答：DNA 的另一条单链。教师问：双手合在一起，相当于什么？拇指总占多少？学生答：相当于 DNA 的双链，所占比例还是五分之一。这时学生恍然大悟，题目迎刃而解。

因此，认知结构迁移理论有助于教师科学运用讲解技能，引导学生更好地理解和掌握生物知识，构建良好的生物学认知结构，促进学生学习的正向迁移。

三、生物教学讲解技能要点

1. 清晰的讲解结构

在确定教学目标，教学内容的重点和难点，明确新旧知识的相互关系，了解知识结构的顺序和学生思维发展顺序的基础上，设计系列化的问题，为概念的呈现搭建一个框架。这样就便于引导学生思考。

2. 流利准确的语言

流利就是要紧凑连贯。充分准备和自信是流利的先决条件。准确、清晰的语言要求正确使用术语，学生能听懂的词汇，而不是未定义的术语；要求句子完整，用词和发音准确。语调和语速要适应讲解内容和情感需求。

3. 有启发性

对直观、具体的现象、事件，通过分析、综合、抽象和概括，升华为理性的概念和规律。一定要有启发思考的余地，要抓住讲解的机会，把重要内容讲解清晰，尽量营造“愤”“悱”的教学情境。

4. 举一反三的例证

例句是学习迁移的重要手段，它可以将熟悉的经验与新的知识和概念联系起来。例子的数量并不重要。重要的是所举事例与新概念之间的实质性的、非人为的和逻辑上的联系，应进行透彻分析。

5. 注意形成连接

一个清晰而连贯的陈述是由新旧知识之间、范例和原则之间、问题和问题之间的适当联系构成的。仔细选择说明中的连接词或短语来阐明上述关系，使讲解过程形成一个完整的系统。

6. **合理运用强调**

强调是使讲解清晰、成功的重要技巧之一。要突出重点或关键要素，深入分析新旧知识的关系和新知识的结构。它可以通过声音、肢体动作、标记、直接言语暗示、概括和重复的变化以及接受和使用学生的回答来强调。

7. **重视反馈，及时调控**

讲课时，教师要善于观察学生的表情、行为和操作，注意学生的非正式语言，向学生提问或给学生提问的机会，收集课堂效果的反馈信息，确保学生理解，并及时调整讲解的程序和方法，以达到教学目的。

苏霍姆林斯基说：“教师的语言修养在极大程度上决定着学生在课堂上的脑力劳动的效率，高度的语言修养是合理地利用时间的重要条件”。由此可见，课堂讲解是课堂教学中非常重要的形式，教师在进行课堂教学时，只有重视课堂讲解技能的运用，才能更加有效地开展课堂教学，提高课堂学习的有效性。

第三节　生物教学讲解技能应用示例

利用教学讲解的技能，引导学生理解“假说—演绎”这种科学方法的概念。

一、概念来源

“假说—演绎”法是高中生物必修二模块《遗传与进化》第一章《遗传因子的发现》中一个重要概念，也是孟德尔遗传实验的重要的科学方法。这种科学研究方法一直贯穿于生物必修二模块中的关于科学研究方法的教学。也是学生需要掌握和了解的基本科学探究方法。

“假说—演绎”的科学方法是本章节的学习难点。是学生首次接触的概念，虽然在之前的科学学习中，学生尝试过一些实验方法，但这些实验大多是观察实验现象，或者是重复前人的实验过程，缺乏自己的思考和独立探究，不清楚科学研究的困难和具体过程。因此，我们通过对“假说—演绎”法这个重要概念的讲解，帮助学生模拟科学家的探究思维过程，学习并掌握这一重要的科学探究方法。

二、设计过程

在进行“假说—演绎”的科学方法的概念讲解时，通过演绎式讲解“假说—演绎”法的过程，帮助学生认知和理解相关的概念。孟德尔运用“假说—演绎”法理解豌豆杂交实验的现象并总结出遗传规律的基本过程。

1. **观察现象，发现问题**

观察到“高茎豌豆与矮茎豌豆杂交的 F_1 都是高茎，F_1 高茎自交后代 F_2 出现性状分离，既有高茎，也有矮茎，且比例接近3∶1”的现象，提出问题“为什么 F_1 都是高茎？F_2 为什么出现性状分离，且比例接近3∶1？”。由于提出的问题，没有现成的答案，所以孟德尔通过严谨思维，大胆推测，通过假说来进行解释。

2. **分析问题，提出假说**

“F_1 都是高茎”，所以设定“高茎为显性性状，矮茎为隐性性状”的概念。“F_2 为什么出现性状分离，且比例接近3∶1？”，通过“①显性遗传因子控制显性性状，隐性遗传因子控制隐性性状；②体细胞中，遗传因子成对存在；③形成配子时，成对的遗传因子彼此分离；④雌雄配子的结合是随机的。”这4点假说来进行解释。假说的解释，是否一定正确呢？不一定。假说是否正确，需要验证。而验证的方法是根据自己的假说来预测新杂交方式的结果，再通过实际的杂交实验来验证自己的演绎预测是否正确。

3. **演绎推理，实验验证**

因为孟德尔之前已经进行了杂交和自交的实验，所以需要设计新的杂交实验来进行预测和推理，孟德尔创造性地设计出了测交实验，并预测其测交结果应该是1∶1。他通过实践操作了豌豆的测交实验，得到的实验结果约等于1∶1。由于根据假说演绎推理预测的结果与实验结果相符，说明之前的假说是准确的、符合科学事实的假说。既然假说正确，那么就可以对假说的内容进行归纳总结，得出科学的定律。

4. **科学总结，得出结论**

孟德尔归纳总结自己的实验和假说、验证，得出了“孟德尔第一定律”，又称“分离定律”即在生物的体细胞中，控制同一性状的遗传因子成对存在，不相融合；在形成配子时，成对的遗传因子发生分离，分离后的遗传因子分别进入不同的配子中，随配子遗传给后代。

三、设计的意义

通过孟德尔的实验过程的演绎式讲解，既可以帮助学生进一步地理清孟德尔的豌豆杂交实验过程和要解决的问题，也清楚地了解到“假说—演绎”法这一抽象的科学实验方法的过程和原理。通过一步步的引导和思考，学生也掌握了这个重要的科学探究方法，为后面的科学史的实验探究打下坚实的基础，帮助学生掌握基本的科学原理和科学方法。

参考文献：

[1] 刘红军. 课堂教学中的讲解技能 [J]. 文学教育，2010：56.

[2] 栾晓蕊. 生物教学讲解技能的应用研究 [D]. 西安：陕西师范大学，2011：8 - 10.

[3] 裘大彭，任平. 课堂教学中的讲解技能 [J]. 人民教育，1994：40 - 41.

[4] 奥苏贝尔. 教育心理学 [M]. 北京：人民教育出版社，1994：666.

第七章　生物教学提问技能

第一节　生物教学提问技能概述

一、有效提问的重要意义

人与人之间沟通的关键，不在于我能说出多少，而在于我能说出多少对方感兴趣的重点；人与人之间沟通更关键的，不仅仅是我能说出多少对方感兴趣的重点，而是如何让对方说出他自己感兴趣的重点。所以我们在与人沟通的过程中，如何让对方打开心扉，就需要我营造愉悦的谈话氛围，这些的重点在于我能不能提出精彩的问题。

教师的教学过程，实质上也是一种师生之间的沟通过程。所以教师的教学过程，如果只是教师一个人说了很多他自己认为很重要的内容，这是一种填鸭式的“满堂灌”教学方式；如果教师说了很多他的学生感兴趣的内容，这种教学方式比“满堂灌”的方式高效一点，但依然是灌输式的教学，学生并没有打开心扉，自己进行深入地思考。高效的教学过程，应该是学生打开思维的阀门，不断地涌现思维之泉，掌握高效的思维方法，养成思维的自觉习惯，然后能够自主地解决新的问题的过程。

人与人之间和谐相处和沟通离不开有效的提问，师生之间的教学相长也离不开有效的提问。

二、课堂提问的含义和价值

课堂提问是一种技巧，更是一种艺术，并且是教学中用得最多而又很难用精、用巧的艺术。有位教育家曾经说过：“中小学教师若不谙熟发问的艺术，他的教学是不易成功的。”事实上，课堂提问是教师业务功底、教学经验的公开亮相，是对参差不齐，瞬息万变的学情的驾驭。

唐代韩愈在《师说》中曾说过：“人非生而知之者，孰能无惑？”人在成长的过程中，一定会不断地产生疑惑。而人的成长历程就是不断地“产生疑惑→分析疑惑

→解决疑惑”的过程。宋代朱熹也曾说：“读书无疑者，须教有疑；有疑者，却要无疑，到这里方是长进。”学生在学习新知识的过程中，也一定会产生不同程度的疑问，这些疑问的解决就可以不断地提高学生的认知水平，提高学生对知识的理解能力和应用水平，而学生在解决疑问的过程中，需要教师来引导他学会解决疑问的方法。“师者，所以传道受业解惑也”。因此，教师的作用，就是帮助学生分析疑问，解决疑问，最后将这些疑问转换成学生自己的知识储备，形成知识的结构化。同时教会学生在解决问题的过程中，掌握有效的学习方法和高效的思维习惯，以便解决在以后的学习中遇到的各种各样的新问题。

课堂是学生学习新知识的主阵地，教师是课堂教学有效性的关键实施者，所以教师在课堂教学过程中，应该思考如何进行高效的课堂提问，创造良好的课堂氛围，激发学生的思维火花，这些都是教师应该具备的基本教学素质。现在，新一轮基础教育课程改革倡导在教学中实施探究式学习，引导学生自己发现问题、提出问题、解决问题。因此，课堂提问在生物结构化教学中显得尤为重要。课堂提问是课堂教学的生命线。

三、课堂提问的重要性

20 世纪末，特纳列出了课堂提问的 12 个功能。克拉克和斯塔尔二人在此基础上细化了其功能，认为课堂提问有 19 种功能。国内研究者归纳总结出了提问的 10 个功能。经过综合分析，课堂有效提问在以下功能方面具有重要作用。

（一）有利于完成教学目标

我们的课堂教学需要在三维目标的指导下去设计、组织和实施，使学生通过学习真正认知到知识的内涵，体验到知识的趣味，感悟到知识中的情感和价值。

1. 有助于知识体系构建和检测

课堂有效提问的设计与实施可以帮助学生及时回顾已学过的知识，学习新知识；根据学生的认知规律，帮助学生构建知识框架，完成知识的结构化。提问在解决问题的过程中帮助学生解释材料及其内部逻辑顺序，不断生成和解决问题。如此一来，教师提问或者学生之间的相互提问就能成为复习反馈的一种手段。

2. 有助于学生做题技能发展

教师把提出的问题引入到一定的深度，可以帮助学生理清思路，使学生会用严谨规范的语言表达自己的观点，训练学生的审题、识图、图文转化、理论联系实际等方面的能力。在这一过程中，学生的逻辑思维能力得以提高、创新能力得以发展，语言表达能力得到锻炼。

3. 有助于学生提出创新性问题，增强对知识点的感悟

鼓励并教会学生向自己或他人提出相关的问题，寻找有利证据来支撑自己的观点，拓展思维，培养其鉴赏能力。在此过程中，知识内容得到深化，同时也增强了同学们利用科学世界观等哲学观点感悟生命、感知世界的能力。

（二）有利于组织课堂教学活动

1. 促进学生自主探究、合作学习

给学生提供一些能够更好地引导学习的问题材料或者提供一个参与讨论、合作学习的问题支点，可以引导学生自主探究。强化学生对其他成员提出的问题进行的评价过程，让学生表达对某个问题的意见，把信息有效地传递给参与学习的合作者，可以让大家齐心合力，共同解决问题。

2. 促进师生交流和互动

教师设计问题时要找出学生的学习兴趣点，在兴趣点上实施教学，使学习充满乐趣。课堂提问可暴露学生的喜好、价值观取向等信息，教师应及时地调整教学活动方案与策略，合理结合学生的学习兴趣点。提问的反馈环节应让学生得到鼓励和耐心细致的指导，这样会充分地调整学生的学习状态。

（三）有利于课堂生成性评价及课后总结性评价

1. 有助于调控教学过程

课堂提问可提醒注意力易分散的学生把注意力尽量集中到学习上，从而使得教师的“教”和学生的“学”顺利进行，提高课堂效率。高中生物新课程理念要求生物教师所设计的问题应围绕教学目标，给学生提供生动有趣的生物事实材料，创设问题情境，化学习内容为具体的问题，逐步培养学生探究问题的意识和能力，这样师生的课堂活动就在一定的框架范围内进行，利于教学目标的达成。

2. 有助于诊断教学效果

通过问题形式引导学生预习新内容，为课堂教学奠定良好的知识基础。通过课堂有效提问，为学生吸收知识提供相应的平台，检测妨碍学生学习正常进行的原因，及时调整教学策略，以免挫伤学生积极性。课堂提问可用于评价学生是否已经掌握教学内容，是否能够运用教学内容解决实际问题，是诊断教学效果最直接的形式。

在最新修订完成的高中新课程标准中，高中生物学科提出了“社会责任、生命观念、理性思维、科学探究”的学科核心素养。并进一步指出“高中生物课程应进一步提高学生的生物科学素养，发展学生的科学素养与人文精神、创新精神与实践能力、国际视野与民族精神、社会责任感与人生规划能力，对国家的兴盛、社会的进步、个人的终身发展都具有重要意义”。由此可以看出，“新课标”非常重视对学生科学素养、创新、探究能力以及本土文化意识、家国意识和表达能力的培养。生物学科是科技发展的前沿学科，也是和我们的生活密切联系的学科。如何发现生活中的生命现象，思考这些现象中的生物学知识，理解生物学知识之间的联系，需要在生物学课堂上养成积极思考的习惯。生物学课堂提问是生物教师的教学方法，也是学生的学习方法，是生物教师将自己对生物学知识理解的思维过程和思维方式传递给学生的过程。因此，生物课堂的提问，不是简单的“是不是”“对不对”等，而应该是一种深入的提问。学生在生物学课堂上，聆听和思考生物教师提出的问题，通过师生双方这种一问一答、再问再答的思维碰撞，产生思维火花，本身就是一种锻炼思维，形成思维逻辑习惯的过程。

当然，提问也不是为了难倒学生，而是给予他启发，引导他思考，太难的提问会让学生产生畏惧心理，所以我们的提问要充分利用“最近发展区”理论。“最近发展区”这一概念是由前苏联教育家维果茨基（Vygotsky）首先提出的，它是指学生现有水平和潜在发展水平之间的差异。所谓现有水平，是由已完成的发展系统而形成的学生心理机能的发展水平，表现为学生能够独立地、自由地完成教师提出的智力任务。潜在发展水平，是那些尚处于形成中的状态，表现为学生还不能独立地完成任务，但在教师的帮助下，通过自己的努力所能达到的较高一层的智力发展区。生物学课堂的有效提问也是要让学生能够利用自己已有知识储备，独立自主地思考出问题的答案，从而促进学生的思维发展。

双方的交流互动，可以促进学生的思维活动，集中学生的注意力，加深学生的理解和记忆，培养学生各方面的学习思维能力，也将教师和学生在理解教材中的理论知识、理解生活中的现象知识时融入生物学课堂这个世界的整体中，这也是高中生物结构化教学的真谛。

四、重视提问技能

生物学的知识概念多，生命现象多且复杂，通过教师的有效提问，引起学生深入的思考，可以帮助学生穿过纷繁的表象，理解生物学知识的本质。所以在课堂教学过程中，生物教师应该重视课堂提问技能，不断思考提问的有效性，创设良好的问答环境和问题。

第二节 生物教学提问的类型、应用原则与要点

生物学课堂提问技能是一项基本教师教学技能，它广泛应用在生物学课堂教学的每一个环节，并常常整合在课前自主预习、课堂导入、文本阅读、课堂讲解、课堂小结等教学技能的设计与课堂实施过程之中。通常提问技能兼心智技能和动作技能于一体，是二者共同发挥作用的一种重要的教师教学技能。一般来讲心智技能包括教师能够依据每节课的教学目标、教材内容以及学情，设计系列不同层次、不同类型的问题，并能够抓住提问时机，善于选择回答问题的对象及方式，并能够根据学生作答情况进行恰当的反馈和引导；而动作技能是指教师在课堂上提出问题时所流露出的语调表情、手势、话语停顿以及课堂走动等行为。如何培养和提高这项技能呢？我们通过对生物学课堂提问的类型、应用原则与要点等方面的认识，了解生物学课堂提问，提高生物学课堂提问的能力。

一、生物教学提问的类型

到目前为止，关于课堂提问的类型，世界各国的教育理论有各种各样的分类体系，大多数的教育理论最常采用的是根据人的认知水平来进行分类，有教育研究者根据“布鲁姆认知领域六层次理论”的中心思想，创立了“布鲁姆 特内教学提问模式”，这一模式通常把课堂提问由低级到高级分为知识水平、理解水平、应用水平、综合水平、分析水平、评价水平六个提问维度。

这也与我们新课程标准下教学目标设定所使用的行为动词相吻合。生物学新课程标准将生物学知识体系划分为记忆、理解、应用、分析、评价和创造等不同层次的认知水平。常见的课堂提问类型如下：

（一）识记性提问

识记性提问是帮助学生识记某些生物知识概念而设计的问题，主要是为了强化学生对某些生物知识概念的记忆，刺激学生最低层次的认知过程，答案往往是比较固定的，它是教师最经常提问的一种类型。这种提问模式主要是通过回忆、描述或者识别的方式帮助学生对已学过的知识进行再现和识别，用来检查学生对已学知识

的掌握情况。比如前面课程中上过的基本概念、物质分类、实验中的颜色变化。这样做的好处是通过对已学知识的重复再现，加强对记忆神经的刺激，帮助学生对知识点进行强化记忆。比如在学习“生物膜的流动镶嵌模型”时，可以让学生回忆之前学习“细胞膜——系统的边界”时所学过的细胞膜的组成成分有哪些？复习时，回忆《细胞中的糖类和脂质》中糖类的种类有哪些？分类的依据是什么？糖类有什么功能？这些都是对基础知识的记忆的一种提问方式。但是这种提问不宜在课堂上过多运用，容易导致学生的死记硬背，不利于培养学生良好的思维习惯，从而难以使知识形成体系，构建出知识的网络。但是对知识概念的识记，是学习的基础，没有基本概念的记忆，学生就没有足够的知识储备，学生就无法完成更高层次的知识学习。

（二）理解性提问

理解性提问是教师为了利用学生已经具备的知识而获得新知而设置的提问，主要考查学生的理解能力。回答此类提问，要求学生认真阅读课文，搜集已有知识记忆，运用已经具备的知识对提问进行认真地分析，给出答案。学生通过理解知识概念形成的机制，从而形成思考习惯，加深了对概念的记忆。理解性记忆，比死记硬背式的记忆效果更好，记得更牢。因此，这种提问就要求学生用自己的话对事实、事件等进行描述，或讲述中心思想，或对事实、事件进行对比，以便了解其是否抓住了问题的本质。多用于对新学知识或技能的检查，了解学生是否理解了教学内容。如阅读新课标人教版必修一课本中的“ATP 的主要来源——细胞呼吸”中有氧呼吸的过程，哪些角度总结概括整个有氧呼吸的生理过程？如何描述？在学习“酶的作用和本质”中酶的概念时，提问：生物体的酶的作用是什么？酶是在哪里产生的？具体到细胞中的哪个细胞器？为什么？酶的本质是什么？酶的概念形成包含哪些因素？这样的提问，不仅让学生学会了如何阅读教材，还让学生明白生物学知识概念形成的基本思路。在进行概念教学过程中，理解性提问是生物课堂中比较常用的一种提问类型。在设计理解性提问时，还要形成问题串，让提问层层深入，不断加深学生对概念的理解。

（三）应用性提问

俗话说，学以致用。学生学习了某个知识点，理解了知识点的基本概念，掌握了某些技能之后，生物教师可以创设情境，来要求学生运用课堂上所学的知识去解决新面临的问题。当然生物学作为自然科学，我们还是要更多地运用理解的思维方式去解决问题。比如在学习了“生命活动的主要承担者——蛋白质”中的脱水缩合的概念后，可以设问2个氨基酸脱水缩合时，脱去几个水分子？形成几个肽键？3个氨基酸脱水缩合时，脱去几个水分子？形成几个肽键？以此类推，n个氨基酸脱水缩合形成1条肽链时，脱去几个水分子？形成几个肽键？n个氨基酸脱水缩合形成2条肽链时，脱去几个水分子？形成几个肽键？n个氨基酸脱水缩合形成m条肽链时，脱去几个水分子？形成几个肽键？在学习完“ATP的主要来源——细胞呼吸”中有氧呼吸的过程，并知道了有氧呼吸的方程式后，计算有氧呼吸消耗1mol葡萄糖需要多少molO_2？产生多少molCO_2？通过这种应用性提问的设置，学生在思考和解答了提问后，能够进一步理解脱水缩合反应的过程，记忆有氧呼吸的方程式中各反应物与生成物的系数。

（四）探究性提问

探究性提问，又可以称之为分析性提问。这种提问类型主要要求学生识别问题情境中的条件，分析产生现象或结果的原因，或者要求学生找出条件之间、因与果之间的联系。目的在于引起学生的探究欲望，促使学生认真钻研文本信息和生命现象，从而提高学生的探究能力，也能更好地理解和记忆所学的知识概念。所以教师需要认真研究基本概念，设计的提问既要能够突出概念教学的重点和难点，也要能够与生活实际相联系，有助于学生将所学知识联系生活，帮助学生学会分析生活中的生命现象，养成思考的习惯。比如我们在学习了“免疫系统”中的免疫系统的防卫功能这个知识点之后，可以提问艾滋病患者在治疗过程中，为什么需要隔离到无菌病房中？患者为什么很容易患各种疾病？引起艾滋病的病毒主要攻击人体的哪种细胞，从而引起艾滋病人的免疫能力下降？再提问艾滋病为什么没有疫苗可以有效防治？艾滋病人为什么容易患癌症？从而将这里的知识与必修二的遗传相关的知识点相联系。通过这些提问，帮助学生理解和记忆人体在进行免疫调节的过程中起关键作用的细胞和免疫调节的基本流程。

（五）综合性提问

综合性提问可以激发学生的创造力及想象力，因此又可以称之为创造性提问。学生在回答这类问题时，需要在脑海里迅速地检索与问题有关的知识，对这些知识进行分析综合得出新的结论，有利于能力的培养。比如在学习了新课标人教版必修一课本中的“物质跨膜运输的实例”中有关细胞的吸水和失水的知识内容，“ATP的主要来源——细胞呼吸”中细胞呼吸的相关知识内容，以及“能量之源——光和光合作用”的相关内容之后，可以提问：为了让家里的盆栽长势良好，我们需要给盆栽浇水和施肥，但是浇水和施肥为什么要适量，而不是越多越好？为什么大家认为施加一定量的有机肥对植物生长更有利？除了需要浇水和施肥外，我们还需要怎么操作，才能让盆栽植物的长势更好呢？为什么？通过这类问题的分析与思考后，既可以让学生更好地理解各知识点的相关内容，也可以帮助学生归纳和总结各知识点之间的联系，还可以让学生学会观察和思考生活中的生物学知识，最终引导学生去思考，去创造一些新方法、新思路，起到培养和锻炼学生想象力和创造力的目的。当然，这也需要生物教师自身善于发现生活中的生物学，有各种新奇的新思维。这样才能更好地引导学生去发现，去探究。

（六）评价性提问

我们所学的教材知识，只是我们人类用已有的认知水平和认知体系对过往智者思维的归纳和总结，但并不是说科学知识就没有发展和进步的空间了。所以我在进行科学知识的学习时，既是对前人努力的继承，也是为将来的自我发展做积累，我们不仅要对前人的努力保持尊敬，也要不断地发展和改进现有的知识体系。评价性提问是指让学生运用已有知识和认知标准，对现有的过程或方法做出评判，并且引导学生去思考科学的两面性和发展性。提问中常用的词语有“根据……你能做出什么判断?”“依……标准，你认为这种做法是否合理?”等等。比如新课标人教版必修三课本“促胰液素的发现实验和赤霉素的作用”观察实验中，有没有什么不合理的地方，应该怎么处理更科学？这种的提问是没有标准答案的，主要是帮助学生去学会质疑，学会思考，当然质疑不是只会质疑，还要思考自己该如何改进，自己可以做些什么，不然只会让学生朝着空想、乱想的方向去发展，只会发展成为科学界的“键盘侠”。我们不仅要培养学生敢想的胆识，更要培养学生敢做的勇气和能力。

在这六种提问的类型中，前三种提问类型，即识记性提问、理解性提问和应用性提问，是属于低级认知层次问题，一般只有一个正确答案，学习者用所记忆的知识和对知识的理解照原样回答即可，不需要更深入的思考，对学生回答的判断也较容易，只简单地分为正确或错误。主要是为了帮助学生记忆、理解和巩固知识概念。后三种提问类型，即探究性提问、综合性提问和评价性提问，是属于高级认知层次问题，能在学习者的内心引起认知上矛盾冲突的问题，通常不是只有一个正确的答案，答案需由学生自己思考出，判断则是根据提问的意图，判断答案是否有道理，有无独创性，或者在几个答案中比较哪一个更好。这样的提问不仅是为了帮助学生理解知识点，更是为了培养的综合运用能力、实验探究能力和想象力。

二、生物教学提问的应用原则与要点

生物教学提问有多种功能，可以达到多种效果，它是生物教师应该具备的教学技能之一。生物学课堂提问这项技能需要教师在不断认识、思考、理解和应用到实践中熟练操作，从而达到课堂提问的有效性。生物教师首先应该要了解到课堂提问应该遵循的理论基础和应用原则，从而设计出符合学生认知规律的有效提问，既能吸引学生的思考和回忆，也能突出讲授知识的重难点，帮助学生抓住重点，突破难点。生物学课堂提问需要遵循不增加学生认知负荷的原则，在符合学生认知水平的前提下能够独立思考的原则，以培养学生生物学核心素养为目标的新课程理念原则，还要注意立足学生，以人为本的原则。下面我们就通过对这些原则的认识和理解，来构建生物学课堂有效提问，锻炼生物教师的课堂提问技能。

一节生物课堂中，优质的提问设计应该遵循以下原则：

（一）课堂提问应不增加学生认知负荷的原则

澳大利亚新南威尔士大学的认知心理学家约翰·斯威勒（John · Sweller）提出了认知负荷理论。认知负荷是指认知主体在信息加工过程中所需要的心理资源总量。研究认为，认知任务引起的认知负荷主要取决于三个因素：认知任务的组织和呈现、其内在本质特性和认知者的专业水平。它们对应于三种认知负荷：外部认知负荷、内部认知负荷和相关认知负荷。外部认知负荷通常被称为无效认知负荷，因为它是由认知任务的不科学设计和呈现引起的，占用了一定的认知资源。内部认知负荷是工作记忆在处理认知任务本身所包含的信息及其交互作用时产生的，主要取决于认知任务的本身和认知者的固有知识及经验背景。相关认知负荷往往被称为有效认知负荷，是由图式建构或图式自动化操作所引发的，它能促使认知主体将剩余的认知资源投入到实质性的认知加工活动中，即有效认知负荷。课堂提问是一个非常复杂的教学工程。问题形式的复杂性、问题本身的难度（即问题涉及的内容与学生知识范围的重合程度）会影响学生对问题本质的认识，影响问题的解决过程。因此，教师应使问题呈现的内容和形式更具科学性，不引起歧义，不使学生产生不必要的认知混淆，使外部认知负荷（即无效认知负荷）尽可能降至零，同时保持适度的内部认知负荷。适当增加相关认知负荷（即有效认知负荷）有利于问题的解决。在提出问题的同时，教师应根据学生已有的知识和经验，在旧图式的基础上建立新的图式，并与新的知识相联系，要求学生在思考如何顺利解决问题的过程中运用有限的精力。

为了保证在提问过程中不增加学生的认知负荷，在提问设计中需要几种有效的提问策略：

1．简洁性与科学性相结合的策略

若想达到良好的教学效果，教师必须使问题简洁明了，能准确表达问题的含义，不能有知识错误，给学生一个清晰的问题情境，既有教学难点，也要照顾学生的基本情况。也就是说，教师提出的问题应该始终从学生的知识背景出发，综合考虑学生的知识水平、技能水平和学生平时的思维习惯。

2．主体性与趣味性相结合的策略

趣味性是问题吸引学生的前提。教师应提出与学生日常生活密切相关的问题，以吸引学生的目光和注意力。当学生遇到困难时，他们的思想容易起伏波动。因此，教师在设置课堂教学过程时要注意鼓励学生努力完成每一个环节，最终解决每个环节中遇到的问题。通过发挥学生主体作用，培养每个学生的坚强意志，以兴趣引导，促进问题的解决，从而保证课堂教学的高质量完成。

3．适时性与针对性相结合的策略

高中生物教师问题串设计的时效性和针对性相结合，在课堂提问的时机上也要灵活，难度上要适中，并根据被问学生的反应情况及时调整，最大限度地发挥课堂提问的作用。每个学生的基础是不同的，这就要求我们的老师要认真负责，做个有心人，及时统计班上哪些学生处于相似的状态，哪些学生的学习习惯可以相互补充，充分发挥集体力量，有针对性地开展指导工作，在合作中创造更大的价值从而促进每个学生的长足发展。

4．适度性和渐进性相结合的策略

适度性原则可从这两个方面来理解：首先，要运用课堂提问的技巧，就要把握提问的频率，注意提问的时间控制。其次，要把握好课堂提问的难易程度，针对每类学生都不能太简单或太难。从浅到深，从易到难，从表及里，这是生物课堂提问的设计要遵循的一系列规律，让学生可以在课堂上循序渐进地接受，保证课堂教学的有序开展。

5．互动性与合作性相结合的策略

生物课堂应该是充满生机与活力、愉悦的课堂，即使遇到了难题，也可以冷静面对，积极思考，一步步抽丝剥茧式地解决。因此，生物课堂可积极发动每位同学的学习积极性和主动性，师生互动，生生互动，在互动中合作探究，共同解决难题，完成教学内容。小组合作学习的形式，不仅增进了同学们之间的情感，而且可以促进同学之间取长补短、相互学习，共同进步。

（二）课堂提问应遵循符合学生的认知水平、促进学生独立思考的原则

20世纪30年代，前苏联教育家维果茨基（Vygotsky）提出了最近发展区的概念。他指出，儿童的认知发展至少要确定两个层次，第一个层次是“现有发展水平”，即已经完成的儿童发展周期的结果和由此产生的心理机能的发展水平。第二个层次是“最近发展区”，是指儿童正在形成、成熟和发展的过程，其实质是儿童在这个发展阶段暂时还不能独立解决问题，但可以在成人或有能力的伙伴的配合和帮助下解决问题。因此，他认为教育学应当面向儿童发展的未来，以便通过教育来激发目前处于最近发展区的儿童的发展进程。运用这一理论，开发出了许多促进儿童认知发展的方法，对各学科的教学产生了很大的影响。课堂提问的本质是在当前学生的认知发展水平下，教师可以提出一些适合学生回答、学生愿意接受的问题，并能在同学和老师的提示下，在回答问题的过程中，学生通过自己的努力去解决问题并不断地建立新的知识体系，发展自己的认知能力。根据最近发展区理论，教师提出的问题应根据学生的具体学习情况，设置一定的问题情境，形成概念框架，形成若干学习共同体。例如人教版高中生物必修二课本中减数分裂、遗传学等一些难度较大的概念，学生在学习的过程中，比较辛苦、缺乏动力，导致学生不愿意参与生物课堂学习，学生往往只专注于记笔记，不关心老师的问题，或者学生不知道解决问题的方法，不能真正深入话题情境，不能一步一步地解决问题，在这种情况下，教师的自问自答就成了“满堂灌”。因此，教师必须在学生已有知识的基础上，把困难知识点转化为学生能够理解和回答的问题串，引导学生循序渐进地思考并得出结论，达到难点突破的效果。

（三）以培养学生生物学核心素养为目标的新课程理念原则

高中生物新课程实施的核心原则是提高每一位高中生的生物学科的科学素养。新课程标准是为了满足全体学生全面发展和终身发展的需要而制定的。培养学生的多方面能力和创新精神，有赖于新课标标准所倡导的探究性学习。人们的日常生活、医疗保健和环境保护都与生物学密切相关。生物学研究的最终目的是注重与现实生活的联系。

在生物课堂的实际教学过程中，教师提出的问题仍然是以记忆为主的基础性知识考察的基本问题，没有足够的启发性，难以实现提高学生的生物学核心素养的目标。学生在面对注重思维和能力考查的热点问题时，很难把教材的基础知识和题目相关的内容联系起来，思维跟不上，导致眼高手低现象的出现。在生物课堂教学过

程中，教师应增加开放性问题的设计，使学生从不同的角度思考、分析和回答出不同的答案，体现学生的高强度创造性思维过程，只要给出的理由充分，我们应该对学生的回答给予一个积极的评价。

《高中生物新课程标准》所阐述的理念为我们的课堂教学指明了方向。我们需要根据教育心理学的相关理论和课堂提问实践中发现的一些问题，科学地、有组织地、有计划地将这一理论运用到实践中，从而发现更为有利的课堂提问的方法，更好地为我们的教育教学活动服务。

（四）立足学生，以人为本的原则

正如著名教育家陶行知先生所说，“好的先生不是教书，不是教学生，乃是教学生学”。教师是“引导者”，而不是“审判者”。课堂教学不是要突出教师的照本宣科，而是要突出学生的主体性，培养学生学会学习的活动。课堂教学如此，课堂提问更是如此。课堂提问的教学不仅要“授人以鱼”，更要“授人以渔”。作为一个有学习主观能动性的学生，他是一个发展中的人，不仅要学习知识，还要学会如何学习知识。

我们的课堂提问不仅是帮助学生回忆和强化知识观念，更是帮助学生学会思考、学会学习。通过思考生物教师的课堂提问，不断发现学习规律，学会自己如何发现问题，如何提出问题。所以，当教师在课堂上提问时，应尽量避免“是不是?”“对不对?”“好不好?”应该有更多的“是什么?”“为什么?”“如何做?”这样的有效提问。学生是发展中的人，教师也是发展中的人。在教与学的相互促进下，教师的课堂提问要不断合理化，学生也要不断地思考，学会自己提问。

第三节　生物教学提问技能应用示例

一、利用提问引导的技能，帮助学生学习和理解的染色体组概念

（一）实例来源

抽象的概念，教师需要通过绘制直观的图示，并利用提问引导学生的思考与理解，可以帮助学生更好地理解抽象的概念。下面以 2007 年人教版高中生物必修二模

块《第五章　基因突变及其他变异》中的《第 2 节　染色体变异》这一节中的染色体组这个重要且较难理解的知识点为例，让我们体会各种提问方式的利用。

（二）提问的思路

染色体组的概念比较复杂且抽象，直接讲述，学生很难理解，从而很容易将概念遗忘。学习时，教师首先通过问题情境引导学生回忆和理解染色体、同源染色体、非同源染色体等基本概念，再通过提问的方式引导学生一步步理解和认知染色体组并总结概念，然后通过新的提问教会学生应用新概念，加强学生对染色体组概念的理解，以便更好地理解二倍体和多倍体与染色体之间的关系。

（三）问题的设计

首先，通过识记性提问和理解性提问引导学生回忆已学过的有关染色体、同源染色体、非同源染色体等概念。

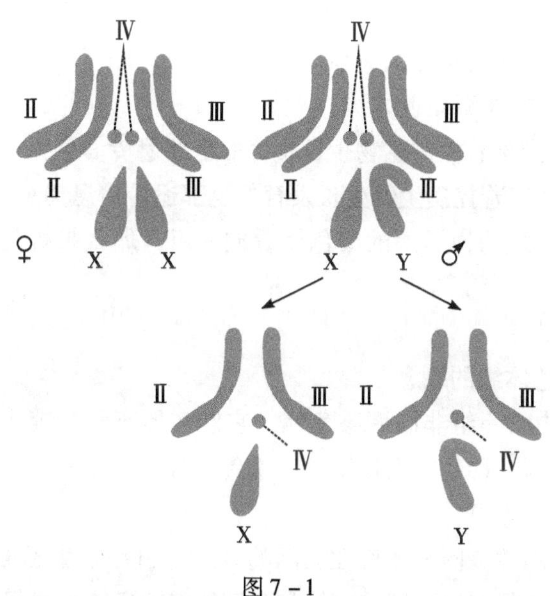

图 7－1

（1）如图 7－1 所示，这两个果蝇的性别分别是什么？判断理由是什么？

（答案：左图代表雌果蝇，右图代表雄果蝇；左图中性染色体为 XX，右图中性染色体为 XY。）

（2）果蝇体细胞中有几条染色体？其染色体的组成是怎样的？

（答案：8 条；6 条常染色体＋XX 或 XY。）

(3) 什么是同源染色体？果蝇有几对同源染色体？其同源染色体的组成是怎样的？

(答案：形状大小一般相同，一条来自父方，一条来自母方的两条染色体叫做同源染色体；4 对；3 对常染色体 +1 对性染色体。)

(4) Ⅱ号和Ⅱ号染色体是什么关系？Ⅲ号和Ⅳ号染色体是什么关系？

(答案：同源染色体；非同源染色体。)

(5) 雄果蝇的体细胞中，共有哪几对同源染色体？

(答案：Ⅱ和Ⅱ；Ⅲ和Ⅲ；Ⅳ和Ⅳ；X 和 Y。)

然后，通过理解性提问和综合性提问的方式，引导学生描述和理解减数分裂形成的精子中的染色体的类型，帮助学生构建染色体组的概念。

(6) 果蝇的精子中有哪几条染色体？

(答案：Ⅱ、Ⅲ、Ⅳ和 X 或Ⅱ、Ⅲ、Ⅳ和 Y。)

(7) 这些染色体在形态、大小和功能上有什么特点？

(答案：它们在形态、大小和功能上各不相同。)

(8) 这些染色体之间是什么关系？

(答案：它们是非同源染色体。)

(9) 它们是否携带着控制生物生长发育的全部遗传信息？

(答案：它们携带着控制生物生长发育的全部遗传信息。)

(10) 如果将果蝇的精子中的染色体看成一组，那么果蝇的体细胞中有几组染色体？

(答案：两组。)

(11) 总结染色体组的概念。

(答案：细胞中的一组非同源染色体，它们在形态和功能上各不相同，但又互相协调，携带着控制一种生物生长发育、遗传变异的全部遗传信息，这样的一组染色体，叫做一个染色体组。)

最后，通过应用性提问和评价性提问的方式，引导学生思考和应用，以理解染色体组的概念，并能很好地理解二倍体和多倍体与染色体组之间的关系。

(12) 该图细胞中，分别有几个染色体组？每个染色体组分别有几条染色体？其染色体组的组成分别是怎样的？

(答案：1 组，4 组，3 组；3 条，2 条，5 条。染色体组的组成如图 7 -2。)

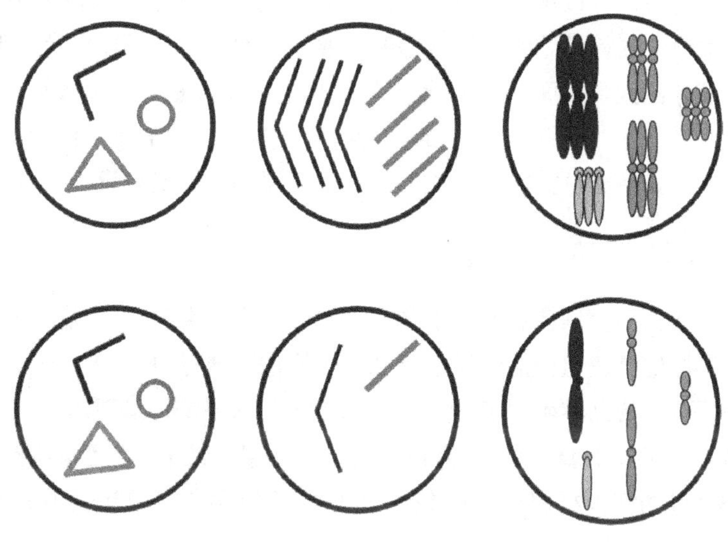

图 7－2

（四）设计的意义

本问题的设计，利用教材已有的图示，充分挖掘了课本资源，也没有过多地运用额外图式增加学生的认知负担。问题的设计都充分根据最近发展区理论，利用学生已经学过的知识点，层层递进，不断引导，帮助学生一步步地得出本节课的知识概念，再通过新问题的解决，帮助学生更好地理解和巩固刚刚学到的知识概念。提高了学生生物学核心素养，养成了理解生物学新概念形成规律的习惯，提高了学生理解生物、学习生物的能力。

记忆性的问题，可以让学生快速回忆并回答，锻炼学生快速提取大脑信息的能力，也可以控制好课堂节奏，为思考性的问题提供充足的思考时间。通过提炼染色体组的概念，帮助学生学会如何形成生物学概念的基本流程（本质是什么？如何形成的？有什么样的功能?）。

二、利用提问引导的技能，帮助学生学习和理解噬菌体侵染大肠杆菌的实验过程

（一）实例来源

生物学实验是高中生物学科学习的重难点，也是生物高考中必考的要点。通过

实验的设计和理解，可以帮助学生更好地了解生物学科科学事实的来源，培养学生生物学核心素养中的科学思维和科学探究。通过提问的方式可以引导学生理解实验，思考实验，设计实验。下面以2007年人教版高中生物必修二模块《第三章　基因的本质》中的《第1节　DNA是主要的遗传物质》这一节中的噬菌体侵染大肠杆菌的实验为例，体会如何通过提问的方式教会学生理解和认知实验设计的科学原理。

（二）提问的思路

本章教材在初中生物课和高中生物必修一《分子与细胞》的基础上，从分子水平上进一步详尽地阐述遗传的物质基础和作用原理。通过对DNA是遗传物质的实验证据的理解，可以帮助学生对遗传有更深入的理解和认识。《DNA是主要的遗传物质》这一节主要讲述了DNA是遗传物质的直接证据，其中，“噬菌体侵染大肠杆菌的实验”中良好的实验材料、新的技术和原理的应用，可以更直观地让人们认同“DNA是遗传物质”的结论。

（三）问题的设计

先通过记忆性的识记性提问、理解性提问和应用性提问帮助学生快速提取已有知识体系，回忆病毒的相关知识点；再通过探究性提问、综合性提问和评价性提问锻炼学生的科学思维和科学探究的能力，了解生物学实验的基本方法和原理。

（1）噬菌体是哪种类型的生物？其生活方式是怎样的？

（答案：病毒；只能寄生在大肠杆菌的活细胞中。）

（2）噬菌体是如何繁殖后代的？

（答案：噬菌体的遗传物质进入大肠杆菌后，利用大肠杆菌中的营养物质和条件，合成并组装成新的噬菌体。）

（3）能不能直接用含有^{35}S和^{32}P的普通培养基来培养噬菌体？为什么？如何培养出含有^{35}S和^{32}P的噬菌体？

（答案：不能；因为噬菌体只能寄生在大肠杆菌的活细胞中，不能用普通培养基来培养噬菌体；先用含有^{35}S和^{32}P的普通培养基来培养大肠杆菌，再用被^{35}S和^{32}P标记的大肠杆菌活细胞来培养噬菌体，这样就可以获得含有^{35}S和^{32}P。）

（4）能不能用^{32}P和^{35}S同时标记噬菌体？为什么？

（答案：不能；生物学中的探究实验，需要分组进行对照和对比，才能够得出结论，所以此实验中，要用^{32}P和^{35}S分别标记噬菌体以区分DNA和蛋白质，起到相互对照比较的目的。）

（5）能不能用^{14}C和^{18}O标记噬菌体？为什么？

（答案：不能；实验设计的原理是需要将DNA和蛋白质区分开进行对照比较，DNA和蛋白质中都含有C和O，用^{14}C和^{18}O标记噬菌体，无法起到区分DNA和蛋白质来相互对照比较的目的。）

（6）如何检测并判断哪种物质遗传给了后代？

（答案：噬菌体的遗传物质可以侵染大肠杆菌，利用大肠杆菌中的营养物质和条件，合成后组装成新的噬菌体。通过检测哪种物质进入到大肠杆菌和子代噬菌体中来判断哪种物质是遗传物质。检测物质种类的方法是先将未进入大肠杆菌的物质和大肠杆菌分离后离心，然后检测上清液和沉淀物中的放射性情况，就可以判断哪种物质进入到大肠杆菌并传递给后代，进入大肠杆菌的物质就是遗传物质。）

（7）根据课本内容和图7－3所示，按照实验设计的方式，用文字书写本实验的实验思路、实验结果和结论。

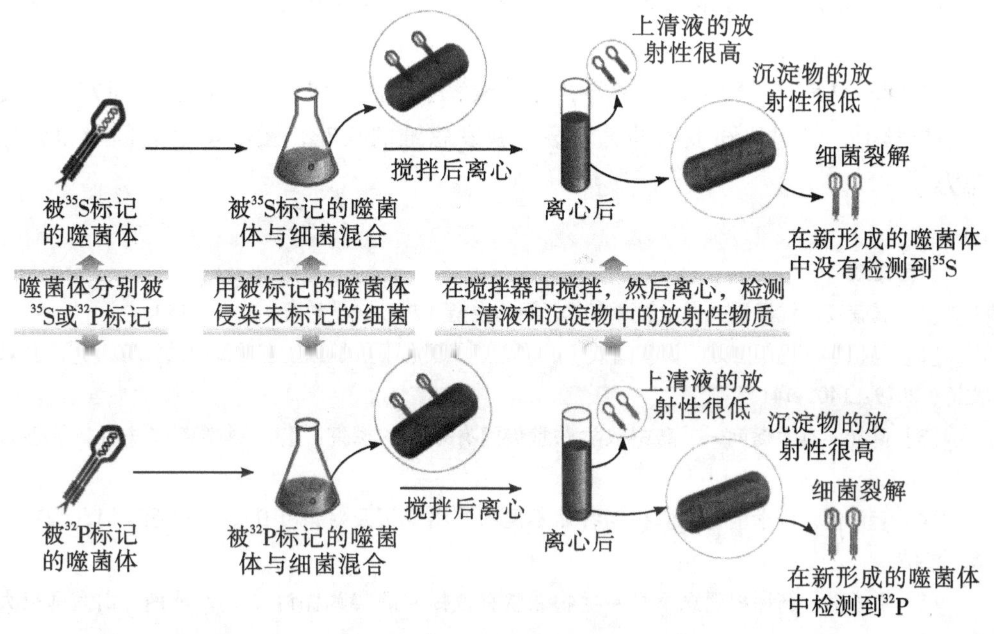

图7－3　噬菌体实验

（答案：

①思路

甲组：将^{32}P标记的噬菌体和未标记的大肠杆菌混合培养。培养一段时间后，搅拌离心并检测上清液和沉淀物的放射性，以及检测收集的子代噬菌体的放射性。

乙组：将^{35}S标记的噬菌体和未标记的大肠杆菌混合培养。培养一段时间后，搅拌离心并检测上清液和沉淀物的放射性，以及检测收集的子代噬菌体的放射性。

②结果及结论

甲组上清液的放射性低，沉淀物的放射性高，收集的子代噬菌体中有的有放射性，有的没有放射性，说明 DNA 进入大肠杆菌并遗传给了子代噬菌体，DNA 是遗传物质。

乙组上清液的放射性高，沉淀物的放射性低，收集的子代噬菌体全部没有放射性，说明蛋白质没有进入大肠杆菌，也没有遗传给子代噬菌体。）

（四）设计的意义

通过提问引导学生回忆已有的知识点，在最近发展区的基础上，用更深层次的提问，引导学生去思考实验的本质、实验的方法和原理。最后再通过书写实验思路、实验结果和结论，锻炼学生的科学思维能力，养成科学探究的习惯，提高学生生物学学科的核心素养。

提问不只是鼓励学生口头回答，更是激发学生的思维活力。通过不同方式的提问引导学生，引起认知上的冲突矛盾，激发思维的火花，激活学生的创造力和想象力。

参考文献

[1] 雷锡琦．浅谈语文课堂教师有效提问的类型［J］．文学教育，2019：190.

[2] 马祖学．提问有效　课堂高效——核心素养理念下数学课堂有效提问的探究［J］．科教文汇，2019：140－141.

[3] 陈楠．有效提问——高中数学课堂提问有效性的探究［J］．科学咨询（科技管理），2019：158.

[4] 程海霞．中学生物课堂提问答而不准的原因分析及对策［D］．石家庄：河北师范大学，2007.

[5] 张永芳．新课程理念下高中生物课堂有效提问的实践探讨［D］．济南：山东师范大学，2016.

[6] 汪明，曹道平．基于认知负荷理论的有效教学设计研究［J］．现代教育技术，2013，05：16－19.

[7] 袁维新．维果茨基最近发展区理论及其对生物教学的启示［J］．外国中小学教育，2003，08：31－33.

第八章　生物教学试误技能

第一节　生物教学试误技能概述

一、试误技能的概念

试误技能，是指在课堂教学中教师创设情境，鼓励与推动学生不断尝试，并对学生尝试行为的结果提供及时反馈，使学生在尝试过程中错误出现的频率逐渐减少，错误的性质不断向有利于学生学习的方向变化，直至学生能避免和杜绝错误的行为方式。

试误技能一词源于美国心理学家桑代克的“尝试错误说”。桑代克运用实验方法，证明学习过程是一种渐进的、尝试错误的过程，在这个过程中，无关的错误反应逐渐减少，而正确的反应最终形成，因此他提出：“尝试与错误是学习的基本形式”。学习者在学习时，必然会出现一些错误，因此必须重复练习，不断尝试，使错误一一得到修正，直到学习成功。

在教学中，企图让学生完全避免错误是不可能的，也是没必要的。相反，某些情况下教师需要有意识地让学生专门进行“试误”活动。错误是正确的先导，是试金石。当学生学习中出现了错误，教师应正视“错误”，探究其背后的成因与价值，多角度多维度地去探索纠错方法。心理学家盖耶曾说：“谁不考虑尝试错误，不许学生犯错误，就将错过最富成效的学习时刻。”运用试误技能，一方面可充分暴露学生思维的薄弱环节，以便对症下药；另一方面，错误是正确的先导，有时错误比正确更具有教育价值，正如教育家波普尔所说：“错误中往往孕育着比正确更丰富的发现和创造因素，发现的方法就是试错的方法”。因此，在教学中适当运用试误技能，充分暴露错误，深刻剖析错误，可使学生从中审视、体验和反思，从而引起知错、改错、防错的良性反应。

二、试误技能的作用

孔子曰："不愤不启，不悱不发，举一隅不以三隅反，则不复也。"试误技能正是使学生处于"愤""悱"状态，在教师的引导下能纠正顽固的错误习惯，扎实掌握所学知识和科学方法，并能领悟科学家的思想，培养学生严谨的学习态度和大胆创新的科学精神。具体说来，试误技能在生物学课堂中的作用主要表现在以下几个方面。

（一）有利于开阔学生的思维空间

对于教师来讲，"授人以鱼，不如授人以渔"。教学是提升学生思维的教学，思考必须是学生主动参与的过程，无论教师讲解得如何精彩，都无法代替学生的思考。正因有这样一个思维的过程，受学生原有的知识水平和个性差异的影响，在知识内化的过程中出现各种各样的错误是完全正常的。

在生物教学中，学生犯错并不可怕，可怕的是教师不知道学生是真错还是假错，不知道学生为什么会犯错，不能正确辨认学生是认知性错误还是非认知性错误。如果课堂上不给学生暴露错误的机会，那么学生"隐藏"的错误迟早要在考试中暴露出来；如果学生的错误得不到及时消除，学生的错误就会越积越多，影响后续的学习与发展。试误技能，让学生有机会在生物课堂教学中大胆回答问题，积极认真去思考相关的问题，并全面展示自己真实的思维过程，进而充分暴露思维中的错误，查找错误发生的确切原因，使教师的课堂教学更具有针对性。错误是结果，思维是过程；错误是表象，思维是本质。暴露错误就是暴露学生错误的思维过程。针对学生的错误，把握学生的思维，因材施教，因错而教，是提高生物课堂教学质量的有效措施。同时通过问题的暴露，能让学生明白知识的缺陷、思维中的错误，经过引导、纠正，让学生留下深刻的印象。

试误，要求学生对问题进行重新审视，认真独立思考，去发现题中的错误之处，实际上开拓了学生学习生物的思路，锻炼了学生的创造性思维。试误，还要求不同的学生能积极参与问题的讨论，提出自己的不同看法，综合在一起，就形成了比较全面的观点，有利于锻炼学生思考生物问题的全面性；而争辩必有所感、所悟，提高了学生思考问题的深刻性。虽然学生的错误类型各不相同，但其中不乏一些具有闪光点的"错误"，尤其是那些蕴含着独有的思维特点和潜在的创造性想法的"错误"。因此，教师要善于区分错误，善待有价值的"错误"，辩证思考、去伪存真、合理利用，引发学生的创新思维。

联合国教科文组织第十九次国民教育国际会议资料中指出："应当研究学生所犯错误，并把错误看成是认识过程和认识学生思维规律的手段。"试误技能有利于开阔学生的思维空间，培养学生思维的批判性、全面性、深刻性与创新性。

（二）有利于完善学生的认知结构

学生生物学习中的错误，除了思维方式错误外，认知结构缺陷也是造成错误的主要原因之一。教师要分清错误的性质是粗心大意的非结构性错误，还是理解性的结构性错误。对于前者，提醒、指正即可；对于后者，教师则要善加利用，帮助学生逐步形成知识结构，直至完全掌握。

高中学生的大脑中已经形成一定的认知结构，它是学生生活经验、学习体验与心理相互作用的产物，不仅包括生活常识、生物基础知识、生物知识的逻辑关系、解决生物问题的方法技巧和认知监控，还包括一些不正确的认知。无疑，学生认知结构的形成，需要教师的正面引导。然而，有时正面的讲授往往很难打破学生原有的知识结构，起不到明显的教学效果，就会出现"重复讲了好几遍，但学生还是错"的情况。

恩格斯指出："无论从哪方面学习，不如从自己所犯错误的后果学习来得快。"在学生的"错误"中，往往包含着学生真实的学习心理，也包含着学生所特有的认知结构。教师只有正确对待了学生的错误，认同了学生的错误，才能让学生消除害怕的心理，及时打破原有的认知结构，走出困惑，主动建构新知识，提高学生的生物学科素养。学生通过自我尝试甚至走弯路出差错体会到的，才是更深入、更具体验性的知识、能力和情感。因此，试误技能有利于巩固生物基础知识，加深对概念、定理、性质的掌握与理解，提高课堂效率，更有利于完善学生的认知结构。

（三）有利于促进学生的深度学习

大多数情况下，学生在生物课堂上暴露出的错误尽在教师的意料之中，是教师的欲擒故纵之计。这些错误作为有价值的"反面教材"，能引起学生的兴趣，刺激学生的思维，激发对错误的思考。而在思考的过程中，学生必然要回忆、联想、分析、比较、归纳、推理、综合、运用，从而能够促进学生的深度学习。当然也有一些错误是教师所"意想不到"的，这就需要教师以灵动的教学机智，分析、判断这些错误的教学价值，化节外生枝为水到渠成，满足学生的心理需求，帮助学生深度学习。及时修正错误，使学生对所学知识和技能有更准确、更深刻的理解和掌握。

教育心理学研究也表明：学生从错误中获得的认识远比从正确的结论中获得的认识来得深刻。

（四）有利于培养学生的健康心理

时代的飞速发展，对每个学生来说，不但是机遇和挑战同在，而且往往成功与挫折并存。为使学生能适应社会的现实，必须培养他们较强的心理适应性和心理承受力。顺应时代要求，新一轮课程改革不仅要求学生成为学习的主体，也同样重视学生学习品质的培养。试误技能对学生受挫能力和健康心理的培养是有益的。所以在生物教学中教师要改变“教鞭作风”，鼓励学生不怕错误，大胆探索创新，必要时对学生进行试错训练，让学生感受学习中的错误、挫折，并冷静分析受挫的根源，在困难中奋起，进而提高自己的受挫能力，培养学习生物所必须的学习品质。

（五）有利于激发学生的学习兴趣

我国传统的教学方法，往往重“教”轻“学”，重“知”轻“思”，重“灌”轻“导”，学生往往是被动的接受器，教师把正确的观点、方法、答案输送给他。这种单一的教学模式，很容易引起学生听觉与视觉的疲劳，而且这种方式强调了被动的一面而忽视了能动的一面，压抑了学生学习的主动性、积极性、创造性，大大降低学生的学习效率，严重的还会扼杀学生学习生物的兴趣。而试误技能在很大程度上改变了学生学习的被动状态，挖掘学生的好奇心理特点，调动课堂气氛。教师有意“犯错”，学生主动发现并积极“探究”错误的成因，从而激发了学生学习兴趣，刺激了学生学习欲望，变被动为主动，变苦学为乐学。学生在发现错误、修正错误的过程中，还能体验成功的愉悦，实现自我价值，有利于增强学生信心，从而进一步激发学习兴趣。

总之，错误人人会犯，可贵的是从“错误”中找到宝贵的学习财富。教师在平时的教学中运用试误技能，必须用敏锐的眼光去捕捉、去发现学生学习中的“错误”，提炼“错误”中的可贵东西，变“废”为“宝”。

第二节　生物教学试误的类型、应用原则与要点

一、试误技能的类型

根据教师对学生错误的处理方式，可将试误技能分为顺水推舟法、展开辩论法、层层剥笋法、障碍突破法、未雨绸缪法、先纵后擒法、歧路分析法、亡羊补牢法等类型。

（一）顺水推舟法

有些错误常常似是而非或者较为隐蔽，不易被学生识破。当学生出现这种情况时，教师可以不正面点破，先假设学生是正确的，因势利导，顺着学生的思路引发下去，使其错误之处暴露无遗，促使学生幡然醒悟，产生一种强烈的警醒效果，实现对知识的准确、深入和全面的理解。

例如在学习《光合作用》时，根据光反应只发生在光照下的思路，学生会望文生义，得出“暗反应只发生在黑暗条件下”的结论，此时教师可先不急着否定学生，而是引导学生继续观察教材上的光合作用图解（图 8－1），暗反应需要光反应为其提供 ATP 和［H］，从而使学生明白暗反应只是不需要光，但在黑暗下若消耗完光反应提供的 ATP 和［H］后，暗反应就不能进行了。这个过程也有利于帮助学生理解光反应和暗反应的相互关系。

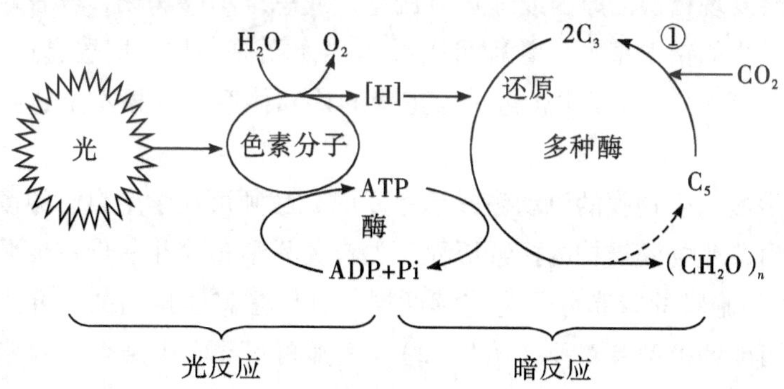

图 8－1　光合作用过程

苏霍姆林斯基说过：“任何一种教育现象，孩子在越少感到教育者的意图时，

它的教育效果就越大。我们把这条规律看成是教育技巧的核心”。这种“将错就错、顺水推舟”的手段，既能让学生明确产生错误的原因，又能及时寻找到改正错误的方法，更能从对错误的反思中，提高辨析错误的能力，尽可能做到少犯错，甚至不犯错。学生自主探索的纠错效果远胜于教师的直接告知。

（二）展开辩论法

本·迪斯累里说：“雄辩是知识之子。”真理总是越辩越明。针对学生对生物概念和原理理解得不够透彻与清晰，容易导致出错的情况，教师可以有的放矢地选编一些“模棱两可”的题目，在易混易错的知识点上巧设“陷阱”，诱使学生误入“歧途”，从而引发思维冲突，然后再组织学生展开辩论，在辩论中切中问题的“要害”进行破解，使学生觉醒于错误之中。

例如，在学习《从生物圈到细胞》时，有的学生对“生命活动建立在细胞的基础上”这个概念理解得不够透彻，可以组织学生对“人工合成了脊髓灰质炎病毒，是否意味着人工制造了生命”这个辩题展开辩论。病毒是一种不具有细胞结构的生物，不能独立生活，只能寄生在活细胞中才能生活，因此，尽管人工合成了脊髓灰质炎病毒，但不意味着人工制造了生命，通过辩论，学生慢慢明晰“生命活动建立在细胞的基础上”。

（三）层层剥笋法

有时学生虽然刚在一处纠正了错误，但可能还会在另一个与之相关的地方出错，这说明学生的错误根源没有得到彻底清除。对学生在生物学习过程中所犯的错误细加分析，就会发现错误的原因或理解有偏差，或思维不够深刻，或看待问题的方式不同。针对学生的错误根源，教师可引导学生像剥笋一样，层层递进，步步深入，让他们“心服口服”，从而建立起新的正确的认知体系，从根本上达到解一题、通一类的目的。

例如在学习《生物膜的流动镶嵌模型》时，教师可让学生自己阅读教材，按时间顺序整理出“生物膜结构的探索历程”的有关科学实验并一步一步得出结论（表8-1）。其中细胞膜的磷脂分子为连续两层，具体是怎样排列的，可让学生自主构建出模型，可能的模型有4种（图8-2），教师再引导学生结合“磷脂分子头部亲水，尾部疏水”“糖蛋白有识别作用”等知识进行分析，逐步得出合理的模型为C。此过程像层层剥去笋衣一样，帮助学生梳理并体验结构模型的建构方法，同时理解并能够描述流动镶嵌模型的基本内容。

表 8-1　生物膜结构的探索历程

年代	科学家	科学实验	结论
19 世纪末	欧文顿	用 500 多种物质对植物细胞进行的通透性实验，发现可以溶于脂质的物质更易通过细胞膜	膜是由脂质组成的
20 世纪初		从红细胞中分离出细胞膜进行化学分析	膜的主要成分脂质和蛋白质
1925 年	两位荷兰科学家	从细胞膜中提取的脂质铺成的单层分子面积是细胞膜的 2 倍	细胞膜中脂质为连续两层
1959 年	罗伯特森	在电镜下看到细胞膜有蛋白质-脂质-蛋白质三层结构	生物膜为静态的统一结构
1970 年	弗雷和埃迪登	分别用绿色和红色荧光染料标记两种细胞的蛋白质，将两细胞膜融合，两种荧光均匀分布	细胞膜具有流动性
1972 年	桑格和尼克森	在新的观察和实验证据基础上	提出生物膜的流动镶嵌模型

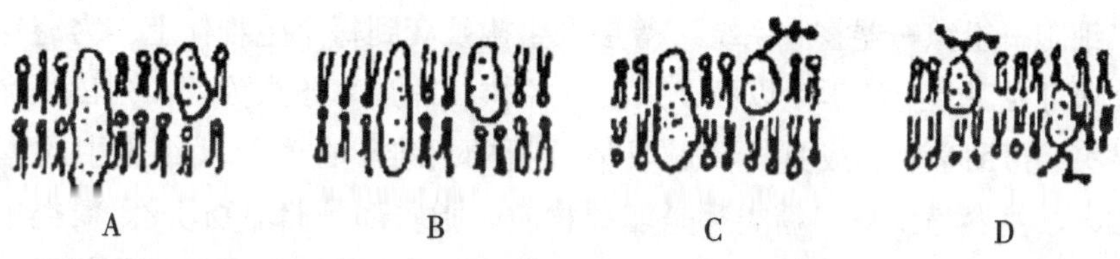

图 8-2　生物膜的磷脂双分子层模型

（四）障碍突破法

学生在解题过程中，思维往往会在解题的某个环节受阻，思维之翼难以展开，思维活动停滞不前。学生解题错误的原因是多方面的，有时错解也有其合理的一面，往往是在解题的某个关节点上发生障碍而导致错误的。教师要善于分析学生错误中的合理成分，研究它的起因，把握它与正确方法之间的关系，帮助学生打通关隘助其成功。

例如在《细胞的多样性和统一性》一节中要求学生学会使用高倍显微镜观察细胞，部分学生用高倍镜找不到观察对象，原因可能是：①学生直接使用高倍镜观察，这样往往由于观察的对象不在视野范围内而找不到，因此教师需要提醒学生先用低倍镜观察清楚，并把目标移到视野中央，再换高倍镜观察；②学生在低倍镜下将目标移到视野中央后，通过调节粗准焦螺旋把镜筒升高后才转换成高倍镜，此时教师需提醒学生在低倍镜下将目标移到视野中央后直接转换成高倍镜，再慢慢转动细准焦螺旋微调即可。另外，临时装片的制作也是难点，学生容易犯的错误是：用的材料过多，切片太厚，不盖盖玻片，或盖盖玻片的方法不当，压片的方法不当，气泡太多而不容易观察到细胞，等等。学习使用高倍显微镜观察细胞的过程中注意事项和细节过多，一一强调会使学生产生疲倦感，让学生自己动手操作，教师观察并从中分析造成学生错误的“关节点”，为学生提高正确的示范和指导，帮助学生有效突破障碍，更好地掌握高倍显微镜的使用方法。

（五）未雨绸缪法

教师在备课时，要根据学生知识、能力基础的实际，结合平时的教学经验，准确地预测出学生在学习过程中可能会遇到的疑难问题，进而在学生容易出错的知识节点上巧妙地优化角阀，帮助学生正确理解和把握生物知识，尽早消灭可能出现的错误，让学生少走、不走弯路。

例如在学习《从生物圈到细胞》中“生命系统的层次”这个知识点时，学生容易将“细胞—组织—器官—系统”等层次生搬硬套到每个生物体上。为避免这个问题，教师可在课堂上请学生以一个人、一棵树、一只草履虫为例，列出生命系统的不同层次，帮助学生养成具体问题具体分析的思维。在学习《细胞中的糖类和脂质》时，学生容易误解“糖类都是能源物质，脂质都是储能物质”。糖类中的纤维素、五碳糖等不是能源物质，而是结构物质；脂质中的脂肪属于储能物质，但磷脂是结构物质，性激素是调节物质，不可将“脂质”等同于“脂肪”。此时教师可设计辨析题，让学生判断并举例说明，把可能出现的错误消灭在萌芽状态。

（六）先纵后擒法

针对学生在掌握知识的过程中由于概念理解不够深透与清晰，从而导致的容易出错的情况，教师可以在教学时有的放矢地选编一些“似是而非”的题目，在易混易错的知识点上巧设“陷阱”，诱使学生误入“歧途”，从而引发思维冲突，然后再切中问题“要害”进行破解，使学生觉醒于错误之中。

例如在学习《生命活动的主要承担者——蛋白质》时，教师可先给出一些氨基酸的分子结构，让学生归纳出氨基酸的结构通式，再给出一些有迷惑性的分子结构让学生进行判断其是不是氨基酸（图 8 - 3），让学生进一步深化概念：每种氨基酸分子至少都含有一个氨基（—NH_2）和一个羧基（—COOH），并且都有一个氨基和一个羧基连接在同一个碳原子上。

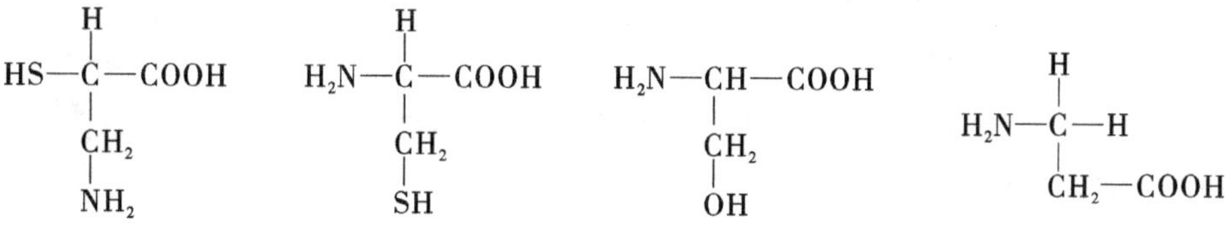

$$\begin{array}{ccc} & H & \\ & | & \\ HS- & C & -COOH \\ & | & \\ & CH_2 & \\ & | & \\ & NH_2 & \end{array} \qquad \begin{array}{ccc} & H & \\ & | & \\ H_2N- & C & -COOH \\ & | & \\ & CH_2 & \\ & | & \\ & SH & \end{array} \qquad \begin{array}{ccc} H_2N- & CH & -COOH \\ & | & \\ & CH_2 & \\ & | & \\ & OH & \end{array} \qquad \begin{array}{ccc} & H & \\ & | & \\ H_2N- & C & -H \\ & | & \\ & CH_2 & -COOH \end{array}$$

①　　②　　③　　④

图 8 - 3　判断是否为氨基酸的分子结构

（七）歧路分析法

由于错觉定势的消极作用，有些错误的观点可能顽固地扎根于学生的头脑中，在讲解时，教师可以故意循着学生的“常见病”“多发病”的错误思路“不知不觉”地一直分析下去，观察学生能否发现，借此了解错误观点并训练其警觉性，如此经常训练，可帮助学生克服学习中的“顽症”。

例如在学习《细胞中的能量“通货”——ATP》时，学生经常将 ATP 水解与放能反应相联系，但从图 8 - 4 可直观看到 ATP 水解释放的能量是提供给各类生命活动的，如葡萄糖和果糖合成蔗糖等吸能反应，因此 ATP 水解应与吸能反应相联系。与此相反，ATP 合成与放能反应相联系，最常见的放能反应是呼吸作用。

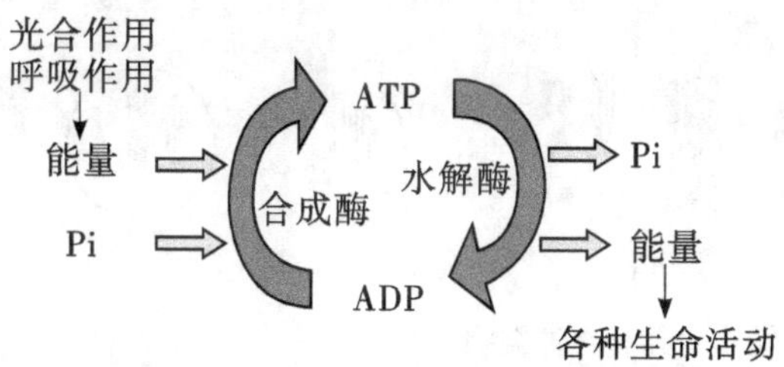

图 8 - 4　ATP 的合成与水解图示

在学习《细胞的衰老和凋亡》时，学生常犯的错误是认为被病原体感染的细胞或癌变细胞的清除属于细胞坏死，教师可以通过播放动画或图片（图 8 - 5），让学生直观看到被病原体感染的细胞或癌变细胞的清除途径：效应 T 细胞与被病原体感染的细胞膜或癌变细胞膜上的受体结合，激发被病原体感染的细胞或癌变细胞死亡信号导致凋亡的发生，而不出现坏死所伴随的炎症的发生。

（八）亡羊补牢法

教学中，教师针对学生平时练习中出现的差错，在及时指导矫正的同时，可把学生一阶段时间内学习某部分知识过程中所出现的种种错误记录下来，分类整理，设计成错误辨析题。教学时，教师有目的地给出各类错析题，直接把错误暴露给学生，让学生尝试训练，然后再抓住错误结果，对学生的知识缺陷进行补缺补漏，提高对错误的警觉性。根据再错率的统计分析，除认真修正外，还应针对各类错误概括总结预防策略，从根本上解决问题。

病毒
宿主细胞
病毒攻击宿主细胞
被病毒感染的宿主细胞（靶细胞）
效应T细胞
效应T细胞与靶细胞密切接触
靶细胞裂解死亡

图8－5　效应T细胞诱导靶细胞凋亡

例如在学习《基因突变及其他变异》时，学生容易将“基因突变中的碱基对缺失”与“染色体结构片段缺失”“交叉互换”与“易位”混淆，教师将这些易错点整理在一道典例中（图8－6），让学生独立完成典例后，再一一纠正错误或补充知识漏洞，从而让学生通过比较图示、文字表达来区分相关概念。

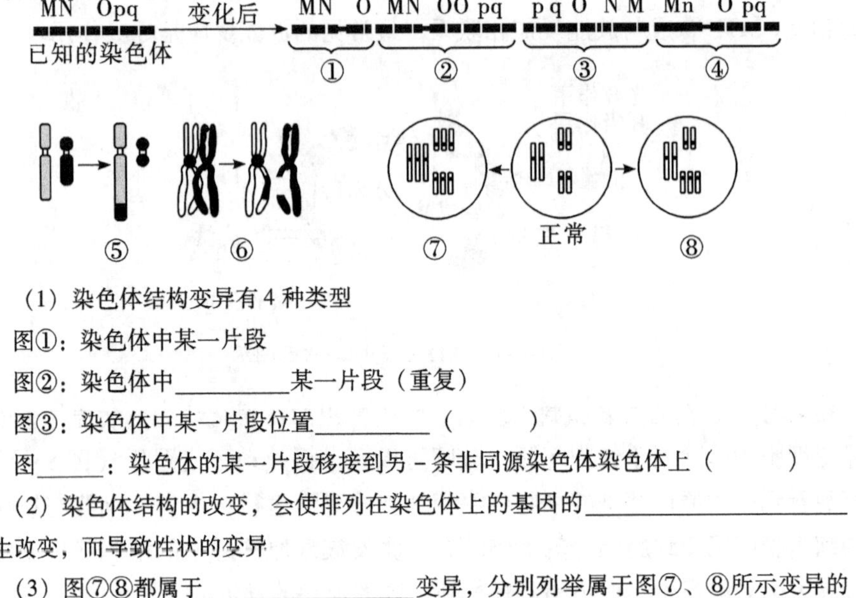

（1）染色体结构变异有4种类型

图①：染色体中某一片段

图②：染色体中__________某一片段（重复）

图③：染色体中某一片段位置__________（　　　）

图______：染色体的某一片段移接到另－条非同源染色体染色体上（　　　）

（2）染色体结构的改变，会使排列在染色体上的基因的____________________发生改变，而导致性状的变异

（3）图⑦⑧都属于________________变异，分别列举属于图⑦、⑧所示变异的

例子：____________、____________

（4）图④表示哪种变异？____________；图⑥的变异类型是____________；

（5）DNA 分子上若干基因的缺失或重复（增加），属于哪种变异？____________；

DNA 分子上若干碱基对的缺失、增添，属于哪种变异？____________。

图 8－6　《基因突变及其他变异》典例

二、试误技能的应用原则与要点

英国心理学家贝恩布里说过："差错人皆有之，作为教师不利用是不能原谅的。"要利用好生物课堂上的"错误"，教师在运用试误技能时应遵循以下基本原则。

（一）设错要有代表性，注意使用尺度与频率

通常情况下，学生的有意注意不能保持太久，学习兴趣也很难长久维持，因此选择的错误要具有代表性，使用时要注意尺度与频率，切忌一味滥用。正确恰当地将错误引入教学过程能够帮助学生更好地理解和掌握知识；而滥用错误则会使学生盲目，降低学生对新知识的认识水平。实践证明，在开始第一个知识点讲解时教师适时地用了"试误"教学手段，它吸引了学生的注意，提升了学生的兴趣，增强了学生学习的积极性，效果比较理想。接下来的课程中，教师又连续使用"试误"教学手段，学生会渐渐出现烦躁情绪，对于教师故意出错或者自己陷入老师的"圈套"的情况，缺少了新鲜感，注意力大大降低，学习气氛明显下降。

（二）设错要有科学性，难度符合学生实际

维果斯基的"最近发展区理论"，认为学生的发展有两种水平：一种是学生的现有水平，指独立活动时所能达到的解决问题的水平；另一种是学生可能的发展水平，也就是通过教学所获得的潜力。两者之间的差异就是最近发展区。教学应着眼于学生的最近发展区，为学生提供带有难度的内容，调动学生的积极性，发挥其潜能，超越其最近发展区而达到下一发展阶段的水平，然后在此基础上进行下一个发展区的发展。因此，运用试误技能时，设置错误的知识深度要合适。教师在创设情境、引诱学生犯错或者教师主动制造错误时，难度应该在学生的最近发展区内。对于一眼就能够看出的陷阱和错误很难引起高中生极大的兴趣，若难度过大，学生往

往会找不到解决问题的突破口而无从下手，久而久之就会失去学习的积极性。

（三）设错要有目的性，服务于重难点的突破

试误技能往往是从反面作为知识点的切入口，对教师和学生都有较高的能力要求。要想运用好试误技能，首先教师要对可能出现的错误具备充分的预见性的能力，而且要对容易出现问题的部分进行评估，要求选择的内容是重要的关键点且是学生容易犯错的部分，如果教师不能准确地估计到学生可能会在哪里出问题，那就没办法准确地给学生设下“圈套”，更谈不上使学生通过“圈套”，引发其认知矛盾，激发其求知的激情和愿望。对错误的预见能力并不是一朝一夕的事，需要对教学目标有深入的分析，要有丰富的资源积累。同时，错误的设计往往是只服务于课堂上重点、难点的突破，切勿任意地展开，无限制地延伸，否则会使学生好不容易发现了错误，却根本解决不了其在课堂上所产生的各种困惑，造成教学效率的低下。

（四）试误要有生成性，巧妙开发错误资源

对每一位学生而言，造成错误的原因是多方面的，教师不仅要宽容学生学习过程中所犯的错误，更要巧妙地利用学生所犯的错误资源，使错误成为课堂教学亮点的同时促进学生逆向思维发展。课堂中学生所犯的错误，蕴涵着学生原汁原味的思维过程，教师应及时地识别学生学习过程中所犯的错误，把错误当成一种难得生成的资源加以开发利用，并对错误进行引导和化解。同时，教师还应对学生经常发生的错误加以总结，及时帮助学生找出错误的原因，并加以纠正。换一个角度，换一种思路，往往会引发出更多的新意，产生更好的效果。

（五）纠错要准确、适时，不包办代替

无论采取哪种方法纠正错误，都应力求准确适时。如果教师的纠正模棱两可，学生便会无所适从，更加模糊。纠正不适时，便会造成对“正确”印象不深，或对“错误”念念不忘。试误技能的应用是让学生在不断地走弯路中获得知识，培养能力。学生初做一件事，可能会很笨拙，可能花费了很长时间，却劳而无功。心急的教师往往按捺不住，披挂上阵。所以，教师在运用试误技能时要注意，在课堂上要给学生思考的时间和空间，鼓励学生大胆尝试，积极参与，切不可因为时间紧迫，采取教师提出错误样本自己解决问题的包办模式。要警惕我们的好心滥用，它常常会剥夺学生尝试、体验错误的机会，成为阻止学生探索，妨碍学生成长和自我实现的罪魁祸首。对待学生在主动探索过程中所犯的错误无论是事先设计还是“课堂意

外”，教师都应该妥善解决，以提高学生主动参与课堂的积极性。

（六）鼓励要及时、耐心，不急于求成

苏联著名教育家苏霍姆林斯基曾说过：“教师无意中的一句话，可能造就一个天才，也可能毁灭一个天才。”由此可见，教师的鼓励对于培养学生自信心、激发学生学习兴趣是多么重要。当学生受挫时，及时予以鼓励，使学生获得继续尝试的勇气，增加探索的兴趣。要给予学生明确的概念，同时需要给予学生更多锻炼的机会，培养学生的试错能力。学生需要从相关的错误经历中去体会思维的过程，通过错误的实践，掌握基本知识。教师“引导”学生走进“陷阱”，并不是一种终极考验，而是为了使学生能够从“陷阱”中一步一步地走出来，得到某种经验，然后继续去寻找新的答案，这就是所谓的“山穷水复疑无路，柳暗花明又一村”。如果置学生错误理解思路而不顾，急于亮出教师预先设计好的答案，那么不仅错过了培养学生试错能力的机会，而且容易挫伤学生的自尊心、自信心。学生的学习过程，是一个不断尝试，不断修正，逐步逼近客观事实或真理的过程。既然是一个过程，就需要让学生充分去经历，去体验，去回味，去思考。而经历、体验、回味、思考都需要以有充足的时间为前提。这个过程中，我们可以提示，可以提供适当的支持，但心急不得，需要有鼓励“孩子，你慢慢来”的耐心。

（七）评语要确切、生动，不讽刺挖苦

学生在心理上有一种荣誉需求，教师对这种需求的满足会使学生产生一种学习的内驱力，推动学生更加努力地学习。当学生的学习或行为出现了错误，或因不听劝告而吃了苦头时，教师要做的，不应是唠唠叨叨或训斥一顿，而应因势利导，不露声色，使之既接受了教训，又改正了错误。常言道：“打铁看火候。”教师的评价应择机而发，因势利导，确切生动，一方面要让学生充分感受到爱，肯定已有的成绩，意识到自身的优点，另一方面也要让学生看到自己的不足，认识自身与更高水平的差异，以激发学生内在的潜能，实现自我发展。

第三节　生物教学试误技能应用示例

在一节课中，试误技能不宜运用太多，教师可根据教学目的的要求、教学内容的需要、教学对象的特点等方面选择应用一两种合适的试误技能。表 8 – 2 以人教版

高中生物必修三“种群的概念”为例，示范几种不同类型的试误技能：

表 8－2 不同类型的试误技能

试误技能类型	教学过程
先纵后擒法	先让学生回忆必修一中的“生命系统的结构层次”，教师引导学生必修三教材的前 3 章是从个体这个层次来学习的，第 4 章及以后的学习将要从比个体更高一点的结构层次进行学习，由此引出种群的概念。由于学生对种群的概念已有一定的了解，可以让学生列举具体事例
展开辩论法	针对学生列举的事例，让学生展开辩论，判断哪些属于种群，并用自己的语言阐述种群的概念
未雨绸缪法	教师展示教材中的概念：种群是指在一定自然区域内的同种生物的全部个体的总和。明确 3 个关键词：一定区域、同种生物、全部个体。并展示练习题，让学生进一步学会用以上 3 个关键词来判断“种群”：在一个池塘内，属于种群的是（　　） A. 青蛙和蝌蚪的总和　　B. 全部鱼类的总和 C. 水绵和水螅的总和　　D. 全部生物的总和
障碍突破法	以上练习，学生错误的原因可能是种群三要素掌握不全，也可能是生活常识不够，教师要适当补充常识：青蛙和蝌蚪是同种生物、鱼类分为不同的物种、水绵和水螅属于不同物种，从而帮助学生突破解题障碍
亡羊补牢法	教师展示反例：判断以下哪几个选项属于种群？ ①校园内某个花坛中各种各样的草；　②某农户屋前后两个池塘中全部的鲫鱼；③蝗灾发生地上东亚飞蝗的全部幼虫；④一个教室中的全体师生。 通过易错例题尝试把学生在理解种群的概念中易出现的错误暴露出来，也进一步加强判断“种群”概念的方法
层层剥笋法	学生通过种群的三个要素，层层剥笋分析，可知反例①不符合“同种生物”；反例②不符合“一定区域”；反例③不符合“全部个体”
顺水推舟法	但根据种群的三个要素，学生很容易判定反例④“一个教室中的全体师生”属于种群，这样的推断过程看似没有问题。那“错”究竟在哪里？此时教师如果直接采用机械式的“拨乱反正”，将无法达到其应有的教学价值。教师先假设反例④是正确的，引导学生回忆必修二中学习过的“种群是生物进化和繁衍的基本单位”，让学生觉悟：种群不等于个体简单累加，种群内个体之间通过特定关系构成一个整体，表现出个体不具有的特征

续上表

试误技能类型	教学过程
歧路分析法	通过这些反例的讨论，学生头脑中关于“种群的概念”逐步明晰化：种群作为宏观和群体水平上研究生物的基本单位，它绝不是个体的简单累加，种群内的个体之间通过特定关系构成一个整体。明确“种群是物种的具体存在单位、繁殖单位和进化单位”这一概念的本质

参考文献：

[1] 李红梅. 在数学课堂中实施尝试错误教学的探索 [J]. 科学大众·科学教育，2012 (4)：40.

[2] 周光辉. 运用尝试错误教学法有效提升高中化学教学效率 [J]. 科教文汇，2014 (273)：63－164.

[3] 邵丹玮. 以“错误”为线索进行“种群的特征”一节的教学设计 [J]. 生物学教学，2017，42 (6)：54－55.

[4] 顾钱军，蔡振伟. 体育课堂教学中“错误”资源的有效利用——以《双手胸前传接球》一课为例 [J]. 教学月刊小学版（综合），2019：51－54.

[5] 许岩. 浅谈“尝试错误”法在体育教学中的应用 [J]. 教育与职业，2006 (17)：181－182.

[6] 李鹏鸽，张旭凌. 化学教学技能研究——关于试误技能的探讨 [J]. 中学化学教学参考，1997 (163)：14－16.

[7] 黄云霞. 化学“尝试错误”教学的意义与策略 [J]. 现代中小学教育，2015，31 (2)：68－70.

[8] 林耀敏. 高中数学“尝试错误”教学策略和探索 [J]. 福建基础教育研究，2014 (02)：43－45.

[9] 张佳富. 创建化学思维课堂要引导学生尝试错误 [J]. 中学化学教学参考，2015 (7)：27－28.

[10] 华利平，金新英. 尝试错误法在化学教学中的应用探讨 [J]. 教学月刊（中学版），2008 (11)：23－25

[11] 潘振嵘. 尝试错误——学习的“催化剂” [J]. 数学通报，2003 (9)：36－37，46.

[12] 陶友华. “尝试错误法”在职业中学应用文教学中的运用 [J]. 职业技术，2006，22 (62)：66.

[13] 周远喜. “尝试错误”教学法在语文教学中的运用 [J]. 中小学教学研究，2002 (1)：31－32.

[14] 于雷涛. “试误”教学法在中职美术设计教学中的应用研究 [D]. 烟台：鲁东大学，2014.

第九章 生物学课堂结束技能

第一节 生物学课堂结束技能概述

一、结束技能的概念

结束技能，也称结课技能，通常是指完成一个教学内容或活动时，教师用简短的几分钟富有艺术性地对当堂所学知识和技能进行归纳总结和转化升华，指导学生及时将所学知识系统化、概括化并加以巩固和应用的一种教学行为方式，是帮助学生完成知识结构化的重要环节。

叶圣陶说："结尾是文章完了的地方，但结尾最忌的确是真的完了。"结尾并不是"完了"，如何使每节课的结束起到画龙点睛、扩展知识、承前启后、形成知识系统的作用，是一节课的重要部分。需着重指出的是，虽然课堂教学的结束环节是结束技能的重点应用环节，但是结束技能并不仅仅局限于一节课的结束，也经常用于一章、一个单元或一个问题结束时对所学知识的概括和整理。教学是分单元、分阶段进行的，每个阶段都有每个阶段的任务，每个阶段都应该有一个开始和结尾，因此，结束技能是贯穿于整个教学过程中、对教学效果有重要影响的一项重要的教师技能，是教师进行生物结构化教学应当掌握的基本功。

二、结束技能的作用

明代学者谢榛说过："起句当如爆竹，骤响易彻；结句当如撞钟，清音有余。"同样道理，课堂的结尾也应当设计得如此余味无穷，表面上是课堂教学的终结，实质上是本堂课的总结、升华和延伸，又是后继课堂的基础和准备。出彩的结束技能能够高效率地帮助学生巩固和深化所学的知识技能，把新旧知识联系起来，形成良好的知识结构，并让学生产生"课虽尽，趣犹存"的感觉，真正对生物学感兴趣。

具体说来，结束技能在生物学课堂中的作用主要表现在以下几个方面：

（一）巩固知识，强化要点

信息输入大脑后，遗忘也就随之开始了。遗忘的进程并不是均匀的，随时间的推移，遗忘率先快后慢，特别是在刚刚识记的短时间里，遗忘最快，这就是著名的艾宾浩斯遗忘曲线。遵循艾宾浩斯遗忘曲线所揭示的记忆规律，及时地总结和复习可以有效预防学习之后的快速遗忘，提高学习记忆的效率，且当堂的及时回忆要比几小时以后回忆的效率高得多。而结束环节正是起到了及时复习、巩固新知的重要作用，是提高课堂教学有效性的重要一环。

由于生物知识中所涉及的抽象概念、规律等比较多，因此一堂课的教学不可能让每一位学生都掌握全部内容，把教学内容完全搞通弄懂。而且学生思维活动的水平是随时间变化的，一般在课堂教学开始 10min 内思维状态逐渐集中，在 10 ~ 30min 内思维处于最佳活动状态，随后思维水平逐渐下降，下课前几分钟，学生的注意力经过发散期之后进入反弹期。心理学对人的“注意规律”研究表明：人在注意力集中的情况下，更能清晰、完整、迅速地认识事物、理解事物。教师应抓住注意力的反弹期，对教学内容进行总结和归纳，让学生对教学内容建立完整的印象，有针对性地巩固所学知识，对重点、关键问题进行深化和升华，从而突破教学重点、难点。

例如学习人教版高中生物必修一第 3 章第 1 节“细胞核——系统的控制中心”，为帮助学生对细胞核的结构和功能建立完整的印象，加深对“结构决定功能”这一生物学原理的理解，在结课时可用 2 分钟以图文并茂的形式进行归纳（图 9－1）。

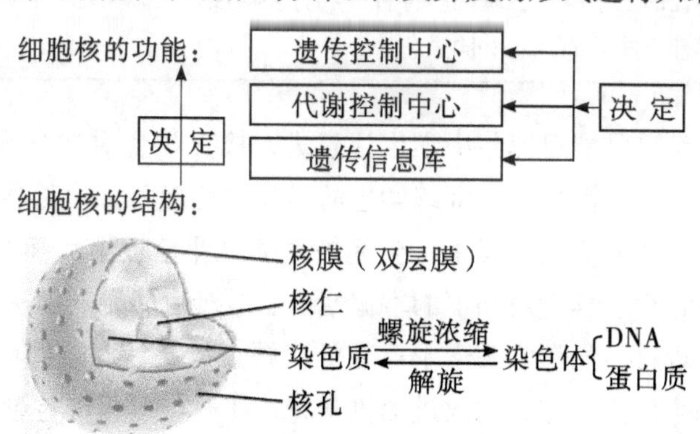

图 9－1 细胞核的结构和功能

同时，根据近因效应，人们识记一系列事物时对末尾部分项目的记忆效果优于中间部分项目。这一研究更加验证了结束环节在巩固知识、强化要点方面的重要作用。

（二）及时反馈，教学相长

学生是学习的主体，学生们的学习状况是衡量一堂课成功与否的关键，而结束环节正是检验教学效果的关键环节。学生对新知识的理解往往只是表面的，若在结课时通过教师的精心设计，有针对性地采用口头问答、作业练习、讨论等结束技能，可从一定程度上了解学生的掌握情况，及时发现学生在知识理解中存在的问题，从而进行有针对性地讲解，对教学内容进行补充，使当堂问题当堂解决，不断完善课堂教学，以达到良好的教学目标，提高课堂教学有效性。

比如人教版高中生物必修二第7章第2节“现代生物进化理论的主要内容”中核心概念比较多，且分4小节呈现，学生容易顾此失彼，可以在结束环节以问题形式提问学生或组织他们讨论，教师予以适当的指导和归纳如下（表9－1）。

表9－1　现代生物进化理论的主要内容

生物进化的基本单位：种群
生物进化的实质：种群基因频率的改变（定向）
决定生物进化的方向：自然选择（定向）
生物进化的原材料：突变和基因重组（不定向）
物种形成的必要条件：隔离
物种形成的三个环节：突变和基因重组、自然选择、隔离
新物种产生的标志：生殖隔离
生物多样性的三个层次：基因多样性、物种多样性、生态系统多样性
生物多样性形成的原因：共同进化

这种形式的结尾既能迅速集中学生注意力，检查学生对教学重点内容掌握的程度，又能激发思维，加深理解，训练学生的口头表达能力，同时避免了讲授的重复。

教师在结束技能的应用过程中，会促进教师对课堂教学目标的完成情况、教学方法的应用是否合理、学生对知识的掌握情况、重难点问题的解决情况等进行反思，使教师很容易发现自己的课堂教学中存在的优缺点，并针对这些问题进行深入的分析研究，为教师今后教学方式的改进提供素材，使教与学相得益彰。

（三）承前启后，衔接知识

每节课都是一个独立的整体，但其独立性是相对的。生物的每个知识点、框题、单元和每本教材之间都是具有内在逻辑联系的，在课堂教学中要注意这些内容之间的衔接，尤其要注重新旧知识之间的衔接。

教师通过精心设计结束环节，建立新旧知识的联系，缩短学生现有认知结构与最近发展区的距离，为深入学习新知识打下基础。比如学习人教版高中生物必修二第2章“基因和染色体的关系”，教师可以在结束环节与学生一起回顾孟德尔、萨顿、摩尔根等科学家所用的研究方法及结论，比较其异同，并抛出问题：“基因在染色体上，而染色体是由蛋白质和DNA组成的，那么基因的本质是蛋白质还是DNA呢？”这样既可以衔接上第1章学习的孟德尔遗传定律，又可以引出第3章“基因的本质”。

结束技能的良好应用，能够起到巩固新知识，联系旧知识的作用，使知识系统完整，脉络清晰，并且能够为后面新知识的学习起到提示、奠基的作用。

（四）设置悬念，激发求知

兴趣是最好的老师。美国心理学家布鲁诺指出：“教学过程是一种提出问题和解决问题的持续不断的活动，思维永远是从问题开始的。从教育心理学的观点看，设疑能激发学生的学习兴趣，进而开发学生的想象力和创造力。”在每一堂课的结尾巧妙设置悬念，能诱发学生的求知兴趣，促使学生在求知欲的驱动下自主参与生物学习，对下一轮生物学习活动产生积极影响。为此，教师要仔细分析上下两节课间的联系，在某些课之结尾，设计好富有挑战性、启发性的问题，造成悬念，激发学生的求知欲望。

例如学习完“光合作用的原理”后，教师可以为下节“光合作用原理的应用”的学习设下悬念：“农业生产上许多增加农作物产量的措施，是为了提高光合作用的强度。可以通过哪些调控环境因素的措施来增加光合作用强度呢？”学习完“基因工程”后，教师可以提出问题：“基因工程技术可以按照人类意愿改造生物性状。那么能不能用基因工程改造人类的缺陷基因？”解决生活生产中的实际问题能让学生体验将知识学以致用的满足感和成功感，激发学生思维想象的浪花，调动他们的积极性，使学生产生渴望知道下文的迫切心理。

良好的结束是激发学生求知欲的关键，主动、自觉地投入学习中，变被动的“要我学”为主动的“我要学”。

（五）延伸拓展，指导实践

有限的课堂时间中所能教授的内容也是有限的。结课时要充分发挥教师的主观能动性，形式多样，生动活泼，适当采用开放型的结束方式，从不同角度、不同侧面活化知识、点拨思维，鼓励学生采用发散思维，培养他们丰富的想象力，激发学生进一步学习的积极性和热情，使知识得到活化和升华。教师可以采取多种手段来巧设任务，引发学生在课下的探索与思考，可以通过布置实践活动、设置课后思考题等方式来引导学生思维的拓展。例如在讲解完人教版高中生物选修一专题1课题1“果酒和果醋的制作”后，教师可以布置学生在课下制作一个简易的发酵装置，结合果酒、果醋的制作原理，比较使用该装置的不同之处，观察、记录并分析果酒和果醋制作过程中产生的现象，从而让学生发现课外的生物现象，逐步实现对生物知识的熟练应用。一段时间后，集中分享发酵成品，汇报实践成果，教师的总结部分注意引导学生进行自主交流、欣赏和评价，使学生掌握多种技能方法，体验实践成功的快乐，也会激发学生课后自主实践的热情。

借助生活实例、生产应用等资源进一步升华课堂教学主题，帮助高中生明确生物科学的实际价值，引导学生自主探究生活中的生物规律，促使学生积极迁移生物知识，以课外拓展实践进一步丰富高中生利用生物知识解决现实问题的有效经验，使其形成正迁移与应用的意识。

课堂的结尾对教学的成功与否发挥着关键作用，在生物学课堂中教师必须掌握科学的结束技能，合理利用课堂的结尾时间来巩固学生知识、发散学生思维，从而促使学生乐学、活学、会学。

第二节　生物学课堂结束的类型、应用原则与要点

一、结束技能的类型

结束技能的分类方式有很多，根据各参与主体的地位，其类型可分为教师主导方式和学生主导方式；根据思维发散程度，其类型可分为封闭式和开放式；根据教学目标，可分为以“知”结束法、以“能”结束法、以“情”结束法……

本文根据其作用，将结束技能的类型分为归纳式、反馈式、衔接式、悬念式、拓展式。

（一）归纳式结课

归纳式结课通常有四种具体的形式：一是语言归纳结课法；二是板书归纳结课

法；三是表格归纳结课法；四是图示归纳结课法。

1. 语言归纳结课法

结课时，教师可根据知识间的内在联系，用简洁、流畅、准确的语言对整节课的主要内容归纳总结，使知识条理化地再现出来。意在让学生由博返约，纲举目张，既能构建知识网络，又能提炼升华。特别是如学完“DNA 分子的结构”知识后，利用 DNA 的“五、四、三、二、一”进行归纳：

“五”：五种元素——C、H、O、N、P；

“四”：四种碱基对应四种脱氧核苷酸；

“三”：三种物质——磷酸、脱氧核糖、含氮碱基；

“二”：两条脱氧核苷酸长链（碱基对有 A 与 T、G 与 C 两种配对方式）；

“一”：一种空间结构——规则的双螺旋结构。

在结课环节纳入口诀数字归纳，可以有效解决高中生物课堂知识点繁多致使学生容易遗漏的问题。如“ATP 的结构”可巧记为“123”（1 个腺苷、2 个高能磷酸键、3 个磷酸基团）；“微量元素”可谐音巧记为“新木桶碰铁门”；“蛋白质的功能”简记为“构催运免调”；“显隐性判断方法”可巧记为“亲不同子同，亲同子不同，同的一方性状为显性”（不同性状的亲本杂交⇒子代只出现一种性状⇒子代所出现的性状为显性；相同性状的亲本杂交⇒子代出现性状分离⇒亲本的性状为显性）；“低倍显微镜的操作”可数字记忆为“1 取 2 放 3 安装，4 转低倍 5 对光，6 上装片 7 下降，8 升镜筒 9 观察”……。

2. 板书归纳结课法

大部分教师都有边讲课边板书的习惯。板书是教师对本节授课内容高度浓缩化、条理化的展现，勾勒出课文内容的核心、重难点，提纲挈领。结课时通过回顾板书，上课所讲授的内容便一目了然，便于理解、记忆，也有助于学生形成系统的知识结构。板书一般简明扼要，而且保持具有持久性，既节省了结课所用时间，又便于学生记忆、分析、消化新知识。如学习了“种群的特征”，板书将种群的各个特征呈现出来，结课时可以边归纳边在“→”上标出例子或它们的相互关系，形成紧密的知识网络结构，概念全而不乱，便于学生理清各个概念之间的关系（图 9-2）。

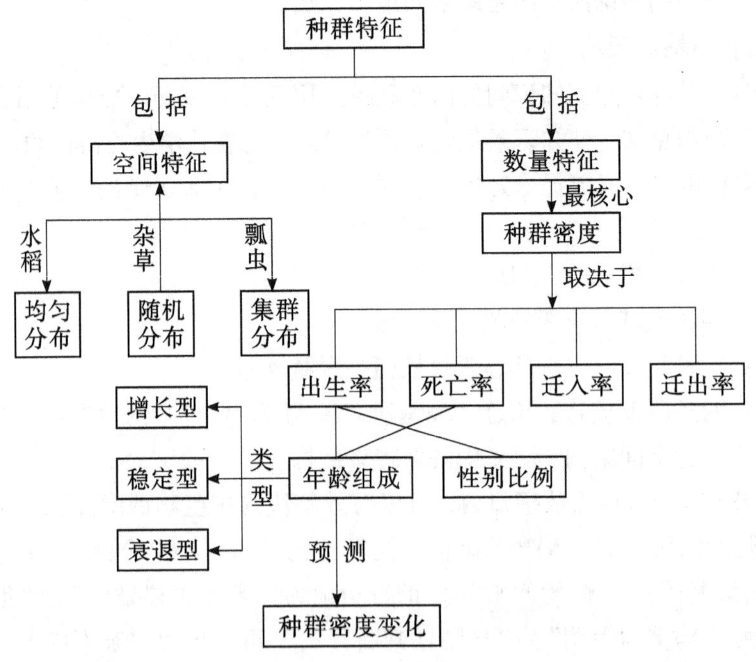

图 9－2　“种群特征”板书

3. 表格归纳结课法

在课的结尾，把与教学内容有内在联系或相关的原有知识进行对比分析，一方面帮助学生认识各种事物间的联系和区别，掌握它们的共性和特性，抓住事物的本质；在对比过程中，强化新知识的理解和记忆，防止学习中的负迁移。另一方面也能帮助学生及时把新知识纳入已有的知识体系中，使新旧知识融为一体，连成线、结成网、形成块，达到系统化、结构化。从而把握住特点，总结出规律。如学习了“基因突变和基因重组”后，可以把细胞分裂与生物变异的关系列表进行对比（表 9－2）。

表 9－2　细胞分裂与生物变异的关系

时期	变化特点	变异的来源
有丝分裂间期	DNA 复制	基因突变
减Ⅰ前的间期		
减Ⅰ前期	同源染色体的非姐妹染色单体交叉互换	基因重组
减Ⅰ后期	非同源染色体自由组合	基因重组

4. **图示归纳结课法**

图示可以把各部分内容及相互之间的联系清晰、简明地展现了出来。利用图示产生的视觉刺激，可有效地吸引学生的注意力，带动学生的思维，对学生记忆、理解知识，把握前后知识的逻辑联系以及建构知识体系都很有帮助。

如学完“染色体数目的变异”知识后，可以给出二倍体、多倍体、单倍体的示意图（图9－3～9－6）和判断流程图（图9－7）。

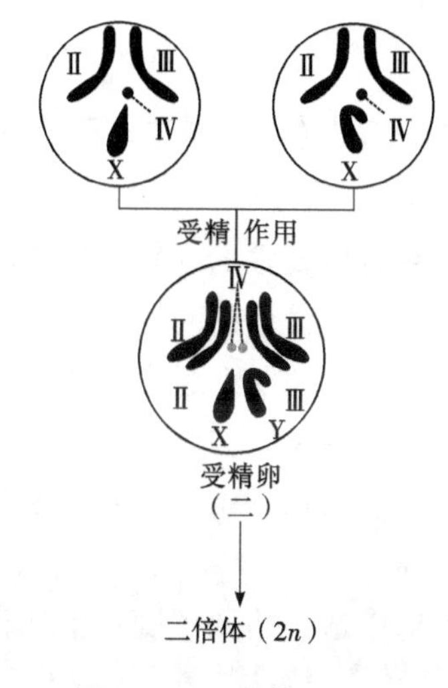

图9－3　二倍体示意图

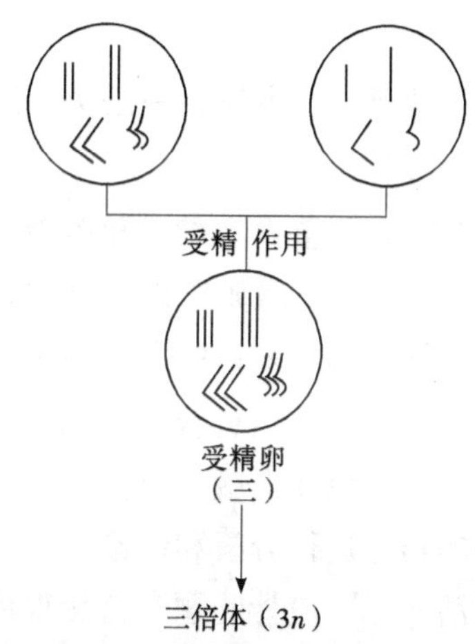

图9－4　三倍体示意图

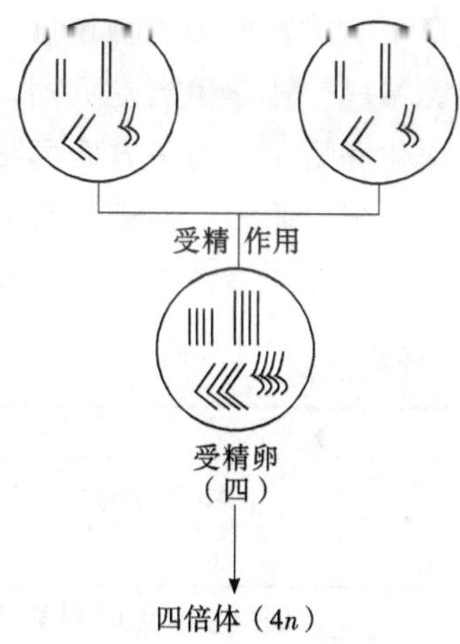

图9－5　四倍体示意图

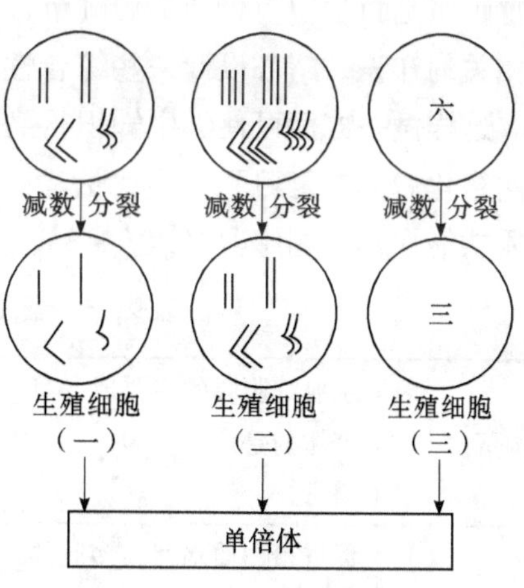

图9－6　单倍体示意图

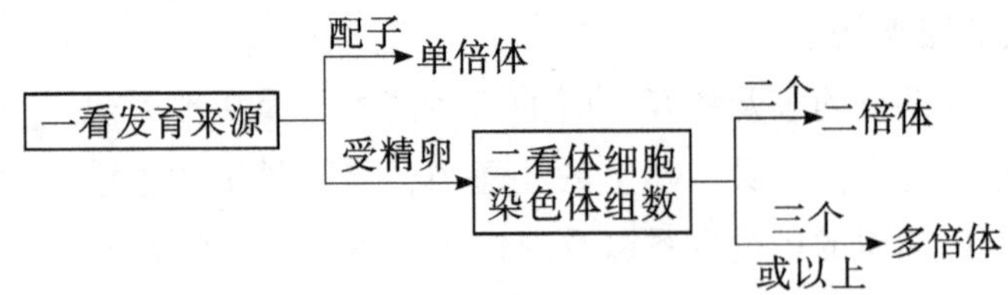

图9－7　“二看法”判断单倍体、二倍体与多倍体

（二）反馈式结课

反馈式结课有三种方法：一是提问结课法；二是练习结课法；三是活动结课法。

1. 提问结课法

教师围绕教学的重点、难点和关键，设计富有启发性的问题，在课的结尾提问学生或组织他们讨论，教师予以适当的指导和归纳。设计的问题要注意把知识和技能有机结合，把生物学知识的掌握与生活实际有意识地联系起来。如教学“其他植物激素”知识后，结尾这样设计：面对半青不熟的水果，你认为应当使用乙烯利催熟吗？如果你是水果摊老板，或作为一个消费者、科研人员、果农，你怎么看？请从各自不同的角色进行分析和讨论。

结合生活实际，设计问题，自然得体，力求渗透，达到“随风潜入夜，润物细无声”的境界。

2. 练习结课法

课堂练习是教学中不可缺少的环节，在课堂结束阶段，教师围绕教学内容，联系与其相关的知识，精心设计一些综合性较强的练习题，让学生当堂巩固，边议论边小结。这样做一方面可使学生知识得到巩固、深化和矫正，另一方面可帮助学生把知识网络化。如在复习了《生命活动的承担者——蛋白质》一课后，可以给出关于蛋白质功能多样性的练习（表9－3）。

表9－3　蛋白质功能多样性

结构蛋白	组成细胞膜的主要成分是________和________，构成核糖体的是________和________，染色体的主要组分是________和________。
催化作用（酶）	促进蛋白质水解为多肽的________，催化多肽水解为氨基酸的________，基因工程的________和________，以及促进光合作用和呼吸作用有关的酶等。

续上表

运输作用	红细胞中的______________是运输氧的蛋白质，参与细胞主动运输的______________是蛋白质
调节作用	由垂体分泌的促进生长发育的______________和调节其他内分泌腺活动的各种____________，能调节血糖含量和糖类代谢的______________和______________，维持水分平衡的______________
免疫作用	由浆细胞产生的______________，由效应T细胞产生的能增强淋巴细胞免疫功能的某些______________
信息传递作用	在细胞膜上与糖类结合的______________，有识别并传递信息的作用

3. **活动结课法**

结课时，教师可以设计一些改错评价、实验操作、知识竞赛、辩论、表演等活动，检查本节课的教学效果，了解学生学习中的困难和对知识的掌握程度。中学生的年龄特点决定了他们富有激情，思维活跃，热爱比赛，喜好活动性思维的课堂。

例如在高中生物必修一《细胞器——系统内的分工合作》教学中，为了避免形成教师讲、学生听这种机械记忆的结课方式，可让同桌二人一人画植物细胞的亚显微结构图，另一人画动物细胞的亚显微结构图，用关键词简单标出细胞器的功能，然后交换结构图，相互进行评改。学习高中生物必修二《DNA分子的结构》一课，结课时可让学生用模型零件搭建出DNA双螺旋结构的模型，可以检查学生对DNA的化学组成、基本单位、平面结构、空间结构等特点的掌握程度。在高中生物必修一《物质跨膜运输的方式》一课的结束时，可采用学生抢答知识的竞赛结课方式，即教师说出不同的物质（氧气、酒精、水、甘油、生长激素、性激素、乙酰胆碱、无机盐、葡萄糖进入哺乳动物成熟红细胞……），各组学生按规则抢答该物质进出细胞属于何种运输方式。这样的竞赛活动，不仅能使课堂的新知识得到及时的运用，使学生的思维得到有效的训练，也有助于教师更好地了解学生对本节知识的掌握情况，为下节课更有针对性的教学做好铺垫。

新颖的结束技能会使课堂气氛活跃，促进师生情感交流，有助于师生活动的顺利进行，而且提高学生学习兴趣和教学成效。

对于反馈式结课，无论是学生一个主动的发言、一个有价值的问题、一个激烈的争辩还是一个逻辑性的解题过程，教师都应及时给予表扬和鼓励，使学生获得成功的体验，进一步激发学生的积极性和主动性。

（三）衔接式结课

衔接式结课法有两种方法：一是首尾呼应结课法；二是承前启后结课法。

1. 首尾呼应结课法

生物课堂教学，若能使首尾衔接自然，前后呼应有序，达到浑然一体的境界，可使授课主题得到升华，也能给学生以不小的惊奇。这是指如果导入用问题式开头，那么在结束时，老师对问题应有一个清晰、明确的答案，使学生不致产生歧义，达到前后呼应；如果以讲故事开头，结束时要将故事的结尾告知学生，或让学生自编结尾，达到首尾呼应；如果以诗词或歌曲开头，则可以用与之相辅的结尾结束，给人以活泼的意犹未尽的感觉。

例如在高中生物必修三“生态系统的能量流动”一课中，开课时是以故事情境导入——“假如你像小说中的鲁宾逊那样，流落在一个荒岛上，那里除了你能利用的水以外，几乎没有任何食物，而你随身尚存的食物只有一只母鸡和15kg玉米。你认为以下哪种生存策略能让你维持更长的时间来等待救援？策略一：先吃鸡，再吃玉米；策略二：先吃玉米，同时用一部分玉米喂鸡，吃鸡产的蛋，最后再吃鸡。”结束时让学生利用“能量流动的特点”分析得出应选策略一，若选策略二则增加了食物链的长度，能量逐级递减，最后人获得的能量较少。学习“植物生长素的发现”，以“为什么一枝红杏出墙来”导入新课，结课时要请学生结合生长素的产生、运输和分布等知识给出一个准确无误的答案——“生长素在尖端产生，受单侧光影响由向光一侧横向运输到背光一侧，再极性运输到尖端下部，造成背光一侧的生长素含量多于向光一侧，因而引起两侧的生长不均匀，背光一侧生长速度快，植株向光弯曲生长。”

首尾呼应的结课方式水到渠成，自然妥帖，不仅对教学内容、教学活动起到系统概括、画龙点睛的作用，还能启迪学生的思维，在潜意识中培养了学生运用所学知识解决实际问题的能力。

2. 承前启后结课法

这种方法不只是总结本课的内容，而是向前后拓展。知识的联系是紧密的，这种联系性体现在知识间的逻辑性和系统性上，新旧知识之间往往存在着一定的内在联系，结课的一个重要功能就是将学生所学的知识进行整合，使之系统化，形成网络系统。教师也可以在结课时为新课的教学意境做出铺垫，使新旧知识的衔接自然，过渡顺利。

如在学完“基因指导蛋白质的合成”后，可以把前面学习的“基因是有遗传效应的 DNA 片段”和本课的知识点组合成概念图（图 9－8），并提出问题：①你能够从这个概念图中总结出遗传信息的流动方向吗？②你认为基因怎样控制生物的性状呢？为下一节课作好铺垫。使前后课时互相联系，形成整体。

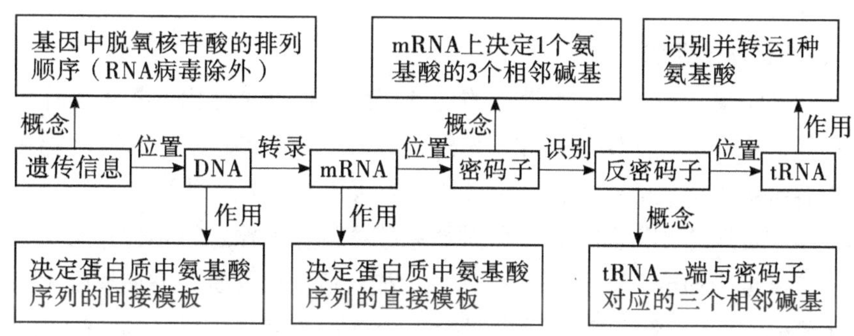

图 9－8　遗传信息、密码子与反密码子

（四）悬念式结课

此类结课方式适合于前后知识有密切联系的教学内容。悬念是一种很好的兴奋剂和强力黏合剂，在结课环节设置悬念，犹如乐曲终了时留下袅袅不绝的余音，使得上下节课程的衔接环环相扣，为下一节教学埋设伏笔，同时吊足学生的胃口，营造学生急切期待下节课解疑释惑的心理氛围。

例如在高中生物必修一“ATP 的主要来源——细胞呼吸”学习结束时，教师可以留下问题：“为什么对板结的土壤要及时进行松土？为什么稻田需要定期排水？为什么包扎伤口要用疏松透气的创可贴？酿酒的原理是什么？”这样的结束，保持和升华了学生探究知识的热情，促使学生课后用心去研究教材，想方设法寻找解答，达到“课虽完，思未尽”的教学效果。在高中生物必修二“染色体变异”结课环节，留下问题：“21 三体综合征小孩的形成是父亲还是母亲的问题？有何症状？可以治愈吗？能否遗传给下一代？”给学生蒙上团团疑雾，开发学生的思考潜能，使其能够学以致用，解决有关“染色体异常”的相关问题，此外，让学生先于老师提前进入下一节“人类遗传病”的独立自主学习。在高中生物必修三“人体的内环境与稳态”教学结课时，留下疑问：“内环境稳态的调节机制是神经—体液—免疫调节网络。当天气炎热或寒冷时，人体内环境的温度如何维持在 37℃左右？当失水过多或吃了过咸的食物，渗透压如何保持相对稳定？”极大地刺激学生对新异知识的探索欲望，使学生能在课后主动搜集有关“神经调节”“体液调节”的相关资料，顺利地完成下一个知识点的预习任务。

（五）拓展式结课

拓展式结课有三种方法：一是课外延伸结课法；二是模型构建结课法；三是调查实践结课法。

1. 课外延伸结课法

一节课的结束，不应是学生学习的终点，而应根据学习内容把课尾作为联系课内外的纽带，引导学生向课外延伸、扩展，开辟“第二课堂”。这样既能使学生对本堂课内容有更深层次的理解，又能使学生拓宽知识，扩大视野。

如教学“呼吸作用”知识后，教师联系家庭制作甜酒进行延伸：先将大米煮熟装入缸中待米饭冷却至35℃左右，往米饭中加入适量的酒曲（酒曲实际上是酵母菌和曲霉菌种），拌匀，然后在米饭中间挖一个洞加盖并在30℃的条件下保温24小时。思考：①加酒曲前为什么先要使米饭冷却？而后为什么还要保温？（从酶的活性考虑）；②为什么酿甜酒时要用酵母菌和曲霉菌种？（从酶的专一性考虑）；③在米饭中间挖一个洞的目的是什么？（从有氧呼吸、无氧呼吸所需条件考虑）；④酿制甜酒时，为什么总是先来“水”后来“酒”？（从有氧呼吸、无氧呼吸的产物考虑）。学习完“激素调节”后，请学生说出常见的激素类药物及其功用，教师补充一些学生未列举到的激素应用的例子，与学生一起讨论如何评价它们的利弊、人们在开发和使用激素类药物时应注意哪些问题。

这样的课堂教学总结，把课内教学内容延伸到课外，使课内和课外知识有机地结合起来，促使学生运用已知获得未知，不断扩大学生的知识面。

2. 模型构建结课法

模型是人们为了能够更方便地理解那些难以用文字形式理解的问题，而对认识对象所作的一种简化的概括性的描述，包括数学模型、物理模型、概念模型等。

数学模型利用简单的数学符号或公式对生物知识的规律进行总结和分析，能让学生更容易发现生物现象的本质，在学习完“减数分裂”后，可让学生构建一个数学模型，表示一个细胞进行有丝分裂、减数分裂过程中的DNA和染色体的含量变化（图9－9）。

《高中生物课程标准》必修模块“活动建议”4个教学案例均为学生动手活动，在结课环节引入活动制作讨论，可以有效激发学生创造力和想象力，为课后模型和标本的成功制作提供有益指导。如高中生物必修一“细胞核”一课的结课环节，布置学生课后制作真核细胞三维结构模型任务；在“生物膜的流动镶嵌模型”教学结课时，布置学生利用废旧物品制作生物膜模型，能够化抽象为具体、化微观为直观，

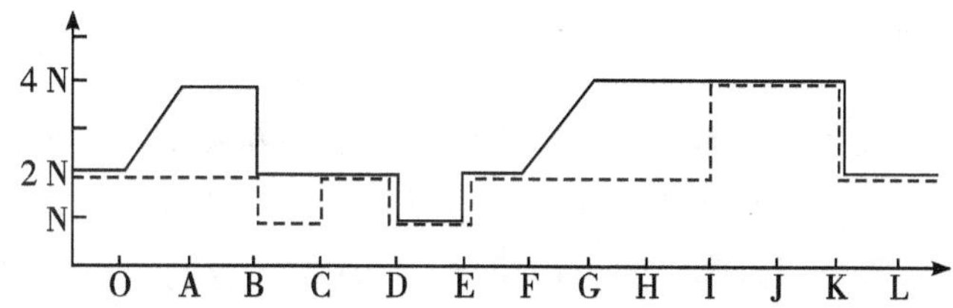

图9-9　有丝分裂、减数分裂过程中的DNA和染色体的含量变化

注：图中“____”表示DNA含量的变化；“- - -”表示染色体含量的变化。OD表示减数分裂阶段，E表示受精作用，FL表示有丝分裂阶段。

让学生更好地理解和掌握微观的分子结构。

概念模型能够对各生物知识进行总结和概括，经常应用于章节总结，从而让学生形成比较系统的知识结构，例如学完“细胞的基本结构”“人体的内环境与稳态”等，就可以布置学生课后对整个章节的内容进行构建概念模型。

3. 调查实践结课法

结课时，引导学生设计调查实践类的方案，并课后付诸行动，可实现知识的巩固、迁移与应用，培养学生的洞察力和动手能力，如在高中生物必修二“人类遗传病”一课结束时布置学生调查“人群中的遗传病”，高中生物必修三“生态系统的物质循环”一课结束时布置学生课后实践“探究土壤微生物的分解作用”，这些调查实践所需材料随手可得，方法简单，可行性高，还能拓展学生的思维。

二、结束技能的应用原则与要点

俗话说：“编筐织篓全在收口。”恰到好处的结尾，会起到画龙点睛的作用。选择结束技能的类型，不必拘泥于某一类型，可以灵活地将几种类型综合应用。教师在课堂教学结束时必须根据各课内容特点，结合学生实际设计出最优的结束形式，从而取得最好的教学效果，为一节好课画上完美的句号。要想做好课堂教学的结课，应遵循以下原则：

（一）及时性

心理学研究表明，记忆是一个不断巩固的过程，由瞬间记忆到短期记忆再到长期记忆，有一个转化过程，实现这个转化过程最基本的手段是及时小结，周期性的复习。因此教师在讲授新知识接近尾声时，要注重及时小结和复习巩固。

（二）概括性

课堂的小结应概括全课知识，但不要让总结成为新知识内容的简单重复，而是要使其进一步系统化。经教师精心加工，形成系统、简约和有效的知识网络，使学生把零散的知识串联成可以理解的生物规律，形成更完善的知识结构。

（三）科学性

结课要以科学为指导，向学生传授科学的知识和技能，并结合教材，紧扣目标和学生实际情况，采用恰当的方法，深化重要事实、概念和规律，不可信口开河。

（四）系统性

奥苏伯尔的认知同化论强调，影响学生学习的最重要因素是学生已知的内容，新知识必须建立在旧知识的基础上，二者必须予以同化。该理论提醒教师关注学生已有的想法，首先在认知结构中找到能同化新知识的有关观念；然后找到新知识与起固着点作用的观念的相同点；最后找到新旧知识的不同点，使原有的概念与新概念之间有清晰的区别，并在积极的思维活动中融会贯通，使知识不断系统化。

（五）实效性

结课时间一般3~5分钟，应重点突出，切中要害，画龙点睛恰到好处，语言精炼干净利落，或提炼主题，或提升认识，或升华情感，不可面面俱到不分主次。

（六）启发性

结束要有利于引起注意、激发兴趣、启迪智慧，能激起学生思维，调动求知欲，尽量做到“道而弗牵，强而弗抑，开而弗达”。因此结束技能必须具备沟通、引趣、设疑、激情、富于启发性的特点。启发性结束应给学生思维留白，要“点而不透，含而不露，意味无穷”，让学生能够由“此”到“彼”，由“因”到“果”，由“表”到“里”，由“个别”到“一般”，达到启发迁移的教学效果。

（七）明确性

教师要明确结束技能的目的，围绕教学目标、教学任务、教学重点设置问题或情境。与教学无关的不要硬凑上去，不能单纯追求形式，让结束内容游离于教学内容之外。

（八）多样性

达标巩固练习或布置作业，是生物课堂常用的“收尾”方法。久而久之，学生会厌倦。多样性指根据课时任务和学生特点，合理地变化内容和方法，从而提高学生对生物课的兴趣和积极性。在设计结课时，尽可能设计得生动活泼，有趣味、多样化，使学生乐学，产生一种新鲜感。切忌从头到尾简单重复。

（九）主体性

教师在新课的结束阶段，要尽量设计学生参与的活动方案，这是体现学生主体作用的有效途径。引导学生进行实践活动，既能反馈教学效果，又能形成利于学生拓展知识的氛围。教师要及时收集学生参与总结实践的反馈，分析不同的反馈信息，给予表扬与鼓励，使学生增加学习信心，增强主体意识和主体能力。

第三节　生物学课堂结束技能应用示例

教学没有固定的方法，结束也没有固定的形式。由于教育对象不同、教学内容不同，结束会不同。即使是同一教育对象、同一教学内容，不同教师也有不同的结束方法。下面以人教版高中生物必修一“细胞膜——系统的边界”为例，示范几种不同类型的结束技能（表9－4）。

表9－4　不同类型的结束技能

<table>
<tr><th>结束技能类型</th><th>教学过程</th></tr>
<tr><td>归纳式</td><td>可利用板书对本节重点“细胞膜的成分和功能”进行总结（图9－10），也可利用表格比较细胞壁和细胞膜的成分、功能、特点（表9－4），可解决“为什么植物细胞的边界是细胞膜而不是细胞壁”的疑问，也让学生更深刻领悟细胞膜对细胞这个系统的重要意义

细胞膜
　制备——选材：哺乳动物成熟的红细胞
　成分
　　脂质：磷脂最丰富
　　蛋白质：功能越复杂的细胞膜，蛋白质的种类和数量越多
　　少量的糖类
　功能
　　1. 将细胞与外界环境分隔开
　　2. 控制物质进出细胞
　　3. 进行细胞间的信息交流

图9－10　“细胞膜——系统的边界”板书归纳

表9－4　表格归纳——植物细胞壁和细胞膜的比较
<table>
<tr><th></th><th>植物细胞壁</th><th>细胞膜</th></tr>
<tr><td>成分</td><td>纤维素、果胶</td><td>磷脂、蛋白质、糖类</td></tr>
<tr><td>功能</td><td>支持和保护</td><td>将细胞与外界环境分隔开、控制物质进出、进行细胞间的信息交流</td></tr>
<tr><td>特点</td><td>全透性</td><td>选择透过性</td></tr>
</table>
</td></tr>
<tr><td>反馈式</td><td>展示与细胞膜有关的诗，学生齐读，并辨析与细胞膜功能对应的句子（图9－11）

这些诗句说的是细胞膜的什么功能？
是谁，隔开了原始海洋的动荡
是谁，奏鸣了生命的交响
　——把细胞与外界环境隔开
是谁，为我日夜守边防——控制物质进出
是谁，为我传信报安康——进行细胞间信息交流
啊，伟大的细胞膜呀！
没有你，我会是何等模样！

图9－11　“细胞膜——系统的边界”活动与提问结合的反馈</td></tr>
</table>

续上表

结束技能类型	教学过程
衔接式	在学习“细胞膜”前已经学习了“细胞中的元素和化合物”，按照学生的认知特点及物质组成的客观规律，一步步搭建章节的知识框架，梳理新旧知识间的联系（图9－12）。 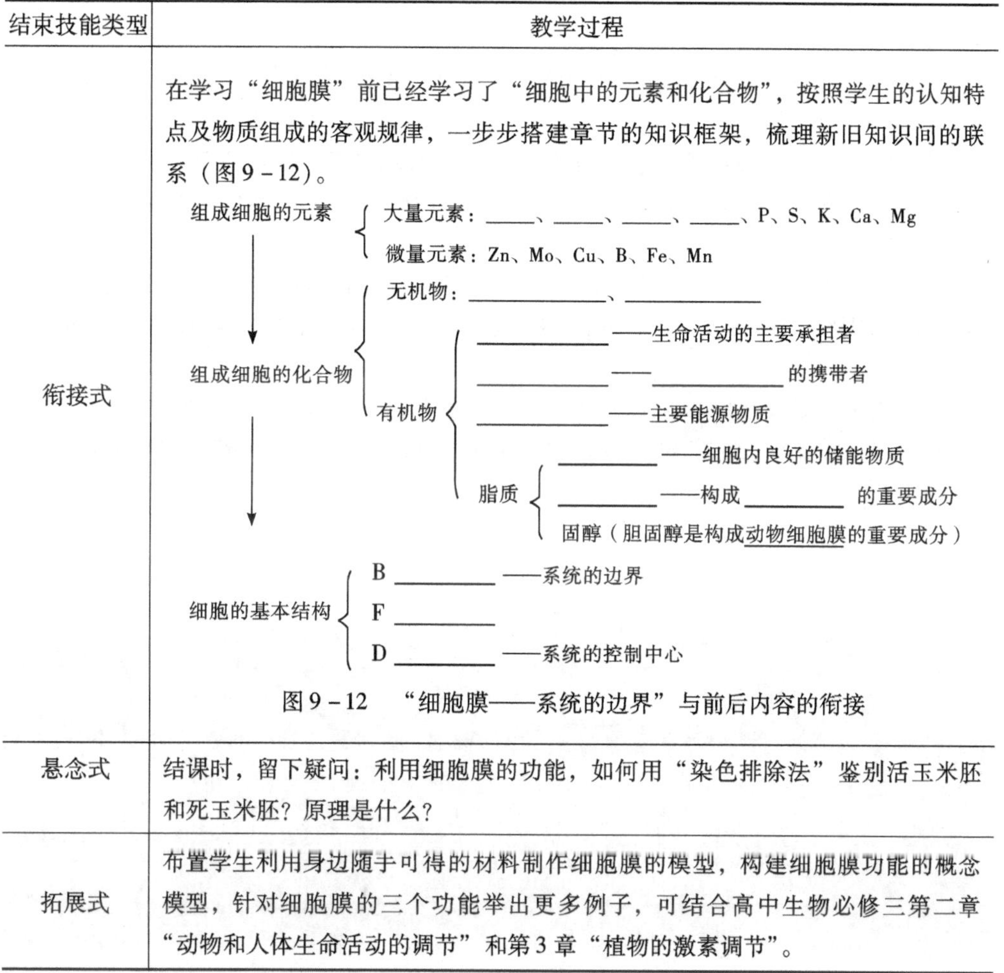 图9－12　“细胞膜——系统的边界”与前后内容的衔接
悬念式	结课时，留下疑问：利用细胞膜的功能，如何用“染色排除法”鉴别活玉米胚和死玉米胚？原理是什么？
拓展式	布置学生利用身边随手可得的材料制作细胞膜的模型，构建细胞膜功能的概念模型，针对细胞膜的三个功能举出更多例子，可结合高中生物必修三第二章“动物和人体生命活动的调节”和第3章“植物的激素调节”。

参考文献：

［1］黄玮．高中生物学课堂“结课”的常用方式［J］．生物学教学，2018，43（8）：26－28.

［2］黄玉秋．应用精加工策略进行“细胞膜——系统的边界”一节的教学设计［J］．生物学教学，2017，42（9）：29－30，62.

［3］李闯，魏华．高中生物课堂教学的结尾技巧［J］．新课程学习，2012（2）：11.

［4］王小燕．高中化学课堂的结束模式构建［J］．新课程·下旬，2019（9）：151.

［5］蔡惠．初探初中生物课堂的结课方法及其功效［J］．新课程·中旬，2018（8）：82.

［6］吴慧娜．高中生物的新型结课艺术［J］．教学管理与教育研究，2018（7）：71－72．

［7］黄丽霞．高中生物学课堂小结的五种实用方法［J］．生物学教学，2018，43（4）：32－33．

［8］陈蕾．给英语课画一个圆满的句号——例谈英语课堂结束技能［J］．小学教学参考，2012（4）：70－71．

［9］张莹雪．结束技能在美术教学中的功能［J］．教学研究，2018（141）：66－67．

［10］张正玲．结束技能在生物课堂教学中的有效运用［J］．理化生教学与研究，2012（41）：142－143．

［11］胡延磊．浅谈生物课堂结课艺术［J］．中学课程辅导，2017（6）：73．

［12］陈林妃．新课标高中英语课堂教学结束技能探讨［J］丽水学院学报，2010，32（4）：98－101．

［13］燕琳．音乐课堂结束技能探讨［J］．大众文艺，2009（9）：188－189．

［14］刘文．高中思想政治课堂教学结束技能研究［D］．济南：山东师范大学，2019．

第十章　生物学课堂组织教学技能

第一节　生物学课堂组织教学技能概述

一、组织教学技能的概念

组织教学技能，是指在课堂教学过程中，教师不断吸引学生的注意力，管理纪律、引导学习，建立和谐融洽的教学氛围和教学秩序，帮助学生达到预期教学目标的行为方式。

组织教学是一项需要有高度技艺的活动。它要求教师能得心应手地运用各种教学方法和技巧，调动各种教学措施和手段来集中学生的注意力；能巧妙地运用教育机智处理课堂教学中的偶发事件；善于用自己的心灵去感化学生的心灵；得心应手地驾驭整个课堂教学活动，使之趋于和谐完美。

但长期以来，在课堂上教师比较注重的是教学内容的传达，往往会疏忽教学活动的组织。实际上学生在课堂中的学习不仅要通过聆听教师的讲解、阅读教学素材和思考问题，也要通过亲身参与的实践体验活动，以及与教师、同伴之间的合作、讨论、情感交流等互动方式来获得知识、情感和价值。课堂教学是一个动态的、变化的、发展的过程，如果课堂缺乏温暖的师生关系、多向的信息沟通，如果教师不具备移情、积极关注和真诚等条件，就难以引导学生进行真正有效的学习。正如德国著名哲学家雅斯贝尔斯所说："教育的本质是一棵树摇动另一棵树，一朵云推动另一朵云，一个灵魂召唤另一个灵魂。"只有能够激发学生生动活泼的思想，唤起他们真挚深刻的感情，那么教学内容和方法才能真正发挥教育作用。而且课堂应该有积极的、丰富的、多方面的精神生活，使得以学习为主的课堂生活成为有血有肉的社会生活中的一部分。

组织教学技能是课堂教学的"支点"，是使课堂教学得以顺利进行的重要保证。它不仅影响到整个课堂教学的效果，而且与学生思想、情感、智力的发展有着密切的关系。因此教师应提高组织教学能力，在课堂上应用恰当的组织教学技能，使课堂教学得以有效地动态调控，提高教学效率，使教学活动沿着既定的教学目标推进。

二、组织教学技能的作用

苏联教育家马卡连柯说：“教师应当善于组织，善于行动，善于运用诙谐，既要快乐适时，又要生气得当。教师应当能让自己的每一举动，都能对自己起教育的作用，并且永远应当知道当时自己所希望的是什么，所不希望的是什么。如果一个教师不了解这一点，那他还能教育谁呢?”在教学实践中，课堂教学质量的高低和教学效果的好坏，在很大程度上取决于教师娴熟的组织教学技能。一个组织方法得当、井然有序的课堂，学生的注意力集中，教师循循善诱，必然会使课堂教学取得好的效果。

具体说来，组织教学技能在生物学课堂中的作用主要表现在以下几个方面：

（一）维持学生注意力

中学生注意力的特点是有意注意逐渐发展，但无意注意仍起主要作用。因此，他们情绪容易兴奋激动，学习注意力比较容易分散。特别是在生物课堂上，教学中会有挂图的演示、生活小问题、小常识的讨论以及教学小实验等，这些对于学生非常具有吸引力，学生在观察、讨论的同时难免会发表一些与课堂教学内容无关的言论，这就意味着教师的教学活动会面临着许多偶发事件。教师需要了解学生的心理特点，提高应变能力，保持敏锐的观察力，随时注意学生的思想和行为变化，运用组织教学技能把学生的注意力吸引到学习内容上，唤起并维持学生的注意力。例如在正式讲课前，教师可以以提问等方式；讲到重点或难点时，教师可以故意放缓语速、加重语气，或者提高声调、重复关键字等。有效地组织教学活动，有利于学生借助集中有意注意。

（二）激发学习兴趣

北宋著名理学家程颐说过：“教人未见意趣，必不乐学”。清代理学家张伯行在注解这句话时说：“教人者必有以兴起其好学之心，而后乐之不厌，若未见此中意趣，心多扞格，那肯好学。”由此可见，学习兴趣是促进学生有效学习的有利性因素。趣味浓厚、趣味纵横的课堂教学能激发起学生的求知欲，调动学生学习的积极性，从而有利于课堂教学效率的提高。基于此，教师在备课时应该倾全力从教材中、从课堂教学的过程中，挖掘可能存在的趣味因素，增强课堂教学的趣味性，采用有效的教学手段及各种组织形式，调动学生学习的积极性，使学生以饱满的热情参与到整个教学活动中。例如在学习“种群数量的变化”时，教师可以以生活中的类似于“从环境容纳量的角度思考，对家鼠等有害动物的控制，应当在K/2前采取地面硬化、储好粮食、养猫等措施”的实际例子应用知识，以此激发学生学习种群数量变化的兴趣，或者以提问的方式，让学生自己主动地将生活中的种群数量变化应用与教学内容结合起来。

（三）增强求知信心

美国教育家布鲁姆认为，学生具备从事每一个新的学习任务所需的认知条件越充分，他们对该学科的学习就越积极。学生在过去的学习过程中越有成就感，那么在新的学习过程中，自我效能感与学习情绪也就越好。教师在组织生物教学时，应该注意从学生的实际出发，分层次、分步骤地引导学生自主性学习，让学生经过一定的思考或者努力能达到自己预想的目标，多肯定学生的长处和进步，不断地增强学生的自信心和进取心。例如在学习“生命活动的主要承担者——蛋白质”时，教师可以先将本节需要掌握的知识点给学生列举出来，课堂教学快要结束时让学生一一说出与蛋白质的有关知识点，让学生一点点学习与巩固本节内容，不断地升华学生思维的同时，增强学生学习的信心，为下一节课学生的主动学习奠定基础。

（四）培养良好习惯

我国著名教育家陶行知先生说：“播种行为，就收获习惯；播种习惯，就收获性格；播种性格，就收获命运。”“我们在学校里受教育，目的在于养成习惯，增强能力。我们离开了学校，仍然要从多方面受教育，并且要自我教育，其目的还是在养成习惯，增强能力。”可见良好的行为习惯是促进一个人健康成长的重要条件，是健全人格形成的基础。

新课标对学生的养成教育非常关注，学生接受教育的主要场所就是课堂，而老师是课堂的主导者。教师在课堂上不仅授业解惑，而且要建章立制，培养学生良好的行为习惯。良好的课堂秩序，主要是靠教师的组织教学技能调控。有时中学生的行为并不一定符合学校或社会的要求，这就需要教师用规章制度来指导他们、规范他们，使他们逐渐懂得什么是好的行为，为什么要有好的行为，自觉养成良好的习惯。帮助学生履行规章制度，实现自我管理，养成良好的行为习惯，是教师在课堂上对学生进行思想教育的重要方面，也是课堂组织的重要功能。

(五) 创造和谐气氛

课堂气氛是整个班集体在课堂上的情绪与情感状态的表现。有效的课堂组织有利于师生之间、同学之间的关系融洽和谐，创造出良好的教学氛围。从教育的角度来看，良好的课堂气氛是一种具有感染性的催人向上的教育情境，能使学生受到感化和熏陶，产生感情上的共鸣；从教学的角度来看，积极的课堂气氛符合高中生强烈的求知欲的要求，能够使学生的大脑皮层处于兴奋状态，利于学生全身心地投入到学习中，更好地接受知识，并将已经学习的知识牢固掌握，转化为长期记忆。为此教师在组织教学中需要下大量的功夫，以行之有效的课堂组织方式与组织手段，引导学生沉浸在课堂所营造的气氛中，使教师与学生的情感达到共鸣，提高课堂效率。例如在学习“生态系统的信息传递”时，教师可以用“学生与老师可以合编一些生态系统中信息种类的问题”的方式，来调动课堂气氛。学生根据自己身边的实际可以编出各种各样具有特色的问题，教师要引导学生辨认哪个是物理信息，哪个是化学信息，哪个是行为信息，这样既调动了学生学习的积极性，又在辨题中澄清了概念。

总之，组织教学的技能是实现有序课堂教学的重要保证。它可以及时调整课堂混乱的局面，创造良好的课堂气氛；可以有效调控学生的不良学习行为，把学生引导到正确的学习轨道上来；有利于学生良好学习行为习惯的养成。课堂组织教学技能决定了课堂教学的方向和教学环境的建立。

第二节　生物学课堂组织教学技能的类型、应用原则与要点

一、组织教学技能的类型

根据教师的行为，可以把组织教学技能分为管理性组织、诱导性组织、指导性组织三种类型：

(一) 管理性组织

管理性组织技能是指通过进行课堂纪律的管理，建立一种有秩序的活跃而和谐

的课堂氛围。管理性组织强调教师在引导学生遵守纪律，维持课堂秩序等方面的作用。课堂教学管理方法可分为预防性管理、支持性管理、矫正性管理三个方面，内容主要包括教师的自我管理、学生的管理、课堂环境和课堂时间的管理。

1. **预防性管理**

没有规矩不成方圆，常言道："凡事预则立，不预则废"。有效的课堂管理是从根本上消除学生问题行为出现的可能性，即预防胜于矫正。预防学生问题行为的出现主要可从建立课堂常规、发挥示范作用、布置教学环境、适当调整班级气氛等几方面入手。

一般情况下，面对一个新的老师，乖巧的学生可能会因未知而惶恐不安，调皮的学生可能会蠢蠢欲动试探老师的底线。因此在新班级上的第一节生物课，教师需让学生知道生物课堂上的行为规范，如不迟到早退、课前准备好上课所需物品、发言前举手示意、不趴桌子不私下聊天、作业要独立完成且用红笔改正等，特别是生物实验课上要遵守安全有序的守则。明确课堂常规，可让学生熟悉教师的要求和期待，使学生心理上有一种安全感，安心学习，尽力向老师确定的行为标准靠近。也可让学生参与制订行为标准，老师再依自己的想法提出建议或进行引导。当然课堂常规的建立不是一蹴而就的事情，它需要一段时间形成。教学常规的建立分三步走：解释、示范；将规定付诸实施；巩固和再教育，直到养成行为习惯为止。当教学常规建立后，组织教学就比较省事了，教师无需花费太多的口舌来维持课堂纪律，生物教学活动就能顺利地开展了。

学生的很多行为都是不知不觉地从观察他人的行为之中学来的。当然，学生不仅观察他人的行为，还注意他人这一行为表现的后果，如果得到肯定，学生会想表现同样的行为；如果得到否定，学生一般不会有做同样的行为。教师可用这一原理促进学生表现良好的行为，抑制不好的行为。教师称赞某一学生的良好行为，可能引发别的学生表现类似的行为，这种现象就是示范；教师惩罚某一学生的不良行为，这种杀鸡儆猴的作用也是示范。除了学生之间可以互为楷模产生示范作用外，教师更应成为学生的楷模。因此，教师应注意寓德于教，切忌有粗暴的行为，不要带着情绪上课。教师高度的责任感、严谨的治学态度、精湛的教学艺术，对学生都有言传身教、潜移默化的作用。教师利用言传身教影响学生，可有效助推课堂组织教学工作。

教室环境也具有潜移默化的功能，适当布置环境可以引导或改变学生的行为。比如在生物实验室门口标着醒目的行为准则，墙壁贴上与生物相关的模型、图片或名人名言等。在学习《种群数量的变化》和《生态环境的保护》时，可以把濒危动物的遭遇、生存环境等图片贴出来，展示人类对地球环境及资源严重的破坏程度，营造一种庄严肃穆的氛围，引导学生重视及思考人类与自然的相处。

在温馨和谐的课堂气氛中、在师生、生生相互接纳的班级里，学生的行为问题最少，因此，要求教师对于每一个学生，都要一视同仁，同学们也彼此接纳关怀，班级内和谐快乐，违规行为自然减少。

2. **支持性管理**

在学生有问题行为的先兆时，教师适时运用技巧消除学生的问题行为，将学生导入正轨，这就是支持性管理。

教师在接任新班级后，未见面即可先行阅读学生基本资料，熟悉学生情况，了解班上的特殊学生，通过班级座位表或学生档案，认记学生，将姓名和面孔配对。教师能很快记住学生名字，并在课上以名字称呼学生，这样做不仅会使学生既亲切又佩服，还能警戒学生。

在班级中往往只有部分听话乖巧、成绩优异的学生时常获得教师的称赞，大多数普通的学生获得教师赞赏的机会不多，甚至少部分差生不但没有获得赞赏的机会，反而时常会受到批评和惩罚。这些学生会感觉无论他们怎样努力也得不到教师的赞许，往往自暴自弃，出现各种问题行为，成为破坏课堂教学秩序的主要因素。教师应尽可能多地安排各种活动或情境，让每个学生都有获得赞赏的机会。

教室座位安排应使学生能够专注于学习活动。一般来说，上课听讲，要用行列式，使全体学生面向老师；分组讨论则宜让学生围坐，便于互动。但学生围坐时，因彼此互动增加，且有些位置侧对或背对老师，课堂秩序较难维持，这时可采用分组秩序竞赛促成学生自我约束。座位顺序按学生身高排列，个子矮的学生坐前面，以免挡住后面学生的视线。如果发现邻座同学喜欢上课交谈，教师可以将其中一人调离原座位。对于喜欢捉弄他人的同学必要时则可将其安排在教室正中位置，方便教师就近监督。

除了熟记学生姓名、真诚赞赏每一位学生、适当安排或调整座位外，要做好支持性管理还可以运用以下技巧：眼神传达、声音变化、走动或停驻、肢体语言、正确强化、随时发问、创设情境、有意忽视、移除媒介、机敏豁达、善用幽默等。例如发现某位同学有出现问题行为的苗头，可用眼神注视、摇头、面部表情，打手势，或走动到其身旁、接触等肢体语言进行提示，这样不仅高度有效地消除学生的问题行为，而且不会打断教学的进行和干扰其他学生，又避免造成师生间的紧张或对立。

3. **矫正性管理**

即使预防性课堂管理做得再好，有时仍然会有一些学生在某些时候出现问题行为。我国心理学家综合国内外的研究，根据学生行为表现的主要倾向，将学生的问题行为分为两大类。一类是外向性的攻击型问题行为，包括行为粗野、公然违抗教师的要求、学生之间的教室打斗、过度活跃以及武力侵犯教师等；另一类是内向性的退缩型问题行为，包括过度的沉默寡言、胆怯退缩、恐学逃学、孤僻离群，或者神经过敏、烦躁不安、过度焦虑等等。若这两类行为在将现或乍现时教师未能运用支持性技巧予以消除，而当已经出现违纪行为时，就必须使用矫正性课堂管理方法予以矫正，包括说理、惩罚、隔离。

说理就是提出合理的解释，对学生违反课堂纪律给教学和学习带来的不良影响，进行恰如其分的分析，使其明确行为的危害性，从而改善课堂纪律。说理时应该注意：第一，针对待定的行为，可以使用不同的说理方式。第二，适时适度，实事求是，对事不对人。还可以适当惩罚。说理时心平气和，批评惩罚时则语气严厉，前者使学生感觉受到尊重，较能诚心改变行为。

惩罚的基本形式有两种：第一，给予不愉快的刺激；第二，剥夺愉快的刺激。例如“没写完作业罚站”属于前者，“没写完作业就不准下课休息”属于后者。要明确的是，惩罚的目的在于抑制甚至消除学生在课堂上的问题行为，不在于发泄教师的情绪，所以说明原因后惩罚比单纯惩罚有效，出自爱心的惩罚比发泄愤怒的报复性惩罚有效。值得注意的是，体罚的负面作用太大，不宜使用。马卡连柯说：“我是体罚的反对者，很早就是个反对者。”他认为用体罚来教育孩子“不过和类人猿教养它的后代相类似”。研究发现，有反社会行为的罪犯大多充满怒气和怨恨，是因为遭受过严厉的体罚。

当情绪易激动的学生出现问题行为，可以进行隔离，以静制动。例如对于在教室里大发雷霆或失去控制的学生，可以先把他送到办公室隔离。

（二）诱导性组织

诱导性组织技能是指在教学过程中，教师用充满感情、亲切、热情的语言引导、鼓励学生参与教学过程，用生动有趣、富有启发性的语言引导学生积极思维，从而使学生顺利完成学习任务。诱导性组织强调教师在教学活动中对学生的鼓励、启发、引导，教师通过热情激励、设疑激发等多种方式，以幽默有趣的语言，启发学生积极思考，促进学生顺利完成教学任务。

“太阳比北风更容易脱下旅人身上的斗篷”。从组织教学的角度看，高超的诱导性组织比单纯的管理性组织更能集中学生的注意力。常用的诱导性组织有以下几种：

1. 用目光环视组织教学

教学实践证明，教师富有表现力的眼神，往往胜过生动的语言。如赞可夫所说的："要知道，由活的人所说出来的话，不单是只靠它的内容来激发对方的思想和感情的。这里有交谈者的一副兴致勃勃的面孔。有一双一忽儿在科学的丰功伟绩面前燃烧着赞美的火光，一忽儿又好像在怀疑所作的结论的正确性而眯缝起来的眼睛，有表情，还有手势。"学生往往会跟随教师的目光而聚焦到教学内容，也会因被教师的目光注视着而更专注、表现更积极。而且利用目光环视法组织教学，教师还能及时发现课堂教学中学生出现的问题并加以解决。

2. 用情感渲染组织教学

教学过程是师生之间情感交流、心理互换的过程。通过情感的传递去影响学生，也能达到很好地组织教学的目的。当学生无精打采时，教师的饱满精神会使他们受到感染而提起精神；当学生慌乱、注意力不集中时，教师的平静、专注，会使他们受到影响而集中注意力；教师进入意境，感情充沛地讲授，会唤起学生感情上的共鸣；教师对学生的尊重、信任、热爱，会被学生所觉察并产生一种神奇的力量。因此，教师的情感，在组织教学中有异乎寻常的作用。罗森塔尔与雅各布松研究了教师期望对学生智力与成绩的影响，发现了"皮格马利翁效应"。苏霍姆林斯基十分重视课堂上的精神生活，强调情感的教育作用。美国布鲁姆的"掌握学习理论"主张教师对每个学生的发展充满信心，对每位学生的学业成功都抱有真诚的期待，充分重视非智力因素对学生课堂学习的作用。

3. 用语言艺术组织教学

在课堂教学中，教师可运用语调、语速的变化，用富有感染力、鼓动性、引导性、启发性、趣味性的语言技巧组织教学，用声情并茂的方法去吸引学生的注意力，激发学生兴趣，使学生感动、向上。例如在学习人教版高中生物必修三《保护我们共同的家园》一节时，为唤起学生对环境的责任、使命与爱，教师可以说："2019年，掌握着世界最好消防技术的澳大利亚森林发生火灾，持续烧了4个多月尚未扑灭，约5.9万平方千米土地被烧毁，5亿多只动物被烧成焦炭，考拉被推入灭绝的边缘。而对比1987年大兴安岭火灾，在交通不便、人烟稀少，消防设备极其落后的情况下，中国靠的是5.8万军民，不眠不休奋战28天将这场大火彻底熄灭，保全了我们国家25万平方千米的原始森林，900多种野生植物、250多种野生动物，还有10多种国家一级保护动物。中国消防这么厉害，靠的绝不只是器械设备，更重要的是满腔的责任、使命与爱。"

4. **用注意规律组织教学**

教育心理学资料表明，每堂课可出现三个心理时态：最佳时态、始抑时态、近闭时态。最佳时态指学生在上课初对新知识新事物产生好奇，因大脑兴奋而呈现良好学习状态，约在一节课的前25分钟。始抑时态指学生随着学习过程的延长，大脑兴奋程度降低，思维开始受抑制，注意力开始分散，教室内外稍有动静便会转移兴趣，约在一节课的第25分钟至第35分钟。近闭时态约在一节课的最后十分钟期间，学生对学习过程的持续感到疲劳，大脑兴奋消失，思维接近关闭，无精打采，似听非听，思绪不再随教学内容变化而变化。据此，教师要把握课堂时态，每节课的必讲内容争取在头25分钟内完成，避免冗长啰嗦，充分利用学生精力充沛、思维活跃的最佳时态，及时完成授新课的教学任务。同时注意发挥各种信息通道的作用，使学生常有新鲜感，使大脑持续兴奋时间，推迟近闭时态的到来。在近闭时态，可增加学生“做”的内容，如做练习、演板或预习下一课内容，也可以加重语气强调“同学们，这个问题很重要，请大家注意听讲”，这样能提醒学生将无意注意转化为有意注意，主动与教师配合，用意志来完成学习任务。

5. **用教学机智组织教学**

俄国著名教育学家乌申斯基指出：“不论教育者怎样地研究教育理论，如果他不具备教育机智，他就不能成为一个好的教育工作者。”利用教学机智组织教学正越来越受到广大教师的重视。

教学机智不是单纯的技能和技巧，不是与生俱来的禀赋，不是虚情假意的作秀，它是一种较高层次的教学艺术。有生动感人素材的积累和丰富，又有教学实践经验的厚实和完备，“急中生智”才有可能达成，依势而行，借机施教。因此教师平时要多积累理论学习，多记录教学实践感悟。例如在学习“种间关系”时，教师可引用“大鱼吃小鱼，小鱼吃虾米”“一山不容二虎”等俗语，让学生分辨其中描述的是不是种间关系？若是，则属于哪种种间关系？在学习《植物激素》时，班上刚好有个早恋的学生因和女朋友闹分手，情绪低落，无心听课，教师借一句歌词进行提问：“叶子的离开不是因为风的追求，也不是因为树的不挽留，而是因为哪种植物激素？”这样不仅将学生重新唤回到课堂，也暗示他珍惜当下，遵循自然规律，做好自己这个年龄段应该做的事。

（三）指导性组织

指导性组织技能是指教师通过组织某些具体教学活动进行的组织，如阅读、观察、实验和讨论等形式指导学生学习，从而有效促进学生参与教学活动，提高学生自主学习与解决实际问题的能力。指导性组织强调教师在教学过程中对学生的学习行为与学习活动的指导与矫正。

指导组织阅读、观察、实验或讨论等活动前，都应该让学生明确活动的目的，可通过布置预习、提出问题等方式进行引导，使学生能抓住重点，迅速集中注意力投入活动。活动中指导学生对阅读对象加圈加点、边读边记，对观察对象进行记录，对实验现象或出现的异常情况进行记录和分析，并组织好语言，回答之前提出的问题。活动后及时检查，看学生是否按要求完成，效果如何。通过指导，使学生学有所得，逐步提高学生的学习兴趣和阅读、观察、实验、合作等能力。

例如在学习《细胞膜——系统的边界》时，组织学生阅读教材前，教师先提出问题：

"①哪种细胞比较适合提取细胞膜？为什么？（阅读课本 P41 旁栏相关信息，提醒：哺乳动物未成熟红细胞仍有细胞核）

②如何获取红细胞的细胞膜？用针扎破？用镊子把细胞膜剥下来？应当用什么方法呢？（提醒：实验设计要操作简单，现象明显）

③观察红细胞在不同溶液中的图片，图中红细胞的形态差异，对获取细胞膜有什么启发？（解释低渗溶液、高渗溶液、等渗溶液的含义）

④新鲜的血液非常黏稠，需要对血液进行稀释，用什么溶液呢？为什么？

⑤为了观察细胞形态的变化，还要用到什么实验用具？（回忆显微镜的用法）

⑥细胞破裂之后，膜还是和内容物混在一起，还需用什么方法获得较纯的细胞膜？（解释离心的原理）"

然后布置学生阅读课本 P40 "体验制备细胞膜的方法"，并填写学案，提醒阅读过程中关注实验选材和原理。阅读后，展示植物、细菌、高等动物细胞、哺乳动物成熟的红细胞这 4 种细胞的图片，让学生对以上问题进行一一解答，教师予以肯定、纠正并补充提醒常见错误——"鸡、蛙红细胞有细胞核，不适合用于提取细胞膜"。

若指导组织合作学习小组时，根据学生不同的个体因素进行同、异质分组，形成"组间同质，组内异质，优势互补"的格局，为之后形成有效讨论奠定基础。

二、组织教学技能的应用原则与要点

课堂教学是过去、现在都遵循的教学基本形式。课堂教学的高效性是教学成败的关键，课堂组织的好坏是课堂教学高效性的保证。因此，课堂组织时应遵循以下基本原则：

（一）了解学生，尊重学生

学生是整个教学过程的主体，学生的兴趣、爱好、个性特点、学习方式、学习问题与学习需要等是教师组织教学的出发点，教师应根据学生个体来组织教学，采取符合学生实际的教学组织形式，促进学生的全面发展。

同时，学生是有血有肉有情感的求学者。有的教师批评学生不讲方法，不分场合，不懂情感，结果造成师生间相互伤害。教师组织教学的行为，必须体现出对学生的关心和尊重。尊重学生需要教师少一点教育者的威严，多一点慈母般的关怀；少一点公共场合的指责，多一点私下的交流；少一点权利的剥夺，多一点权利的尊重。教师在任何情形下都应控制自己的情绪，禁止使用体罚、罚款一类手段来惩处有课堂违纪行为的学生。在组织教学中，教师需要坚持以表扬为主，以正面教育为主，促进学生的正向发展。

（二）更新观念，明确目的

随着时代的发展，教书和育人的内容也有所改变，因而有关课堂组织教学的观念也应随之更新。教学过程中，教师除了传授基本的知识之外，还应渗透情感、态度、价值观的重要内容。从素质教育的需要看课堂秩序，不仅需要心静、有序的“治”的状况，也需要一定条件下的活泼、无序的“乱”的状态。课堂上的热烈讨论，学生对老师的质疑问难，学生动手做练习、做实验、做游戏、谈体会的过程，都可能出现某种无序的“乱”的表象。这种看似无序的“乱”不仅教师需要，学生也需要，它营造了一种直抒己见的气氛，有利于激活学生思维，培养学生的创新意识，因而极有价值。

但课堂上的“乱”中应有目的、有方向，且在教师的可控范围内。有的老师由于在组织教学方面重视不够，不能有序组织阅读、观察、实验和以学生自主学习为主的指导课。主要表现为：目的欠明确，要求欠具体，活动很随意，甚者放任自流，表面活跃实际课堂活动散乱；或不能充分调动学生参与的积极性，学生参与度低；或顾前不顾后，顾优不顾劣，不能使所有学生从中获益。特别是上观察、实验课学生稍多而实验指导教师少时，更是顾此失彼，手忙脚乱，这种无效的“乱”是不可取的。

所以，生物教师应辩证看待和处理课堂上的“治”和“乱”、“有序”和“无序”的关系，努力使二者相辅相成，辩证统一。

（三）重视集体，形成风气

个人行为与班集体风气关系密切。良好的班风、学风是制止少数“害群之马”不端行为的有力保证。所以，教师除依靠自身努力做好课堂组织教学工作外，还应注意培养良好的班风学风，注重学生养成教育。学生的任何习惯都是从其特定的环境中逐步形成的，好习惯结正果，坏习惯结恶果。所以教师必须时刻注意把控课堂教学环境，应敢管善管，并有目的有意识地培养学生良好的课堂习惯，让学生从有效的课堂组织管理教学中得到熏陶，并将逐步形成的良好学风传承下去。如对一贯自觉遵纪好学的学生予以肯定鼓励，制定若干简明易行的课堂学习纪律，在全班形成“坏人坏事有人抓，好人好事有人夸”的风气。

（四）充分准备，把握时机

组织课堂教学是一个具有长远作用的活动，围绕不同的教学目标与教学任务，通过标准的专业语与幽默的生活语相结合，开展教学活动是教师的必然选择。教师的导入、提问、讲解、引导讨论等，均需要充分组织与布局。

（五）灵活应变，因势利导

若课堂发生突发事件，特别是师生间的冲突事件，教师首先要沉着冷静，稳住情绪，绝不能因一时的冲动而感情行事，多站在学生角度去思考问题，主动与学生沟通，把偶发事件处理在最小范围和最短时间之内，充分认识和挖掘偶发事件中所包含的积极因素，予以引导。教师处理偶发事件时的态度要严肃而柔和，不要中伤、粗暴，要在尊重学生的前提下，运用教学机智巧妙处理。特别值得注意的是，采用矫正性管理组织教学技能中的惩罚时，要针对不同的时间、场合、违规程度，以及被惩罚对象的年龄特征、性别差异、智能发展水平等，机智灵活地选择不同的惩罚方式。比如对于故意违纪的学生与过失违纪的学生，对于初犯和屡犯，对于性格外向和性格内向的学生，惩罚的程度及方式都应该有所区别。

（六）严而有度，形式多样

因为出现学生打骂教师、家长诬告教师的乱象，导致部分教师不敢管学生，“学生缺课不过问，迟到、早退不过问，玩手机、睡觉、说话不过问”，这是管理过松、不负责任的表现。“教不严，师之惰。”缺乏管教和约束的孩子，或许不再学习、不懂善良、不懂谦卑、不懂尊重，也许长大后还会因为缺乏正确的价值观而走上犯罪道路。所谓“跪着的老师，教不出站着的学生”，教师应秉持教育的初心、良心，不卑不亢地运用组织教学技能，不能让学生放任自流。但也有的教师过于琐碎，事事指责，动辄处罚，导致学生不知所措、无所适从，这是管理过严、方法失当的表现。教师在组织教学过程中应该严而有度，以相互尊重为前提，适时适度地运用组织教学技能去解决问题，不要制造新的问题。

加德纳提出的多元智能观理论指出，人类的智能是多元化而非单一的，每个人都拥有不同的智能优势组合。在教学方法上，多元智能理论强调应该根据每个学生的智能优势和智能弱势选择最适合学生个体的方法，即因材施教。这是由孔子提出的教育观念，就是要考虑个体差异，在运用多元智能理论的前提下，我们应关注学生差异，善待学生的差异，在教学中不能孤立地使用某一组织教学手段，应根据学生的差异，从整个教育方法体系综合考虑，运用多样化的组织教学技能，促进学生潜能的开发，最终促进每个学生都成为优秀的自己。

第三节　生物学课堂组织教学技能应用示例

一节课中，教师会根据教学目标的要求、教学内容的需要、教学对象的特点等方面综合应用几种组织教学技能。表 10－1 以人教版高中生物必修一《细胞中的糖类》为例，示范几种不同类型的组织教学技能：

表 10－1　不同类型的组织教学技能

<table>
<tr><th>组织教学技能类型</th><th>教学过程</th></tr>
<tr><td>管理性组织</td><td>教师提前 3 分钟进入课室候课，发放学案，准备 PPT，检查学生生物课前准备物品，观察学生的课间活动</td></tr>
<tr><td>诱导性组织</td><td>和课间才吃早餐的学生进行交流：为什么学生未吃早饭会头晕？能尽快补充能量的物质是什么？
引入课题：糖类是细胞和生物体内主要的能源物质</td></tr>
<tr><td>指导性组织</td><td>教师布置讨论任务：同桌之间相互举例一些熟悉的糖类名称，并辨析两个问题：1．糖都是甜的吗？2．甜的都是糖吗？
两分钟的讨论时间结束后，请学生分享交流成果。
教师布置阅读任务：糖类由哪些元素构成？细胞中的糖类主要有哪几类？糖类在细胞中起什么作用？请同学们阅读课文 P30 ~ P31，细胞中的糖类的内容，并归纳整理知识结构。
阅读过程中，请学生边读边在课文上圈出重要词句，并在学案上如下表格填写完整。
<table>
<tr><th>元素</th><th colspan="3">种类</th><th>组成</th><th>分子式</th><th>分布</th><th>作用</th></tr>
<tr><td rowspan="12">C、H、O
多数糖类分子中H：O为2：1</td><td rowspan="5">单糖</td><td rowspan="2">五碳糖</td><td>核糖</td><td></td><td>$C_5H_{10}O_5$</td><td>动植物细胞</td><td>构成RNA的重要物质</td></tr>
<tr><td>脱氧核糖</td><td></td><td>$C_5H_{10}O_4$</td><td>动植物细胞</td><td>构成DNA的重要物质</td></tr>
<tr><td rowspan="3">六碳糖</td><td>葡萄糖</td><td></td><td rowspan="3">$C_6H_{12}O_6$</td><td>动植物细胞</td><td>细胞生命活动的主要能源物质</td></tr>
<tr><td>果糖</td><td></td><td>植物细胞</td><td>提供能量</td></tr>
<tr><td>半乳糖</td><td></td><td>动物细胞</td><td>提供能量</td></tr>
<tr><td rowspan="3">二糖</td><td colspan="2">麦芽糖</td><td>1葡萄糖+1葡萄糖</td><td rowspan="3">$C_{12}H_{22}O_{11}$</td><td>植物细胞</td><td rowspan="3">储能物质，水解成单糖后为生命活动提供能量</td></tr>
<tr><td colspan="2">蔗糖</td><td>1葡萄糖+1果糖</td><td>植物细胞</td></tr>
<tr><td colspan="2">乳糖</td><td>1葡萄糖+1半乳糖</td><td>动物细胞</td></tr>
<tr><td rowspan="4">多糖</td><td colspan="2">淀粉</td><td rowspan="4">许多葡萄糖</td><td rowspan="4">$(C_6H_{10}O_5)_n$</td><td>植物细胞</td><td>植物细胞中的储能物质</td></tr>
<tr><td colspan="2">纤维素</td><td>植物细胞</td><td>植物细胞壁的组成成分，起支持和保护作用</td></tr>
<tr><td rowspan="2">糖原</td><td>肌糖原</td><td>动物肌肉</td><td rowspan="2">动物细胞中的储能物质</td></tr>
<tr><td>肝糖原</td><td>动物肝脏</td></tr>
</table>
</td></tr>
</table>

续上表

组织教学技能类型	教学过程
指导性组织	阅读后，教师检查阅读效果并深化重点： 1. 为什么糖类又被称为“碳水化合物”？糖的 H 与 O 比全是 2：1 吗？H 与 O 比为 2：1 的化合物全是糖吗？ 2. 单糖、二糖、多糖怎么区分？ 3. 麦芽糖由两分子葡萄糖组成，为什么它的分子式不是 $C_{12}H_{24}O_{12}$？ 4. 所有的糖都是能源物质吗？ 5. 植物细胞中的纤维素、淀粉，昆虫的外壳都是多糖，水解后的单糖都是葡萄糖，但为什么它们的性质和功能却相差那么多呢？ 根据糖类的分子组成，我们将其分为单糖、二糖和多糖。糖类还有其他的分类方式，例如按分布、功能、化学性质来分类，请学生在学案上填写分类并回答。 （1）按分布分类 动物细胞　　植物细胞 （2）按功能分类 ①生命活动的主要能源物质：______ ②细胞中的储能物质：______ ③参与构成细胞的物质：______ （3）按化学性质分类 ①还原糖：______ ②非还原糖：______
诱导性组织	知识是为生活服务的，运用糖类的知识来解释生活中的几个实例，请学生回答。 例 1：人在患急性肠胃炎时浑身乏力，往往采取静脉输液治疗。 （1）输液中含有葡萄糖，你知道为什么吗？ （2）输液中能用蔗糖来代替葡萄糖吗？为什么？ 例 2：糖尿病人的饮食受到严格的限制，受限制的并不仅仅是甜味食品，米饭和馒头等主食都需定量摄取。为什么？

续上表

组织教学技能类型	教学过程
诱导性组织	例3：某广告称某种品牌的八宝粥（含有桂圆、红豆、糯米）不加糖比加糖还甜，最适合糖尿病人食用。你认同吗？ 例4：如何检查一个人是否得了糖尿病？ 对于例4，有个别学生喜欢说俏皮话，回答说："尝一下他的尿液是否是甜的。"逗得全班哄堂大笑。此时教师需控制自己的情绪，不可恼羞成怒，可突然停止言语，用目光环视进行阻止，以静制动。
管理性组织	小结，学生进行课堂练习，巩固当堂学习内容
指导性组织	布置预习下节课的"检测细胞中的还原糖"实验

参考文献：

[1] 韩颖. 高校青年教师课堂组织教学技能存在的问题与对策 [J]. 师资建设，2017 (23)：50－51.

[2] 陈宗良. 高中数学课堂的组织教学 [J]. 现代阅读，2013 (01)：157.

[3] 徐启斌. 思政课组织教学技能述略 [J]. 德育探索，2001 (10)：11－13.

[4] 张海珠. 教学技能 [M]. 北京：北京师范大学出版社，2013.

[5] 荣静娴. 微格教学与微格教研 [M]. 上海：华东师范大学出版社，2011.

[6] 陈秀玲. 语文教学技能训练 [M]. 武汉：华中师范大学出版社，2010.

[7] 谭丹英. 中学数学教学技能训练教程 [M]. 昆明：云南大学出版社，2015.

第十一章　生物教学变化技能

第一节　生物教学变化技能的概述

变化技能，是作为一位教师应该掌握的课堂教学基本技能。教师在课堂上的首要职责是把教学信息准确生动地传递给学生，帮助学生建构知识框架，首先就要吸引学生的注意，激发学生的学习热情。如果整个课堂是刻板而单一的，学生则注意力涣散、学习效率较低，教学目的就很难实现。我们常说“兴趣是最好的老师”，而“变化又是兴趣之母”。所以，教师需要在课堂上善用一些变化，使整个课堂是灵动而活跃。一节课如果上得有效、上得精彩，不仅学生获益良多，也能展现教师的个人教学魅力与风格。教学中教师是教学的架构者，变化技能就是教师的魔术棒，把教学信息准确生动地传递给学生，使其完成知识框架的构建，是生物结构化教学的重要手段。

一、变化技能的含义

什么是课堂教学的变化技能？课堂教学的变化技能，就是教师在课堂上运用个人的教学形态，或多种信息的传递途径，或多样的教学活动形式等方法和手段，激发学生对学习内容的兴趣、引起学生的注意和思考，促进学生多方面科学思维的培养，从而有效地推进课堂教学进程的一类教学行为。

二、变化技能的作用与意义

（一）变化技能的作用

生物课堂教学中教师运用变化技能，有以下三方面作用：

1. **激发并保持学生对教学活动的注意**

“注意”是心理活动对一定对象有选择地集中在教与学方面的一种现象。教师在课堂上成功吸引学生的注意，是教学成功的重要条件。引起并保持学生的注意就必须给学生一定的刺激，刺激的强度、新颖性、刺激物的变化等都是引起注意的重要因素，变化技能正是运用了这一原理达到吸引和调控学生注意的作用。从心理学分析，注意分为无意注意和有意注意。教师可根据课堂教学需要选择不同的调控方式。比如教师讲课时抑扬顿挫的声调、生动鲜明的生命现象的演示以及学生活动方式的灵活多样等，都可以引起学生的无意注意，使他们的注意力集中稳定。当讲到重难点或关键处时，教师采用一定的方式进行强调和处理，可以唤起学生的有意注意，使学生的注意有明确的方向，使头脑中的记忆更清晰和准确。在课堂教学过程中，无意注意学习认知较浅显，学生难以完成学习任务，而学生长期靠有意注意学习又容易引起疲劳，使注意力下降。这就要求教师运用变化技能引导学生在无意注意和有意注意之间有节奏地交替转换。

2. **提高学生在课堂学习中的信息传输效率**

在课堂中有效地吸引学生的注意，使课堂教学事半功倍。有乐趣的学习才可以更好地提高学生的学习效率。所以，多样化的教学方式和学习活动能激发学生的学习兴趣，驱动学生主动学习。对奇妙的生物学现象的感知能使学生充满好奇地步入生物学习的殿堂，积极探索，寻找答案。信息传输理论表明，与人的感官相对应的每一种信息传输通道，传递信息效率不同，记忆效率也不同。根据这一理论，教师在生物课堂中运用变化技能适当变换信息传输通道，不仅能激发学生的学习兴趣，还可以科学有效地传输信息，帮助学生加深理解和记忆所学知识。

表 11－1　不同学习方式的记忆效率表

学习方式	记忆效率（%）
读	10.0
听	20.0
看	30.0
听看结合	50.0
理解后的表达	70.0
动手做及表达	90.0

从表 11－1 中可以看出，多样的学习方式有利于记忆效率的提高。如果在一节课中老师是满堂灌式教学的，学生听着听着可能就会犯困。因为单一模式的教学方

式容易使人大脑疲劳，使学生的注意力下降，从而影响学习效率。因此，课堂教学中适当的变化是必要的，能激发学生学习兴奋点和提高学习效率。

3. 使不同层次学生共同参与学习活动

从传统的直灌式教学到新高考提倡的新情景和探究的教学，各种教学改革与探索的根本出发点就是要真正体现出学生在教学活动中的主体性，让学生积极主动地学习。而能实现积极参与、主动建构、体验探索这些学生活动的前提，则是教师呈现给学生的教学内容必须能引发学生的思考和反应。学生在认知水平和学习能力上存在差异，不同的学生对各种信息传递方式的接受程度可能是不相同的。教师在向学生呈现教学内容、传递信息时，运用变化技能有针对性、有选择性地对不同层次不同水平的学生采取不一样的信息传递方式，才能使整体学生比较顺利地接受知识点的信息，进行思考并做出反应。就像某个知识点很抽象，但老师以日常生活例子做比喻，让学生能引起联想，则知识就变得容易理解了。因此，不同学生接受信息的能力是有差异的，老师需根据学生的特点作出教学的变化，这也是课堂教学的一个重要环节。

（二）变化技能的意义

生物学课堂应该是一个引导学生对生命现象充满好奇和探索的灵动课堂。一切事物的发展都离不开变化。教师在熟练掌握课本内容、教学重难点的同时，也应掌握具有实效的教学手段和教学前沿信息和资源，并且在对学生的学习特点和学情也有相应了解的前提下，在课堂上灵活地把这些学习内容、学习载体和学习主体有机结合在一起。这能充分地体现一位老师的教学水平和业务能力。

生物学课堂教学可能并不一定是一个生动活泼、轻松愉快的过程，也可能会是一个艰苦的烧脑过程，如何引导学生挑战重难点的知识点，也是对生物教师的一个挑战。变化技能的适当运用可以很好地解决这一问题，有助于形成生动、愉快、和谐的课堂气氛，使生物课堂充满生气。教师熟练运用变化技能去营造轻松的课堂气氛，这样既能显示出教师的学识和能力，又能体现出循循善诱、诲人不倦的师德，还有利于师生间的情感交流，形成和谐、愉快的课堂气氛。学生在课堂上，能及时从教师友好的语言、微笑里，感受到关心和鼓励，不断向学科知识重难点冲锋，为培养学生良好的科学素养奠定基础。

第二节 生物教学变化的类型、应用原则与要点

一、生物教学变化的类型

变化技能是为课堂教学整体服务的，根据生物结构化教学的原则，教师应更系统地、更有逻辑思维地展开生物课堂教学，同时结合新高考新改革的理念，以创新和探究为主导，以学生主动学习为主体，围绕这些核心展开变化的课堂教学。

（一）教师教态的灵动变化与把控课堂节奏

教师是课堂教学的组织者、引导者，学生依赖教师的指导展开学习，所以，教师在课堂上的一举一动均会对课堂教学产生影响，教师个体的变化会影响课堂教学的导向。比如教师对生物学科的热情会感染学生学习生物学科的热情，而教师的负面情绪也会破坏课堂的学习氛围和学习节奏。所以，教师首先需注重个人教态的变化，调整上课讲话的声音，巧妙运用手势、眼神、表情及课堂位置等变化，集中学生的注意力，把控好课堂教学的节奏。这些变化是教师个人教学热情、教学修为的集中表现。

1. 教学语言的变化

教师上课声音的变化，首先指教师讲话的语调、音量、节奏和讲话速度的变化。这些变化在吸引学生注意力方面具有显著效果，可使教师的讲解富有感染性，能突出重点。声音的变化还可用来暗示不听讲或影响其他同学听讲的学生，使他们安静下来。一位有经验的老师在高音调吸引学生注意力之后，把声音变弱以平稳低沉的语调接着讲解，学生会更加专心地去听。而一位经验不足、缺乏训练的教师往往不会运用声音的变化，比较沉闷单调的声音同样使整一节课也会单调沉闷。讲话速度的变化也是引起注意的一个因素，一般不宜太快或太慢。当语速有变化时，已分散的注意就会重新集中起来。在讲解或叙述中适当使用加大音量、放慢速度可以起到突出重点的作用，如果再加上手势的变化效果会更好。

其次，为了让课堂教学更有条理性，教师语言也应随着内容有一定的变化，从通俗到深奥，从简单到复杂，根据学生的理解程度而变化。比如必修一课文中细胞亚显微结构对囊泡的理解，将要分泌的物质从高尔基体运输到细胞膜处。怎样讲才

让学生更明白呢？这需要结合学生的日常生活做出一定的变化，把高尔基体比喻为深海的潜艇，在内质网到细胞膜往返运输。

2. 教师关注的变化

一节课中如果老师不看学生，学生也没有兴趣听老师讲课。在日常生活中，良好的交流关系，应该有70%左右的时间内注视着对方并使对方感觉到这种注视，这样谈话才能有效果。同样，如果老师不关注学生，课堂教学的效果就会大打折扣。眼睛是心灵之窗，它是人际之间感情交流的重要方式。课堂教学中教师应善于利用目光接触增加与学生情感上的交流，从而促进学生的课堂学习和思考。

作为教师，关注一般是面对全体学生的。但在课堂上的关注也应随机变化，比如从关注全班到关注部分学生，再从关注部分学生到关注全班。课堂上教师与每个学生的目光接触会使学生增加对教师的信任感，从而喜欢听讲。从走进教室的一刻起，教师就要有意识地用自己和蔼、信任的目光，投向全体学生，让每一位学生都有一种被关注感，有利于师生间的情感交流。从与学生的目光接触中教师还可以获得信息反馈，了解学生对讲解的内容是否感兴趣，是否在注意听讲。在教学中，特别是在教学内容的讲解和提问中，教师切忌目光游离不定，注视天花板或窗户，这对师生间的信息交流是十分不利的。

教师还要学会在不同的情境下给予学生不同的关注：当发现学生注意力分散时，用目光去暗示和提醒；当学生回答问题时胆怯、畏缩，用目光去鼓励和支持；当学生犯错误时，目光严厉和诚恳；当学生有所进步时，应换成赞许和信任的目光。特别是对一些后进生切忌用鄙视、厌恶、轻蔑的目光对待他们，那会损伤学生的自尊，使他们产生逆反心理，教师不妨用期待和信任的目光让他们看到希望，从而有信心做得更好。教师与学生目光关注的变化可以促进学生心理健康和思维的发展。

3. 教师肢体语言的变化

教师的肢体语言，如头部动作和手势也可以传达丰富的信息，是又一种与学生交流情感的方式。在与学生交流的过程中，学生可以从教师的动作获得回答问题或调整回答的鼓励。教师这样做既激励了学生又可不中断学生的回答，使学生感受到良好的气氛。从而愿意谈自己的意见和感受，激励他们主动地参与教学活动。教师不满意学生的回答或行为时可以运用摇头和皱眉等方式来委婉地表达自己的情感。这比语言表达更能让学生接受。教师还可以运用手势帮助学生理解抽象的概念和要点。如果恰当地运用手势并配合语言表达，如加重语气，则能突出重点，有利于学生记忆和理解。

4. 教师课堂位置的变化

教师课堂位置的变化，是指教师在教室内身体移动的位置变化。身体的移动有助于师生情感的交流和信息传递，使课堂变得活跃有生气。如果教师整一节课一直站在讲台上，学生与教师会产生距离感，学习的注意力也会下降，课堂会变得单调而沉闷，学生就会搞各种小动作。所以，教师要恰当地运用位置移动引起学生注意，调动学生学习的积极性，对学生的课堂学习也有一定的督促效果。

教师在课堂上的移动大致有两种。第一种是在讲课时由于板书和讲解的需要在黑板前走动；第二种是在学生回答问题、做练习、分组讨论或做实验时，教师在学生中间走动。从讲台上下来，走到学生中间可以更近距离接触学生，利于师生间情感的交流。在走动中教师还可以对学生进行个别辅导，解答疑难，并检查和督促学生完成学习任务。

概括地说，教师教态的变化是根据课堂教学不同、学生学情不同而灵活变化的。如课堂教学内容较难，教师则应对教学语言、肢体语言作出一定的变化；而上课纪律差的班级，教师应作出实时的变化。教态的灵动变化，有利于教师把控好课堂教学节奏，使一切围绕着促进学生身心发展和提高课堂教学效率的核心进行。

（二）学生活动形式的转换与调动课堂氛围

如果学生一节课都枯燥地坐着听老师讲课，能坚持40分钟的，一般都是自觉学习的好学生，他们往往对自我学习要求较高。但是，如果学生没有良好的学习习惯，在课堂学习的过程中则可能出现懈怠的状态，不能追随老师的教学思路学习。因此，教师应根据学生的特点在教学前进行学情分析，在教学设计中预测哪个教学内容或哪个教学环节学生不容易理解，寻找帮助学生理解的教学方式，进行多样化的学生教学活动设计，尽可能让所有的学生投入到课堂学习中，让学生主动学习、互助学习、多形式学习，有利于提高课堂教学效率。同时，也能调节课堂的学习气氛，让课堂充满乐趣，促进学生与教师的情感交流。

教学内容在教学过程中是以信息的形式存在的。学生获得知识的过程，也就是学生对信息进行加工处理的过程。按照信息传递的途径，课堂上学生活动的形式主要有四种：

（1）教师教，学生学，是以讲授式为主的学生学习，教师可以集中讲述教学重难点；

（2）教师问，学生答，是以提问方式进行，教师往往可以得到学生的学习反馈；

（3）学生相互探讨，以讨论为主的交流，这是生生互助的构建知识的活动方式；

（4）师生共同讨论、探究创新，以合作教学为主的综合交流，这是新高考改革倡导的师生探究与合作的学习模式。

在课堂教学中，教师为了更有效更系统地传递教学信息，了解学生的想法以及学习中的问题，应采取多样的教学方式与学生交流，以便获得全面的反馈信息，也便于调动课堂氛围。如教师在讲授某个教学重难点时，可采用讲授的方式，有利于学生集中有效地吸收教学信息，此时课堂氛围是较为安静和专注的；在课堂练习的巩固环节里，可采用提问的方式，检测学生的解题的思路是否正确有无偏差，及时地矫正和补给知识，此时课堂氛围是积极和活跃的；而在模型建构的环节，如自主构建 DNA 的双螺旋模型时，可采用生生互助的活动模式，让学生自己动手搭建模型，能更深刻理解 DNA 双螺旋结构特点，此时课堂氛围是积极和热情的；而在解决某个新情景新问题的探讨环节，如能量流动的问题探讨中，鲁宾逊流落荒岛，身边只有一只母鸡和十五千克玉米，从能量流动的角度分析，怎样使自己存活的时间更长？可采用师生探究与合作的活动方式，教师引导，学生探讨，此时课堂氛围是有乐趣、有争执和辨析的。在不同的学生活动里，教师给予学生的学习自我成长的空间不同。教师应善于变化学生活动，从而调控课堂氛围，时而安静，时而激情；时而倾听，时而辩论，让学生们在课堂上乐在其中，领悟生物学科的学习乐趣，并在教师的不断鼓励和促进下，勇于探索生物学难点。

教师在教学中应转变思想观念和教学模式，不宜以讲授为主导进行全堂教学。以往教师的满堂灌、学生的课堂活动单一、学生被动地学习，往往教出来的是高分低能的考试机器，这样的学生已不适应时代的进步和社会的发展。教师应以学生为学习的主体，促进学生主动的学习。

在新高考改革生物学课堂结构化教学下，学生在课堂的活动形式应是多样的、灵活的、变通的，依学生的需要和教学的需求进行和设计的。课堂教学进行多样的学生活动的变化，把学生个体的自我反馈、学生群体的信息交流、师生之间的信息反馈与交流有机地联系起来，形成多层次、多方位的立体信息交流网络，让学生真的学懂学通，并能应用到日常生活中去，能分析和解决实际问题。这样，既能帮助学生构建知识网络，又能培养学生表达、合作、分享、解决问题的能力和综合素养。

（三）教学内容情景的转变与联系生活实际

新高考改革呼唤科学世界向生活世界的回归。强调情境创设的生活性，其实质是要解决生活世界与科学世界的关系。为此，课堂教学情景创设第一要注重联系学生的现实生活，在学生鲜活的日常生活环境中发现、挖掘学习情境的资源；第二要挖掘和利用学生的经验。学生的已有经验包括认知经验和生活经验，任何有效的教学都应始于对学生已有经验的充分挖掘和利用。让形象而具体、可见并生活化的课堂教学情境，有效地刺激和激发学生的想象和联想，使学生能够超越个人的经验范围、时间和空间的限制，获得更多的知识、掌握更多的事物，有效地丰富学生的感性认识和生活知识，促使学生形象思维与抽象思维共同发展，用学到的学科知识解决日常生活问题。

1. 教师设置的教学情境一般分为生活情景、时事情景和问题情景

（1）生活情景是指在生物课堂上，教师以丰富多彩的生活经验为依据创设生活化的教学情景。例如在讲到 DNA 携带遗传信息多样性的时候，为了向学生生动说明 DNA 储存大量信息的原因，教师给学生创设如下的情景：我们让 4 位同学到讲台上来，他们分别代表一种脱氧核苷酸，他们 4 个组合成一条脱氧核苷酸链，我们让他们来排列一下有多少种排列方式？好的，那么如果再上来 4 位同学呢？如果数目成百上千呢？通过计算，学生发现虽然 DNA 只有 4 种脱氧核苷酸但是排列的组合可以有很多种，这样就不难理解 DNA 储存大量信息的原因了。通过这种生活化的情景，使原本枯燥的知识变得生动和有趣起来。

（2）时事情景是指借助目前世界上真实发生的引人关注的事件作为背景材料，引导学生联系课本知识进行分析和推断，从而增强学生学科思维的情景创设。例如新型冠状病毒肺炎疫情的发生，可以通过人体的飞沫和接触传播的。病毒迅速在全国蔓延，患病人数不断增多。教师结合人体特异性免疫的知识内容，引导学生了解冠状病毒入侵人体的途径，在呼吸道上皮细胞的增殖方式，根据这一特异性抗原会在人体激发的体液免疫和细胞免疫。通过时事情景的创设，让学生把课本知识与生活实际联系起来，做到学以致用。

（3）问题情景是指借助问题的思维性来引发学生的思考和探究，教师利用问题创设思维性较强的情景，通过问题带领学生进入思考和学习的状态。例如，在讲到血糖调节的时候，教师设置这样的问题情景：同学们已知道血糖的三个来源和去路，也清楚胰岛素和胰高血糖素的作用，那么人体在饭后是怎样调节使血糖维持在一定范围的呢？在饥饿的时候呢？从而使学生深入理解血糖平衡的调节模型。通过思考，学生的学科思维得以构建。生物课堂上，教师根据适当的教学实际创设适当的教学情景，并将之有机结合，灵活运用，使生物课堂生动活泼起来。

2. 教师设置的教学情境常含一系列问题，它能逐层有效地引发学生的思考

教师设置的问题应具备目的性、适应性和新颖性。“目的性”指根据教学目标而提出来的，教学目标是设问的方向、依据；“适应性”指难易程度要适合本班同学的实际水平，以保证使大多数学生在课堂上都处于思维状态；“新颖性”指设计和表述具有新颖性、时效性和生动性，具有真正吸引学生的力量。情景问题之间的转变，学生需运用不同的学科知识分析和解答，有利于学生学科思维的锻炼和知识模型的形成。如在学有丝分裂的知识后学习减数分裂知识，教师往往设问减数分裂中的“减半”是指怎样的“减半”，只是数目减了一半吗？这一问题引起学生的关注和思考，教师引入同源染色体的概念。教师又再设问，大家认为这重要的“减半”发生在什么时期？是发生在减数第一次分裂还是减数第二次分裂？新的问题使学生的认识产生了分歧。有的学生赞成前者，有的学生赞同后者。到底哪个才是正确的呢？学生可以分别阐述自己的理由。教师引导学生进一步地思考同源染色体分离过程，最后明确减数分裂中两次分裂的过程和意义。这样，通过课堂问题的递进，学生不断辨析所学的学科知识，主动构建知识并能加深理解和掌握，从而达到课堂教学的目的，有效提高课堂教学效率。

（四）教学媒介或渠道的衔接与开拓学生思维

从信息传输理论上看，每一种信息传输通道传递信息效率的不同，容易疲劳的程度不同。所以，在生物课堂教学中适当地改变信息传输通道，尽可能用多样的教学手段、教学媒体和教学渠道展开课堂教学，尽可能调动学生多种感官来吸收和理解教学信息，才能更有效地、更全面地帮助学生建构学科知识网络，并多方面开拓学生的学科思维。教学实践证明，在生物课堂教学中，教师不单通过照片、图片、模型等直观展示的教学手段，更借助幻灯、音频、视频等现代信息技术媒体，以及适当地加入模拟实验、分组讨论、课外实验展示、情景探究等不同的教学渠道来进行课堂教学活动，使学生对教学知识点能更灵活运用，以取得更好的教学实效。

1. 不同教学媒介的运用，有利于学生学科思维的形成

为了有效地使用媒体，发挥媒体的辅助作用，教师在教学设计时须知道每一种媒体的性质及其在学科教学中的作用和效果，才能在课堂教学中使用恰当，得心应手。如生物课堂教学常叙述生命现象、生命过程、生命原理等较为抽象的知识，教师常将 PPT 幻灯片播放、实物投影应用于课堂教学中，师生之间可以此为媒介进行提问、讨论、探究等学习。屏幕上清晰、生动的画面或教学视频、音频及微课等，都富于视觉的冲击力和感染力，让课本原本抽象的知识变得形象和直观，更容易引起学生们的学习兴趣，从而激发学习热情。多媒体教学可以顾及学生的差异，合理地调整播放时间和方式，如对教学难点可以重复播放，便于不同层次的学生突破知识的重难点，教学比较灵活。而用实物投影作为实效的投影教材资料或学生所做的练习，便于全班一起讨论，或及时对学生的练习答案进行批改，及时作出反馈调整。这些教学媒介的综合使用，有便于在课堂有限的时间高效地完成教学内容，也有利于学生学科思维的构建。

2. **多种教学渠道的实行，有利于开拓学生学科思维**

课堂教学并不是按单一模式进行的，在科技迅速发展的今天，教师要适当地加入多种教学渠道得到的教学资源来丰富课堂教学，如课外实验展示、新情景问题探索、设计模拟小实验、分组讨论思维碰撞等多种形式。与教学内容相契合的变化，有利于开阔学生视野，多角度的思考问题，从而形成学生全面、系统的学科思维。如在“水和无机盐”的章节，教材并没有实验能够说明水和无机盐的作用与功能。教师在教学设计时，为了学生能够更好地理解水和无机盐的功能，设计了一个课外探究小实验，录制实验过程与结果，并在课堂教学中呈现。小实验设计的内容：解剖青蛙，取出心脏，分别放在等量的蒸馏水和矿物质饮用水中，观察和记录蛙心维持跳动的时间长短。实验结果显示：矿物质饮用水中的蛙心跳动时间比在蒸馏水中要长。教师引导学生思考。这样，将课本抽象的文字转化为直观的实验现象，充分调动了学生的学习兴趣，激发了学生探究实验结果背后原因的动力。学生可分组讨论，再由学生代表小结出无机盐对于维持细胞生命活动有重要作用。这样学生通过多样化的教学渠道学到的知识印象会更深刻，学习效果更好，对学生自主思考也有很大的启发。

因此，教师在对课本知识点充分掌握和理解的基础上，也需掌握前沿的学科信息和技术，不断地思考、创新和改革，在课堂教学中实施有利于学生学习的教学变化，让学生感受丰富多彩的学科魅力，使课堂教学更高效地进行。

二、应用原则

（一）变化在课堂教学上应行之有效

教师在课堂教学前进行教学设计，应针对教学目标选择不同的、具体的变化方式。根据本节课教学内容的重难点寻找教学资源和材料，制作教学课件、教具或模型，设计课堂上可行的情景问题或学生活动，并根据学生的学情和特点进行精细化的设置和编排，使教师在上课前对教学变化做足准备并做到胸有成竹。在课堂教学的实施中，教师应灵活地进行教师教态的变化，以把控好课堂的教学进程和节奏，使精心编排的教学变化行之有效，使教学的变化能达到教学成效。

课堂教学变化，首先明确变化的目的是为了教学。教师应充分认识课堂教学变化对学生的教育作用及学习上的激发作用，每一次课堂教学上的变化都应该有着明确的教学目的。教学目的需要才设置教学变化，教学内容不需要则删减掉。不将变化当成教师为了展现而展现的花架子，教学方式很花式但教学目的却没有达到，就会本末倒置。变化是为了更好地达到教学目的，为了更好地完成教学内容而定的。

其次，课堂教学变化还要明确变化的主体对象是学生。选择变化技能时要针对学生的个体差异、认知水平、能力和兴趣，教学内容和学习任务的特点而定。变化是引发学生动机、兴趣的武器，所以必须要围绕学生的特点设计各种必要的变化。针对不同学生运用不同的变化，如安静的班级可试用生活情景、学生活动形式变化让学生学习活跃起来，而活跃的班级则试用问题情景、学生代表陈述等变化让学生专注到某一知识点的思考上。让学生更有效地学习，才是变化的最终目标。

（二）变化在学生管理上要落到实处

在课堂教学中，学生对教学变化的接受程度和课堂学习状态是否与教师教学变化需要相契合，是影响教学变化效果的重要因素。所以，课堂上对学生的管理十分重要。

在课堂的教学环境中，根据学生听课情况，教师变换的语言或非语言行为灵活的、明白和准确，可以帮助学生集中注意力，提高课堂教学的效率。其次，根据教学内容的深入，教师变换信息传递方式或教学活动形式，充分调动学生的各种感官，帮助学生全面地思考，建构更有条理的知识框架，有利于学生学科思维的发展。再者，教师的教态轻松和自然，语调言语富有激情，可活跃课堂气氛，调动学生参与的积极性。教师进行适当的课堂位置的变化，如到学生之间巡视，对学生学习有一定的督促作用。这些，可使课堂学生的管理落到实处。

（三）变化在课程推进上是灵活和适度的

教师的课前教学设计可能较为理想化，虽然设置的课堂教学变化是依照教学内容和学生学情进行设计，但是在课堂实施时却不一定有理想的效果。那么教师在课程推进时还需进行灵活的把握和调整。如在教师提问“为什么孟德尔推断控制性状的遗传因子在体细胞中是成对存在，而在生殖细胞中是单个存在的?”分析能力较差的学生不一定能回答上来。课堂氛围随之沉默下来。教师在等待了一定的时间依然得不到回应后，应及时和灵活地更改教学变化，调整教学方式和教学思路，再引导学生分析课本中孟德尔的杂交实验图解，从子一代自交后代性状分离的现象找到线索。这样，通过灵活和及时地转变教学活动，使学生的学习思路能继续跟随教师的教学节奏，使课堂教学能继续有效地向前推进。反之，如果把一个不能很好执行的学生活动坚持执行到底，或者上一个教学变化还没有很好施行，就跳到下一个教学变化上去，中断了学生的学习思路，学生得到的知识信息断层化、碎片化。这样，实际上违背了学生为课堂学习主体的教学理念，看起来教师是教了，但事实上学生并没有学到系统的知识，课堂教学的效果自然就较差。

另外，教师变化技能的运用应有分寸，切勿浮夸。变化技能是引起学生注意、提高教学效果的方式，在使学生集中精力之后，应有效地进入课堂教学过程中。如果教学变化幅度过大或内容过多，反而会分散学生的注意力，让学生注意力到了教学以外的事物上，或者注意力太分散学生不知道该立足思考哪一点的教学内容，这样的变化都是切不可行的。一般而言，课堂教学的变化是难易结合、繁简适度，太难或过繁会使学生应接不暇、思维够不着；太浅或过简会显得课堂肤浅无聊、沉闷刻板，都会影响课堂教学的效果。

三、应用要点

（一）变化的承接，宜行云流水

教师根据教学内容推进，在课堂教学上进行有序、有层次的教学变化。在上一个教学变化实行后，再到下一个教学变化，两者之间教师应进行引导或过渡。比如教师常用这样的引导语：“同学们，前面我们已经掌握了××知识，现在让我们一起来看一下××的视频来加深印象吧。”这样教师在实施教学变化前作好铺垫，使教学变化的实行变得流畅自然。另外，变化技能与变化技能之间的承接，一般是由简单到复杂、由容易到困难，有一定的层层递进性，这样学生会比较容易接受。当然连接也要有流畅和连续性，这样学生才不会产生突兀的感觉。

在课堂教学中，除了变化技能与变化技能之间，还有变化技能和其他技能之间的连接也应平滑地进行，例如课堂中演示技能后到提问技能，提问技能后到学生实验活动等，都应自然地过渡，使课堂教学内容顺利地推进，学生思维跟随教师的脚步进一步拓展，学习能力逐步地提升。变化技能与其他技能在课堂上的灵活衔接和综合运用，充分体现一位教师的教学业务水平。

（二）学生的跟进，需充分调动

在进行课堂教学变化时，教师要注意学生的反应，加强师生间的学习交流，这样，才能使变化技能发挥较好的作用，达到预期的目的。第一，教师留意观察学生的反应，如眼神。如果学生的眼神是坚定而有神的，说明学生在跟随教师思路前进；如果是迷惑不解的，则学生对所学知识还模糊不清；如果学生是低头无视的，则可能学生觉得教师所讲的内容无聊并不能吸引他们。教师根据学生的反应，在教学节奏上，做灵活的改变，力求学生跟紧教师的教学节奏。第二，教师应鼓励学生前行。当遇到生动形象的教学内容时，学生容易接受并被调动起来。但是当教学难度较大时，比如学生互助学习或师生探讨学习时，总会有学生畏难。教师可以用鼓励的言语调动学生，如说“不要紧的，你来试一下，说说你的想法。”给予学生肯定的目光，鼓励学生乐于尝试，积极投入学习活动。

另外，师生的情感交流是激发学生学习热情的有效钥匙。课堂上师生间情感的交流是推进课堂教学进度和营造学习气氛的重要因素。学生往往因为喜欢一位老师而喜欢上他的课。在课堂师生情感交流中，教师可用教态的变化调动学生的积极性，督促学生跟随教师节奏学习。例如当教师走进教室时总是面带亲切的微笑，学生会从教师的微笑中感受到老师对他们的关心、爱护和理解，使学生感受到学习的快乐，从而乐于追随教师的教学思路进行讨论和思考。这样，就能充分调动学生主动学习，从而有利于课堂教学的顺利进行，促进学生的身心发展。

（三）适当的停顿，是回顾和提升

停顿在特定的条件和环境下传递着一定的信息，也是课堂教学的一种有效方式。在讲述一个事实或概念之前做一个短暂的停顿，能够有效地引起学生的注意和思考。在讲解中间加入停顿，也可起到同样的作用。停顿时间可为10秒左右，这样的停顿使学生会对所学知识有反思和回顾的时间。但时间过长则可能中断学生的学习进程。

在课堂教学的变化过程中，学生跟随教师思考逐步构建知识框架，不一定所有学生都能跟随上来，思维能力较差的学生需要更长的时间反应。因此，教学变化后的停顿，一方面是让好学生自我思考和提升，另一方面，也是让学习能力不足的学生跟上来。这样，能顾及班级大部分的学生，使课堂教学的变化技能更有效。

对有些教师来说，他们可能害怕课堂的停顿和学生的沉默。当沉默出现时，他们常用自己的陈述来填补，如自问自答。但是有经验的教师则善用停顿的机会，让学生专心思考或留意刚学习的知识点，在头脑里梳理知识网络或构建知识框架，其实这是有利于学生学习的，能有效地加深学生对知识的记忆和理解。所以，适当的停顿在课堂教学中是十分必要的，是促进学生自主思考的方法。在课堂教学变化中适当地使用停顿，也使学生感到课堂学习的节奏不是一味向前冲，而是张弛有度的。

第三节　生物教学变化技能的应用示例

在生物课堂教学中，教师根据不同的教学目标选择不同的变化，并在课堂教学中进行实施，从而达到课堂教学的预期效果。以下是三个变化技能的应用示例：

一、植物细胞有丝分裂的探究学习——学生活动的变化

（一）教学变化的设计

在“真核细胞的有丝分裂”教学中，根据该教学内容的重难点“植物细胞有丝分裂过程中细胞周期各时期的特点和染色体变化”，设计让学生更好掌握知识的教学方式，尝试以学生为主体、以探究学习为主导的教学活动设计，尽可能让学生主动探究、互助学习和分享表达，通过多样化的学生活动，培养学生观察、分析和推断的学科思维，促进学生的学科素养形成及合作表达的综合能力。

（二）教学变化的过程

（1）课前准备：教师通过“观察洋葱根尖细胞有丝分裂”实验，获得植物细胞有丝分裂各时期的显微图像，打印若干份，并准备若干 A4 白纸、剪刀及胶水。

（2）开始导入：有丝分裂是真核细胞增加体细胞的重要方式，细胞数目由一个变两个，那么染色体的数目在分裂前后于每个细胞的数目是相同的吗？学生思考后给予肯定回答，再引导学生对有丝分裂的过程进行思考，“那么有丝分裂如何实现染色体的数目恒定？”

（3）提供事实：教师展示植物细胞有丝分裂各时期的显微图像，“在光学显微镜下观察到若干细胞，现在大家推断这些细胞在分裂过程中的先后顺序？”教师指导分组，给予每个小组打印的图像、白纸、剪刀和胶水。

（4）自主探究：要求每个小组把图像的细胞剪下来，在白纸上按前后顺序排

列，并用胶水粘贴。探究过程是学生独立思考的过程，学生通过观察图像的染色体特点，分析和推断分裂的过程。

（5）互助学习：小组与小组之间相互探讨，彼此粘贴的结果一样吗？如果彼此的结果不同，那谁才是正确的？为什么？引导学生对本组的结果再次分析和修正。

（6）表达提升：教师鼓励小组代表展示本组的粘贴成果，让学生代表解释本组粘贴排列的原因或分析过程。一方面培养学生勇于表达的学科素养，另一方面也以学生为主体讲述了教学的重要知识点，从而达到教学目的。

（三）教学变化的效果

在课堂教学中，学生的自主探究是学生自我加工知识、自主构建知识的过程，获得的成果是学生通过努力探究形成的，会比教师讲授来得深刻，在课堂之后对知识的记忆、理解的程度和效果也更长久。所以，本课通过学生活动多样的变化，由学生个体独立思考到自主探究，再到小组间互助学习，再到分享、表达和提升，学习程度不断加深，最终有效地促进学生对植物细胞有丝分裂过程的理解，提高了课堂教学的效率。

二、基因控制蛋白质的合成将抽象变直观——教学媒介的变化

（一）教学变化的设计

课本上基因控制蛋白质的合成相关知识点比较微观和抽象，它分为转录和翻译两个过程，分别在细胞核和细胞质核糖体上进行，这两个过程的模板、原料、酶、产物等条件是均需掌握的重点知识。如何使学生更容易理解微观和抽象的知识？在屏幕上展现清晰生动的画面或教学视频、音频或微课等，都具有视觉的冲击力和感染力，让原本抽象、微观的课本知识变得形象而直观，一方面容易引起学生们的学习兴趣，激发学习热情；另一方面也使学生更容易掌握基因表达的微观过程，从而达到课堂教学目标。

（二）教学变化的过程

（1）课前准备：搜寻和筛选与知识点有关的科学图片、教学课件、教学视频或微课，及指导学生制作教学教具等。

（2）开始导入：基因携带多样的遗传信息，如何控制合成多样的蛋白质呢？我

们知道基因主要存在细胞核上，而蛋白质合成在细胞质的核糖体上，那基因是如何调控的？

（3）学生展示制作的教学模具：让两个学生到讲台上来分别展示自己制作的细胞核和核糖体的教学模具，分别讲述基因在细胞核的转录和中间媒介物质RNA在核糖体的翻译过程。学生讲述的过程可能不太准确，教师随后给予补充。

（4）教师展现视频和课件：教师展示“下面我们一起来看一下科学家们拍摄和制作的科学视频吧。”通过引导学生观摩教学视频，使学生能科学、全面、动态地掌握基因控制蛋白质合成的完整过程，有利于构建相关知识点的科学模型。

（5）通过图片归纳和提升：教师投影转录和翻译的过程图片，引导学生观察和思考这两个过程的模板、原料、酶、产物等条件的区别，引导学生进行自主辨析和归纳，促进学生进一步加深对基因控制蛋白质过程的理解，从而有利于学生对相关知识点模型的运用。教师随后加以小结及进行练习巩固。

（三）教学变化的效果

通过不同教学媒介的综合使用，如从学生自制的模具展示吸引学生的兴趣，到生动形象的教学视频帮助学生构建知识模型，再到展示图片引导学生思考和归纳，使教师在课堂有限的时间能高效地完成教学内容，并且始终以学生自主学习为主导，使学生学科思维的构建也更有成效。

三、人体特异性免疫的教学中善设情境——生活情境的变化

（一）教学变化的设计

具体形象并生活化的课堂教学情境，有利于丰富学生的感性认识和生活知识，促使学生思维能力全面发展，懂得用学到的学科知识解决日常生活问题，做到学以致用。因此，在人体免疫的第三道防线——特异性免疫的教学中，比较适合用多种的情境设问进行教学，使学生将课本理论知识和生活实际相关联，运用科学知识去解决实际生活问题，同时也有利于拓展学生的人体健康知识，培养学生的生命观念。

（二）教学变化的过程

（1）课前准备：教师搜集和筛选与人体特异性免疫有关的生活事件、历史事件、时事问题等相关素材，准备展现的病原体、疾病等有关的图片或视频等。

（2）开始导入：病原体入侵到人体内环境，针对特异的抗原人体启动第三道防线——特异性免疫，它分为体液免疫和细胞免疫两种类型。这两者有什么不同？是针对抗原所在的场所不同而进行的吗？启发学生思考。

（3）生活情境：教师引导，“人类常常遇到很多疾病的入侵，如现今还在传播的艾滋病，如2003年爆发的非典肺炎，还有多种的禽流感等，使人们的健康生活、工作出行都受到很大的影响。那么，当遇到这些病原体时，人体是如何消灭和清除它们的?”引导学生自主学习，通过结合生活常识和课本知识进行讨论，教师随后梳理、展现和补充，帮助学生逐步构建知识体系。

（4）问题情境：教师又设置问题引导学生深入思考，如辨析：肺炎双球菌可使人患肺炎，新型冠状病毒也可使人患肺炎，当这两种抗原的入侵人体时，健康的人体启动的特异性免疫有什么不同？学生经过思考与讨论，辨析：细菌类的抗原存在细胞外液，是由体液免疫消灭抗原；而病毒寄生类的抗原存在于细胞内外，入侵宿主细胞的抗原需启动细胞免疫使靶细胞裂解死亡，使抗原暴露在内环境，再进一步由体液免疫清除，从而帮助学生辨析和区分这两种特异性免疫的不同。

（5）事实情境：教师引导，“事实上我们的环境中如空气中就存在多种病菌、病毒，可能会使人体患病，我们应该养成哪些健康的习惯，在增强自身免疫力的同时避免病原体的传播?”让学生们讨论。学生纷纷回答，改掉不良生活习惯，如长期看手机、熬夜、吃不健康食品等，养成良好的生活习惯，如多锻炼、勤洗手、多通风等。这样，有助于使学生建立积极健康的生命观念。

（三）教学变化的效果

在生物课堂教学中，教师根据教学内容创设多样的教学情境，如在本课堂中生活情境、问题情境和事实情境的创设，不断引导学生深入思考、分析和讨论，使课本上沉静和抽象的知识变得生动和形象，与身边生活相关联，让生物课堂变成一个生活的课堂，有利于学生思维的拓展和知识的延伸。

参考文献：

［1］曹道平．中学生物教学技能与实施［EB/OL］．2008－10－12．

［2］章志光．心理学［M］．北京：人民教育出版社，1985．

［3］崔红．新理念生物教学技能训练［M］．北京：北京大学出版社，2010．

［4］刘丽菲．高中生物教学情景的创设［D］．武汉：华中师范大学，2011．

［5］杨文．环境创设存在的问题及解决对策［J］．教育，2011．

第十二章　生物学课后教学研究技能

第一节　生物学课后教学研究技能的概述

教师的工作是充满智慧的工作，课堂上教师就是教育的先行者和实践者。在教学工作中，教师对自己的教育教学进行研究和反思，不断提升自己的教学语言、专业水平和科研能力，形成新的教学理念、教育方法和教学创新，推荐给更多教师使用，这样，让更多教师能更快地走上教育专业化发展之路。因此，教师不但要会教，而且还要懂得研究。教学研究，是每位教师都应掌握的教学技能，也是开展结构化教学必不可少的环节。

一、教学研究的含义

教学研究就是以教育现象和教育问题为引导，以学生和教学过程为对象，运用科学研究的原理和方法，在课堂内外进行实施，探寻新的教育规律、教育模式及有效的教育方法和手段的一种教育科学实践活动。教师职业可持续发展的动力就是来自于教学研究，教师的个人发展、学科组及学校的发展都与教学研究密切相关。

二、教学研究的作用与意义

（一）教学研究的作用

1．促进教师个人专业的发展

教学研究是教师专业发展的必经之路。教学研究是以教育科学的方法探索教育规律的过程。事实上，每个教师都在教学实践中有意无意地进行不同层次的教学研究。课堂就是教学的实践基地。教师在课堂上的教学实践与教师在头脑中的教育理论相结合，通过不断地研究和思索，不断地挖掘和创新，有效把握教育教学的方法、模式，逐步形成自己的教育思想和教学体系。这样，不断总结和积累教学实践经验，不断教学和研究相结合，有效地提升自己专业能力，就是一个教师自我成长的过程。

2. 帮助教师解决教学问题，使职业更丰富多彩

新高考改革主张让学生自主进行探究性、研究性的学习。而教师从事教学工作，同样也需要在教学上进行探究和研究，让自己从教学经验型逐步转为教学研究型。这个过程需要教师参与教学研究，从遇到的教学问题入手，通过教育科学寻找解决的办法，在一定的程度上改善和提升自己的教学工作，把自己从原来保姆式的繁琐、枯燥、乏味的教学工作中解脱出来，轻松愉悦地做好教学工作，圆满地完成教学任务，提升教师职业的幸福感。

3. 推动教师不断创新，提高教学质量

教学研究是以学生和教学为研究对象，以解决在教育教学中遇到的难题为目的，在常规的教育教学方法上，教师进行更新和创造，寻找更好的、更有效的方法。为学科的教育教学提供更新、更好、更适合的教育途径。创新是一个重要立足点。教学创新是指教师在平常教学工作中遇到教育教学问题而进行的尝试和实践，其中可能会与以前常规的方法有不同之处，实行起来却更简便和有效。这样，教师把教学实践中不同的尝试及效果记录下来，进行积累、推广，就能使更多的教师从中受益。所以，对于教师来说，进行教学研究是为了解决教师在教育实践中遇到的难题，并且通过创新，进一步指导更多教师的更多教育教学工作，大幅度提高教育教学质量。

4. 促进教师形成独特的个人风格

教育教学是有差异性进行的，对不同的学生个体而言，教学需要有差别地学；而对教师个人而言，同样也是要有特色的教学。每个教师的教学方式都不尽相同。成功的经验，教师可以相互模仿，并与个人特点结合，形成各具风格的教学模式。在现代教学中，有特点的教学更能发挥教师的主观能动性，对学生的教学才更有质量。因此，教师根据自己的特点，或亲和或活泼，或严谨或探究，根据不同的教学要求和学生学情，不断地实践和研究，逐渐摸索出最适合自己又最有效的教育教学模式，形成自己独特的教育教学风格。独特教学风格的形成，一个重要的途径就是教师要积极参与到教学研究中去。当教师从经验型教学提升为研究型教学时，能帮助教师形成独特的教学风格，并有可能成为更高的教育专家和教学名家。

（二）教学研究的意义

1. 适应新时代的需求和新高考改革的需要

在新高考改革背景下，教师应更新教育观念，在平常的教学实践中注重进行教学研究或教学探讨，努力使自己转变成“专家型”“学者型”“研究型”和“创新型”的教育人，是当代教育的需要，也是新高考改革对教师的新要求。

2. 促使教育教学工作更加科学化、系统化

教师在教育教学工作上主动、自觉地学习学科知识和教育理论，积极参与各级教育科研活动，不断掌握前沿教育技术和教学信息，积极主动地更新教育教学理念，以教学改革带动教学研究，以教学研究提升教学质量，提升教师教学能力和素养，使教师的教育教学工作更科学化和系统化。

3. 实现教师自我价值的提升

开展教学研究，教师通过坚持不懈的学科教学研究，用自己的学科知识和教育智慧、积极向上的精神进行教育教学工作，更新教育观念，转变教育教学行为，切实有效地解决教学过程中遇到的教学疑惑和教学难题，成长为受学生喜爱的名师，成为有强烈职业幸福感的教育人，实现教师职业价值的自我提升。

第二节　生物学课后教学研究技能的类型、应用原则及要点

教学研究，不仅能解决教师在学科教学上教学内容和教学技巧的问题，更能聚焦教师个人成长、团队构建与合作、教科研能力培养等，帮助教师转型为“创新型”“研究型”“专家型”教师。教学研究就是教师职业发展的生命线和原动力。

一、生物学课后教学研究的类型

这里分别从教师职业的个人成长、教师的团队构建与合作，以及教师教科研能力培养等层面的教学研究进行阐述。

（一）教师职业的个人成长，离不开教学研究

1. 课堂是教学实践和研究的平台

课堂上教师就是教育教学的先行者和实践者。对每一个教师而言，最重要的是上好每一节课。教师实施自己精心设计的每一节课，就是一次扎扎实实的教学研究。教师通过对教学大纲的反复研读，熟练掌握大纲对知识点的要求；通过对教材的反

复琢磨，明确教材的目标和重、难点；通过反复推敲教学设计，对每一个教学环节都清晰明了；通过对学生特点的充分了解，对课堂上学生的反应做到心中有数。课堂的教学实践是教师进行教学研究的基地和土壤。课堂教学的成功可以使教师获得成就感；课堂教学上的失误也能让教师感到失落。不管成功还是失败，只要认真总结，每一次的教学实践都能帮助教师进步。教师在教学过程中不断地打磨自己，研究教法，如教材的处理、教学语言的叙述、课堂提问的难度、课堂板书的系统、教学活动的落实等；研究学法，如学生学习的规律、解题的思路、答题的规范等；研究教学手段，如教学媒体的使用是否切实解决教学重、难点，教具的展示是否激发学生兴趣等。通过不断打磨，使教师的教学能力更趋完善。汇成系统的教学经验，使教师的专业成长卓有成效。成功的教师，往往是扎根于自己的课堂教学实践，打造自己的精彩课堂，通过课堂教学实践展示教师的风采。

2. **问题是找到教学研究的切入点**

教师在课堂教学实践中随时会遇到许多问题。当在教学实践中遇到问题时，教师要认真思考这些问题出现的原因，从课前备课中找、从课堂教学过程中找、从学生学情分析上找，找出出现问题的源头，及时对这些问题进行思考并记录下来，思考问题出现的原因，找到教学研究的切入点，及时改进和完善，切实提高自身的教育教学能力，所以，作为教师，要有问题意识，要善于挖掘和发现，要有对问题的思考，善于总结和反思，要有解决问题的行动，善于落实和改进。此外，对于课堂上的小事件，教师也要善于思考，这就是教师在教学实践中的教学研究源头，让教学和研究在课堂教学实践中结合起来，相互促进，这样，教师的工作就能少走弯路，能快速提高教师教学能力，使教师获得成就感。

3. **反思是教学研究的重要手段**

教学反思是指教师以自己的教学活动过程为思考对象，对自己的教育教学行为、判断决策以及由此所产生的结果进行审视和分析的教学活动。通过教学反思，能够使教师逐渐地提高自身的教育教学能力，更好地提升教师的教育教学素质。

前面说的教师对教学过程的回顾和总结，及对教学问题的思考和自省，也属于教学反思的内容。所以，教学反思并不是一件难事，它就存在于教师的课堂教学研究中。只要教师做一个有心人，善于对自身教学进行回顾和反思，并督促自己进行改进和完善，就能不断进步，这些，就是教师个人的教育教学研究。

在课堂教学后进行教学反思，可以剖析自己的教学是否达到教学目标，分析自己在课堂教学中的优缺点，记录在教学实施中的疑惑和问题，或者自己的教学方法是否有效，以及对课堂上突发事情的思考，可以具体地反思某个环节的策略、某个问题的解决方法、对某个学生的教育等，进行细致的分析、思考和总结。

在反思过程中，教师可以依次问自己这五个问题：

①“在教学工作中，我遇到什么问题？或课堂上发生了什么事情让我感到困惑？”

（促进教师发现和挖掘教学问题或事件。）

②“为什么会产生这个问题？或发生这件事情？”

（促进教师剖析发生的问题或事件的原因。）

③“我当时的解决方法是怎样的？”

（促进教师回顾自己的教学语言、教学方法和教学模式。）

④“我觉得自己当时的方法的效果是如何？方法的利与弊？”

（促进教师对自己的教学的优缺点进行剖析。）

⑤“如果再发生类似的问题或事情，我认为自己应该怎么解决？”

（促进教师总结和提升自己的教学方法和改进自己的教学模式。）

经过一系列的自我反思，引导教师分析教学难题，思考解决难题的对策，并督促教师将对策落实到教学实际中，完善自身教学的不足。

一般来说，教师对自己的教学进行反思的形式多样，常见的有教学备注、课后小结、教学后记、教学日记、课后专题研究、同行研讨记录等。而在日常教学中，除了自己通过书写记录教学信息外，还可利用录像、录音等记录教学过程，为教学反思提供信息；以及其他教师在听课后，提供的听课反馈；或是从学生反馈中获得信息，如学生对教师常态课的评价和小组学习的反馈等；另外还有家长对教师教学情况的反馈；以及专家的评课反馈等，都可以帮助教师反思教学过程，促进自身教育教学水平的提高。

总之，不管通过哪一种方法，教师既要总结成功的经验，又要寻找失败的原因；既要记录教学问题，又要记录学生的反馈；既要记录自己的心得，又要改进自己的教学模式，为下一次教学作好铺垫。

教学反思，虽然是较零碎和分散的，但是教师通过深刻的思考并坚持记录，这一方面提高教师自身驾驭课堂教学的能力，对后续的教学行为产生积极的影响；另一方面，也使教师深思自己的教育实践行为，形成比较系统的教育教学理论。这样，通过不断总结教学经验、反思教学实践，不断完善自我，最终成长为一名优秀的教师。

（二）教师团队的交流与合作，促进教学研究

1. 学科组的交流与合作，碰撞智慧火花

教师个人的专业成长离不开学校学科组教师的帮助。教师在学科组的集体备课

等活动中能更好地掌握教学内容的重点和难点，对学生的教育问题也能得到其他教师的建议，所以，教师团体合作能使教师成长得更快，避免走弯路。另一方面，学校学科组的发展也依赖于全体学科教师专业能力的提高，让学科组的综合能力全面提高。而学科组的能力提升，又会促进教师个人教学水平的突破。因此，教师的成长和学科团队的发展是相互促进、相辅相成的。

在学科组集体备课中，教师往往把自己的理解进行交流，相互取长补短，从多角度全面地剖析教材，最后寻找到最佳的教学方法，达到改进课堂教学的目的。这样，教师之间的专业知识和实践知识相互碰撞，相互打磨和促进。因此，学科组团队的成功合作能生长成功的教学课例研究。

另外，学科组科研与教师个人教研结合在一起，也有利于教师自我反思。教师在学科组交流中回顾自己的教学过程，记录教学经验和教训，完善自身教学和探索教学规律，提升自我教研能力。学科组集备与教师个人融合教研力量，集中教研智慧，碰撞出科研智慧的火花，最终提高学科组整体教学质量，达到教学研究的目的。

2. 教研活动的参与和分享，更新教科研信息

现在是知识爆炸的时代，教学信息同样也是更新快、传递快。教师只有不断更新教学信息，了解前沿的教育理论，适时改变教学理念和行为，才能达成与时俱进的状态。因此，积极参与各级教研活动就是教师实现自我帮助，自我的推进，以及自我的成长。

在各级教学活动中，教师不断学习教育理论和教学模式，给自己的教学工作注入新的动力，有利于教师持续发展。另外，各级的教研活动能促进教师自己不断反思、不断提炼、不断进步，使教师的思维更活跃，教学理念更先进。

3. 校园教科研的推动，鼓励教师科研发展

学校积极、和谐的教学科研氛围，更能帮助教师个人和学科组团队发展。学校可以组织学科教师形成学习型组织，聘请专家向教师们讲授前沿的教科研信息、先进的教育理论和理念，也可以组织教师外出参观学习，鼓励教师参加各级学术交流研讨，还可以搭建平台展现教师的教科研成果，开展校本研究等。通过各种形式推动学校的教育教学研究，使学校的教科研形成体系。这样，可以让教师在教学实践和教育理论两方面素养都能提升，并且在校园内部形成促进教师专业化发展的支持性环境，使教师更有教学研究的动力，调动教师科研的积极性、主动性和创造力，从而推动学校整体的教育教学质量发展，使全体教师的教育教学水平得到持续发展。

（三）教师教科研能力的培养，助力教学研究

1. 致力于课题研究，将教育教学经验上升为教育教学理论

为了让教育教学活动向更高层次推进，教师应以教学研究的思路去重新审视教学过程，从问题的发现、问题的思考、问题的解决等教学活动中，通过课题研究使教学实践向更优化发展，向教学理论提升，也使自身素质得到飞跃。

教师通过课题研究，可以分析问题的本质和存在的根源，总结经验；可以在前沿的教育理念、教学理论的引领下打磨自己的教学方法和教学模式；可以将平常分散、凌乱的教学反思汇集为集中的主题研究，使研究方向更清晰明了。课题研究要落实在日常的教学实践中，在教学实践中开展课题研究，通过课题研究提升教学水平。课题研究是教师提升自我专业水平的有效途径。

现在教师申报的课题有各种级别，如国家级、省市区教研室、教育学会等。课题研究一般从日常教学中的问题入手生成小课题，从值得研究的问题中逐步筛选出可供研究的课题，待逐步积累研究经验之后，再向高层次的课题推进。不管课题级别高低，教师一般都是经过选题、课题论证、查阅文献资料、制定研究方案、实施研究、撰写结题研究报告等过程。

课题的选题宜从教学的实际问题出发，宜小不宜大；要与前沿教育理念衔接，研究的角度要创新；要有指导教学实践的意义和教学的实用价值等。

当确定了选题后，需对选题进行论证，即分析、预测和评价，避免选题的盲目性。包括了解这个选题目前在国内外的研究情况，如已取得的成果或存在的问题，了解这一选题所属的理论体系等。对选题的全面论证是十分重要的，可以使教师在研究过程中少走弯路，确立研究的主要方向。课题论证的内容一般包括：选题的性质和类型；选题具有的现实意义与实践价值；选题目前国内外的研究成果和研究的动向；选题所应具备的研究条件；研究的策略、步骤及成果表述形式。

研究方案的内容，则把课题所提出的研究问题细化为若干个小问题，分别设定方案进行研究。如课题越大，则研究方案内容就越多。另外研究方法，主要有观察法、测量法、文献法、调查法、实验法、比较法、行动研究法、经验总结法等。一类是收集研究数据资料的，如调查法、观察法、测量法、文献法等。这些方法是为了获得研究对象的客观资料，但不会给予对象影响。另一类是为了改变和影响变量，如实验法、行动研究法。这类方法是通过施加某些影响而获得某些期望的结果。研究中可能采用单一的研究方法，也可能采用多种方法。

最后，课题经过一段时间的研究后，预定的设想基本完成时，就进入了结题阶

段。课题的结题是整个课题研究的工作总结，是对研究成果的鉴定。课题结题一般分两种：一种是函件结题，结题者只需向相关的部门提交课题研究结题材料，由相关部门组织专家组进行评议、鉴定；二是现场结题，现场答辩，主要针对高层次课题。课题的结题一般需要准备的材料包括：结题申请报告；课题立项书；课题的开题报告；课题研究中期报告；课题研究结题报告；课题研究的相关材料等。

按照以上的程序，根据课题研究的内容选择适合的研究方法，扎实逐步地推进。在研究实施的过程中，注意收集和整理研究的原始素材，包含案例分析、调查问卷等，收集的资料也要客观和详实。这样，课题研究才会充实和丰满，教师的教科研能力才能得到有效的提高。

2. 教科研成果的呈现，是教师教育教学思维的结晶

教学研究成果就是教师在解决了实际的教学难题后，为了能不断提高教学质量，提炼出自己特有的、创新的教学方法，并把问题的发现和解决的过程用文字表述出来。教学研究成果的完成，是教师在教学实践中进行教学思考，在教师思考中得出教学观点，在教学观点上加教学创新，在教学创新上进行教学创作，这是教师一系列教育教学思维的体现。

教师进行教科研成果的表述时，可以从教学最细微处着手，细心思考，把自己的课堂教学智慧、教学案例、教学感想等如实表达出来。如教学案例是以一节课作为研究的个案，教师对如何改革这节课的课堂教学作深入研究，如对教学方法、教材整合等作改革，并记录其变化的教学效果。教学案例研究范围小，时间短，可操作性强，可有效帮助教师解决身边实际的教学问题，有助于教师将教育理论和教学实践很好地结合起来。而较高层次的教科研论文一般需教师在教学案例上再进行提炼，把教学经验与前沿的教育理念结合在一起做深刻的思考，进行创新，提出自己独特的教学方法、教学观点或教学模式等。

总的来说，教学研究成果的形式多样，如教学改革或实验的论文、教学理论介绍的文章、教材分析和研究、教学心得体会与经验、调查研究报告、教学案例和教学设计、习题分析和研究，科普知识及有关知识介绍等。在这几类文章中，教学改革或实验的论文属于较高层次的科研论文；教学理论介绍、教材分析和研究，属于文献述评；教学心得体会与经验、调查研究报告、教学案例和教学设计属于报告；习题分析和研究、科普知识及有关知识介绍则属于较低层次的文字材料。教师可以根据自己的研究特点进行选择。但不管哪一种形式，都应有条理、思维清晰。一般来说，教师在充分积累素材和确定论文题目后，可按照以下的顺序进行写作：首先拟订提纲，按“先粗后细、先大后小”的原则列出提纲；然后撰写初稿，要表达清楚、思路严谨；接着进行修改。初稿完成之后，一般进行两到三遍的审定和修改，再是定稿，定稿时需按照论文严谨的格式进行规范的书写，最后便可根据文章的特点投稿到专业报刊发表。

二、应用原则

（一）更新教学理念，提高教学研究的意识

教师是教育实施的主体，是课堂教学的组织者和研究者。首先，教师要有对自身教学进行研究的意识和觉悟。有了进行教学研究的意识，才能更好地推动自己学习新的教育教学理论，了解前沿的教学科研信息，更新自我的教育理念，并进行自身的教学行为改变，从而提高教育教学水平。所以，提高教师的教科研的意识，是教学研究的前提。教师有了教学研究意识，有了更新自我的教学理念的觉悟，才能积极地投身于学科的教学研究中去。

（二）掌握教育科学理论，了解学科研究动态

教师如何更新教学理念，是教学研究的首要任务，将影响教师科研实施的效果。因此，教师应该多进行相关阅读，夯实自己的教育科学理论基础。

1. 教育科学理论是教师教科研的武器

教师的教学工作是灵活的、多变的、创造性的。它的实施主体是教师，实施对象是学生，在教学过程中存在知识传递和情感交流，既有一定的教育规律又有一定的学科原理。科学是发展的，教育技术也需不断更新。作为教师，要及时学习新的教育教学理论，掌握新的教学思想，站在教育科学的前沿，才能高屋建瓴。

2. 专业期刊是了解最新学科教学科学研究动态的阵地

学科教学的专业期刊、核心期刊是本学科教学的权威刊物。刊物登载的文章专题性强、时效性强，最能反映学科教学的最新研究成果、研究动态、研究方法等。作为教师，要时时研读和查阅这些专业刊物，特别是学科的核心刊物。如生物学科教学的专业刊物有《生物学通报》《生物学教学》《中学生物教学》《中学生物学》等，其中《生物学通报》《生物学教学》是生物学科教学的核心权威刊物。因此，教师若经常研读这些专业期刊和核心刊物，就能及时了解本学科教学研究的最新发展动态，吸取其他教师的研究经验、研究方法和研究成果，从而更新自己的教学研究方法。另外，有目的、有方向的研读专业刊物，也便于教师通过系统搜集前人的

研究经验和研究成果，在他人的启发下深入学习和思考，再与自己的教学经验和体会相结合，从而提出自己的教学观点。此外，研读专业刊物，还可以帮助教师学习写作科研论文的方法，总结自己的教育教学观点，帮助教师完成学科教学研究，为分享自己的科研成果奠基。

（三）投入时间精力，促进自身成长与共同进步

教师在繁重的教学工作之余，还是要尽可能把自己的时间和精力投入到教育教学研究中去。当研究有一定的成效时，反过来会促进教师的工作。教师应当让教育教学工作和研究形成良性循环，因此，教师要积极促进自己和学科组教师共同开展教学研究，积极与其他的学科组教师进行教育教学研究的交流，共同研究教材、教法等，共同开展课题研究及整理分析研究材料，相互合作，积极撰写研究论文和研究报告，力求把自己的研究成果分享出来给其他教师参考，以此既促进教师的自身发展，又推动学科组教师的共同进步。

三、应用要点

（一）多思考

教师在平常的教学工作中要注意细心观察，才会发现需要研究的教育教学问题。在此基础上，教师还要多方面地深入思考，如思考问题出现的原因、思考解决的策略等；要善于总结、反思，如对好的方法与策略、好的想法与观点进行总结，提炼出自己独特的教学观点。作为一名研究型的教育工作者，就应当立足于每一节课，勤于思考，对于教学工作中出现的成功、失败，在喜悦与缺憾中找到根源，并不断进行研讨工作，以更好地提高自己的教学水平和教育艺术。

（二）多实践

教师在教学工作中不要怕苦怕累，要勇于实践、勇于科研。教师的教学研究是扎根于平常的教育实践中的。教学研究就是教师对自身教学行为的思考与研究。教师教学实践中的闪光点，哪怕是失败，都会成为工作中宝贵的经验，为教师今后解决教学实际问题提供帮助。通过教学实践，能促进教师形成一套最适合自己的教育教学方法与策略，以提升教学效率，实现教学价值。因此，教师的教学需要研究，教师的研究来自于教学实践的经验和体会，是最具有生命力的。

（三）多积累

教师在平常的教育教学过程中有许多独特的感悟、兴奋、精彩、灵感等。有的教师没有能及时记录下来，进行整理、回顾和总结，就不能提炼出来，不能达到提升教学工作的目的。所以，作为教师，要善于从课堂教学反思开始，记录自己的思路和感受，把自己的点滴感悟及时记录下来，日积月累，再通过文字把这些转变为科研论文，长期积累能使教师快速成长。

教师的积累材料一般包含自己写的教学材料，如教学反思、教学小结、教学笔记，以及学科教学研究的相关资料，如专业刊物中有启发的文章等。对自己的教学有帮助的资料，都值得收集积累，积累资料的意义是为了研究，更为了实践，教师经常翻阅，分类整理，并不断进行思考和分析。并运用到教学工作中去，或是内化成自己的科研论文进行分享。

（四）多创新

教师在教学研究的过程中，要注意把自己的教学思维进行优化，并不断创新。即一方面把自己的教学语言、教学过程、教学观点、教学方法、教学实践等进行总结和提升，寻找亮点，或结合其他教师，提炼出自己的教学观点、形成自己的教学体系，另一方面在引入新的教学理念或借鉴他人的研究成果后，经过不断的打磨和完善，创造性地运用到自身的教育教学实践中去，提高自身的教学质量。这两者都是教师大胆创新改革教学的教研之路。所以，教师要敢于创作、勇于创新。

因此，教师要高水平地进行教学活动、高质量地完成教学任务、高素质地培养新一代的人才，应当不遗余力地进行教学的探索和研究，寻找符合社会需要、适合学生实际的行之有效的教学方法和教育体系，具备教学研究、教育科研的能力，促进自身由普通教师向教育专家型教师转型。

参考文献：

[1] 朱庆忠. 关注教研活动提升教研能力 [J]. 开心素质教育，2016（7）.

[2] 欧阳春华. 如何提高教师教育科研能力 [J]. 师道·教研，2012（1）.

[3] 宋淑平. 正确认识提高教育科研能力的重要性 [J]. 新课程·教研版，2012（2）.

[4] 马胜华. 浅析教学反思的价值、方式及内容 [D]. 学周刊，2011.

[5] 孔礼战，李书平. 浅谈中小学教师如何进行教学研究 [D]. 中小学教师培训，1999.

[6] 李书平，孔礼战. 教研请从积累开始 [D]. 中小学教师培训，2001.